CARLO BERNASCONI
MARLISA SZWILLUS

ITALIA

Ein Spaziergang durch
die Jahreszeitenküche

MARLISA SZWILLUS
CARLO BERNASCONI

ITALIA

Ein Spaziergang durch die Jahreszeitenküche

FOTOS VON MICHAEL SCHINHARL

KOSMOS

ITALIA

DAS IST-
wirklich WICHTIG

DARAUF KOMMT'S AN! Hier erläutern wir alles, was zum Gelingen eines Rezepts wirklich wichtig ist. Wenn es sinnvoll ist, mit Bild, sonst auch mal ohne.

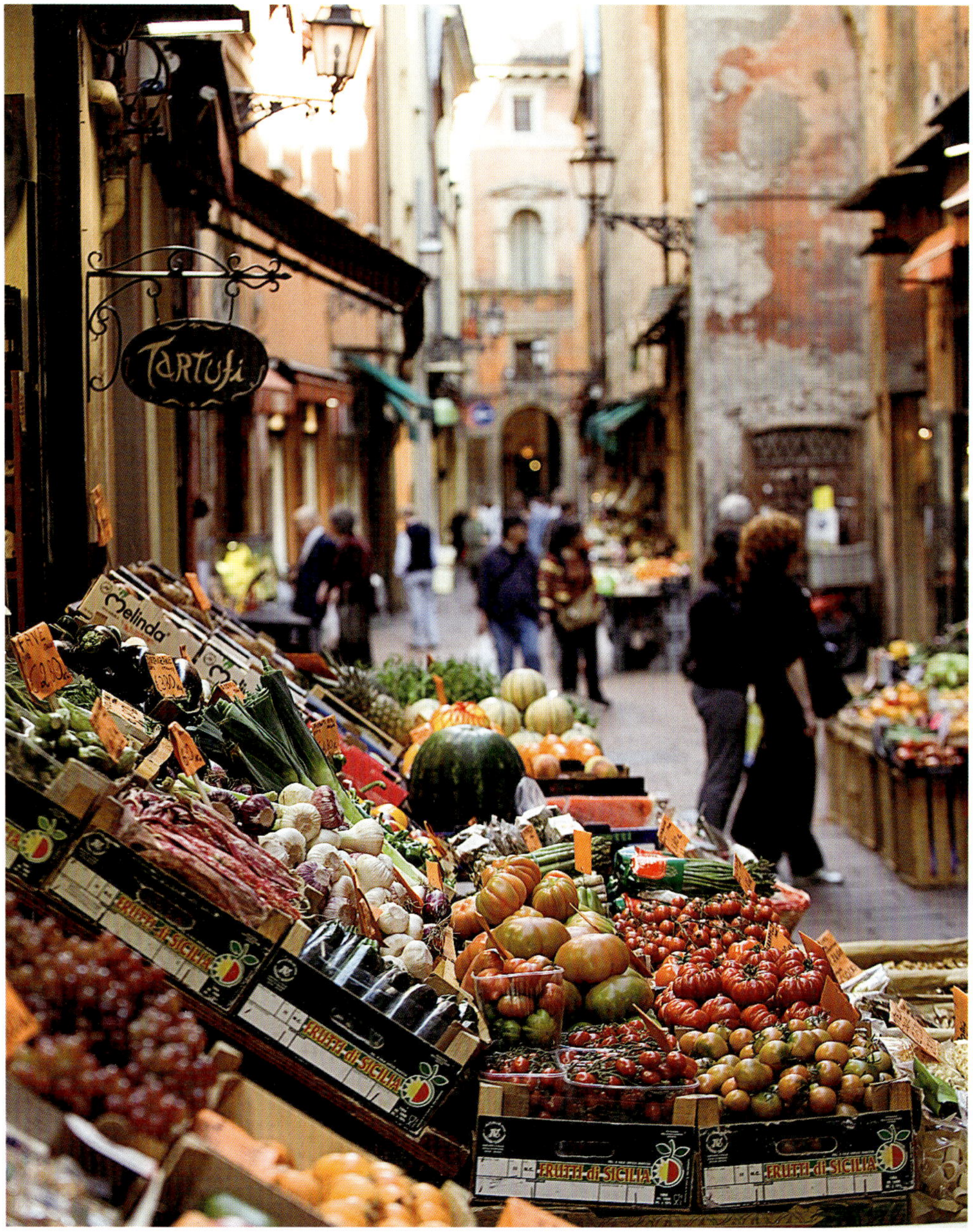
Tartufi
Melinda
FRUTTI di SICILIA

1,00

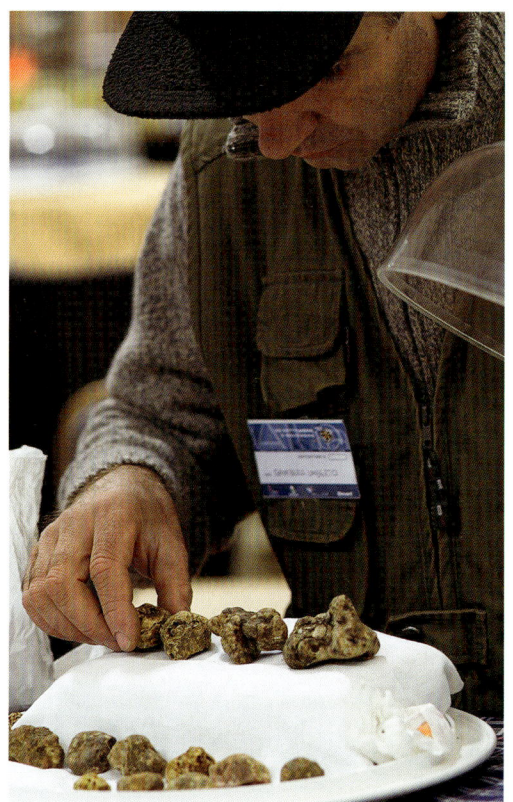

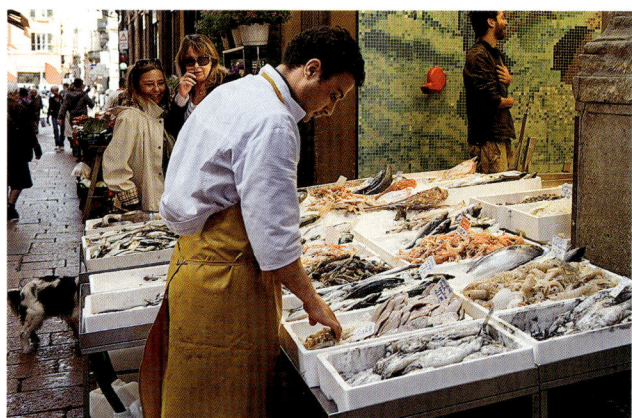

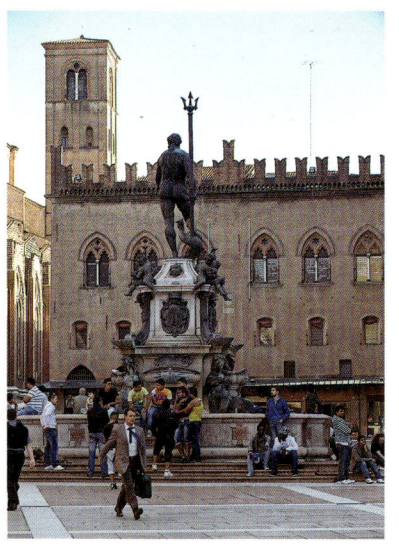

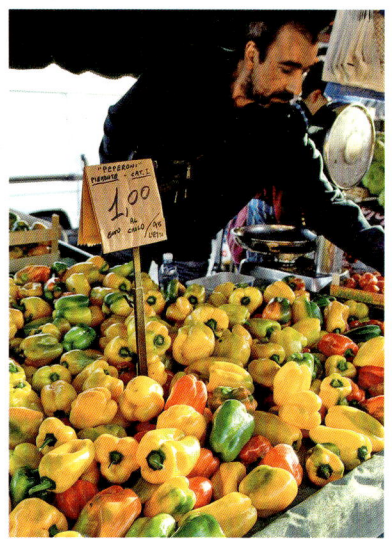

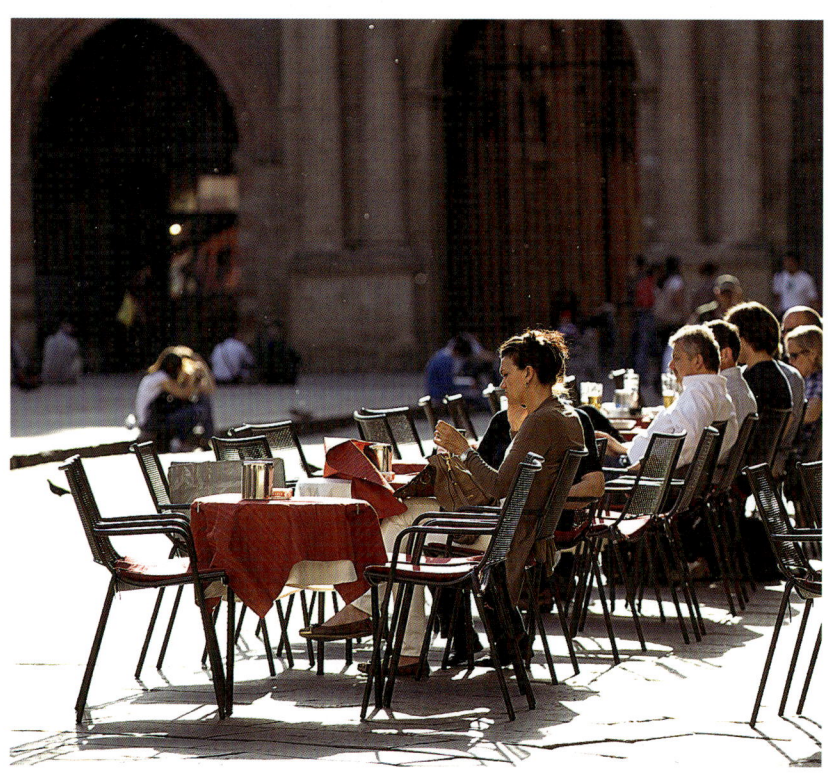

ESSENSFREUDE
auf Italienisch

Schon wieder ein Kochbuch zur italienischen Küche? Ja, unbedingt!
Denn in diesem Buch geht es nicht nur um eine weitere Rezeptsammlung,
sondern um das Wesen der *cucina italiana*, die mit einem schier un-
erschöpflichen Reichtum an Zutaten und Zubereitungen gesegnet ist.

Zu kochen mit dem, was die Jahreszeiten zur Verfügung stellen, einfach, unverfälscht und gerade deswegen meisterlich, das ist die Küche Italiens. Sie ist zudem Ausdruck einer beneidenswerten Daseinsfreude, die – wenn alle um den Tisch versammelt sind – in einer nationalen Leidenschaft gipfelt: der unbändigen Freude am gemeinsamen Essen und Genießen.

Hochwertige regionale Produkte stehen an erster Stelle. *La cucina italiana* ist aus einer bäuerlichen, aber regional und selbst lokal sehr unterschiedlichen Tradition entstanden. Dabei spielt auch die klimatische Vielfalt dieses Landes eine Rolle, das von den Alpen des Aosta-Tals bis zu den sonnenüberfluteten Felder Apuliens und seiner Inseln alles zu bieten hat.

Einziger Grundsatz ist: Nur die besten Grundzutaten – vom Olivenöl bis zum Wein – gehören in die Küche. Dann sind der Fantasie und Kreativität keine Grenzen gesetzt.

Dieses Buch lädt zu einer Erkundungsfahrt durch Italien ein. Es ist eine Reise, die kulinarisch von den Jahreszeiten bestimmt wird und die Frage beantwortet, welche Gerichte im Frühjahr, im Sommer, im Herbst und im Winter auf den Tisch kommen sollten.

Mit typischen, für uns teilweise auch noch unbekannten Produkten und Zutaten machen die „Mercato"-Seiten vertraut, die zudem Einblicke in italienische Ess- und Lebensgewohnheiten geben. Und über das gesamte Buch verstreut finden sich wertvolle Einkaufs-Tipps und Hinweise, die Wesentliches zum Gelingen eines Gerichts beitragen.

Manchmal entscheiden Kleinigkeiten über dieses Gelingen. Hier helfen auch die Fotos dieses Buches weiter. Sie veranschaulichen – wenn nötig – wichtige Details der Zubereitung.

Wir wünschen uns, dass wir mit unseren *antipasti, primi, secondi, contorni* und *dolci* etwas weitergeben können von dieser Freude am Kochen und Genießen eines guten italienischen Essens.

FRÜHJAHR
verheißungsvoll

KEINE ANDERE JAHRESZEIT MACHT SO
VIEL LUST AUFS KOCHEN WIE DER FRÜH-
LING. MIT VIEL FRISCHEM GRÜN KEHRT
MEDITERRANE LEICHTIGKEIT ZURÜCK
AUF DEN SPEISEPLAN.

FRÜHLINGSGEMÜSE
& Salate

TYPISCH ITALIENISCH

Ein besonderer Moment ist, wenn nach den langen Wintermonaten zum ersten Mal wieder grüner Spargel, Barba di frate oder Cicorino verde auf den Tisch kommen. Nachfolgend stellen wir Ihnen einige typische italienische Frühlingsgemüse und Salate vor.

GRÜNER SPARGEL

Grüner Spargel ist sehr zart, da er im Gegensatz zu seinen weißen Pendants nicht mit Erde bedeckt wird, sondern im Hellen wachsen kann. Achten Sie beim Einkauf darauf, dass die Stangen frisch und prall sind mit festen Köpfen. Grüner Spargel muss in der Regel nur im unteren Drittel dünn oder gar nicht geschält, das Stangenende frisch angeschnitten werden. Werden die edlen Stangen gekocht, sind sie nach etwa 4–5 Minuten gar. Sie können aber auch roh verzehrt werden. Am besten schmeckt grüner Spargel ganz frisch, er kann aber auch einige Tage in ein feuchtes Tuch gewickelt im Kühlschrank aufbewahrt werden. Die Spargelsaison dauert von April bis Juni.

RUCOLA

Rucola ist keine Salatpflanze im eigentlichen Sinne, sondern eine Blattkohlart mit dunkelgrünen, fein gezackten Blättern. In der Küche verwendet man nur die aromatischen, leicht nussig-scharfen Blätter. Achten Sie beim Einkauf auf schöne grüne, duftende Blätter und geben Sie Freiland-Rucola vor abgepackter Supermarktware den Vorzug. Rucola als Salat, garniert mit Parmesan und verfeinert mit Balsamico-Essig, ist eine Delikatesse (siehe Rezept Seite 17), er schmeckt aber auch in Mischsalaten und verleiht anderen Blattsalaten mehr Pfiff. Rucola kann auch kurz gedünstet oder als Würzkraut verwendet werden.

LÖWENZAHN

Junge Löwenzahnblätter sind im Frühling auf den Gemüsemärkten erhältlich, sie kommen aber auch in Wiesen und an Wegrändern vor, wo man sie selbst pflücken kann. Im Handel gibt es darüber hinaus Kultursorten, manchmal gebleicht, die allerdings weniger aromatisch schmecken als wilder Löwenzahn.

Achten Sie darauf, die zarten Blätter vor der Blüte zu pflücken, sonst schmecken sie bitter, und meiden Sie Pflanzen, die in der Nähe von Industriegebieten, Straßen oder auf gedüngten Böden wachsen. Junge Löwenzahnblätter schmecken ausgezeichnet roh als Salat, können aber auch wie Spinat als Gemüse zubereitet werden. Löwenzahn sollte am besten frisch verarbeitet werden. Im Kühlschrank in ein feuchtes Tuch gewickelt hält er maximal einen Tag.

SPINAT

Der zarte Frühlingsspinat wird von März bis Mai geerntet, Sommerspinat ist bis in den August hinein im Handel. Beide sind milder und feiner im Geschmack als der kräftigere, langstielige Herbst- und Winterspinat, der von September bis November erhältlich ist. Beim Einkauf sollten Sie auf kräftig dunkelgrüne, feste Blätter achten. Blattspinat muss aufgrund der Sand- und Erdablagerungen immer sehr gründlich gewaschen werden. Er wird blanchiert oder gedünstet, junge Spinatblätter können roh in Salaten verwendet werden. Am besten frisch verarbeiten, da er sich im Kühlschrank nicht lange hält.

BRENNNESSELN

Früher waren Gerichte mit Brennnesseln vor allem bei der ärmeren Bevölkerung sehr beliebt, da sie an Waldrändern und auf brachliegenden Feldern gesammelt werden konnten. Heute findet dieses schmackhafte und gesunde Wildkraut wegen seines hohen Vitamingehalts als Salat oder als Gemüse Eingang in die Küche. Am zartesten sind Brennnesseln, wenn die Triebe noch ganz jung sind. Bei größeren Pflanzen verwenden Sie am besten nur die Spitzen. Die brennende Wirkung der Blätter können Sie umgehen, indem Sie sie in ein Küchentuch wickeln und das Tuch auswringen, sie kurz blanchieren oder mit viel kaltem Wasser abbrausen.

BARBA DI FRATE

Dieses ungemein interessante Gemüse, auch unter dem Namen Mönchsbart bekannt, wächst in Küstenregionen oder auf Salzwiesen. Im Geschmack erinnert es entfernt an Sauerampfer, in der Konsistenz an Algen und optisch an

dickfleischigen Schnittlauch mit rötlichem Wurzelansatz, der entfernt werden muss. Barba di frate ist reich an Mineralien und Vitaminen; zwischen März und Mai ist er immer häufiger auch nördlich der Alpen auf Wochenmärkten oder beim italienischen Gemüsehändler anzutreffen. Schmeckt gegart als Gemüse oder roh als Salat.

CICORINO VERDE

Cicorino verde, auch Grumolo genannt, ist im Grunde genommen Chicoree, der nicht gebleicht wurde. Daher schmeckt er auch etwas bitterer. Er ist von März bis Ende April im Handel. Cicorino verde eignet sich nur kurze Zeit zur rohen Verwendung als Salat, danach sollte er gegart werden.

BORRETSCH

Aufgrund seines Geschmacks wird Borretsch auch als Gurkenkraut bezeichnet. Die Pflanze erreicht eine Höhe von ca. 70 cm und ist an Stängeln und Blättern behaart. Vom Frühjahr bis in den Herbst hinein blüht die Pflanze leuchtend blau. In der Küche finden neben den Blättern auch die Blüten Verwendung. Borretsch kann als Gemüse zubereitet werden, würzt Gemüsesuppen und schmeckt sehr gut in Salaten und vielen weiteren Gerichten. Borretsch ist sehr empfindlich und welkt rasch. Hacken Sie die Blätter immer erst kurz vor ihrer Verwendung; auch die Blüten erst im letzten Moment einem Gericht hinzufügen.

ARTISCHOCKEN

In der italienischen Küche sind Artischocken sehr beliebt. Besonders häufig findet man die mittelgroßen, runden Artischocken mit leicht violetter Färbung (etwa Romanesco) oder auch die für Italien typischen kleinen, spitz bzw. länglich geformten grün-violetten Sorten. Artischocken, die bei uns fast das ganze Jahr über erhältlich sind, da sie je nach Land zu unterschiedlichen Zeiten geerntet werden, schmecken im Frühjahr am allerbesten. Beim Einkauf sollten Sie darauf achten, dass die Blätter fest sind und dicht an dicht stehen. Wirklich frische Artischocken erkennen Sie auch daran, dass ihre Blätter beim Abzupfen geräuschvoll brechen.

DAS IST
wirklich
WICHTIG

[a] WEISSEN SPARGEL SCHÄLEN
Weißer Spargel wird nur dann zum Genuss, wenn er gründlich geschält ist. Dazu die Stangen jeweils in die Handfläche legen, dabei auf dem Handballen abstützen, damit sie nicht brechen. Die Köpfe zeigen nach oben und werden mit Daumen und Zeigefinger festgehalten. Spargelschäler etwa 2 cm unterhalb der Spitze ansetzen und die Schalen Streifen für Streifen von oben nach unten sorgfältig abschälen. Die Stangen werden dabei am oberen zarten Ende etwas dünner geschält als im unteren Teil. Zum Schuss die holzigen Enden abschneiden.

[b] GRÜNEN SPARGEL VORBEREITEN Er ist zarter als der weiße und hat keine harte Schale. Nach dem Waschen zunächst das Stangenende abschneiden. Geht das leicht, ist der Spargel jung und frisch und muss nicht geschält werden. Ist aber ein deutlicher Widerstand spürbar, die Spargelstange nur im unteren Drittel schälen. Da grüner Spargel beim Garen gerne leicht bräunlich wird, den Spargel ohne Deckel kochen und in Eiswasser (kaltes Wasser mit Eiswürfeln) abschrecken.

[c] DEKORATIVE NOCKEN gelingen so: Einen hohen Becher mit heißem Wasser bereitstellen. Aus der gelierten Parmesan-Mousse mit einem in das heiße Wasser getauchten Esslöffel glatte Nocken abstechen. Dabei für jede Nocke den Löffel wieder in das heiße Wasser tauchen. Die Mousse-Nocken behutsam auf den Vorspeisenteller mit dem Spargel setzen.

[Asparagi con mousse di parmigiano]

SPARGEL
mit Parmesan-Mousse

AUGENWEIDE UND GAUMENFREUDE MIT EINEM KLASSISCHEN FRÜHJAHRS-TRIO. DER KÄSE WIRD JEDOCH AUF MODERNE ART SERVIERT: ALS MOUSSE. SCHÖN WÜRZIG, ABER DENNOCH MILD.

Zutaten für 4 Portionen

Für die Mousse

1 ½ Blatt weiße Gelatine

150 ml Milch

80–100 g frisch geriebener junger Parmesan

Salz, weißer Pfeffer aus der Mühle

frisch geriebene Muskatnuss

150 g Sahne

Für den Spargel

250 g weißer Spargel

Salz

1 Bio-Zitronenscheibe

250 g grüner Spargel

3 EL milder Weißweinessig

3 EL Olivenöl

weißer Pfeffer aus der Mühle

4 Scheiben Parmaschinken

nach Belieben schwarzer Pfeffer aus der Mühle

besonderes Werkzeug
▪ 1 Spargelschäler

Zeitbedarf
▪ 40 Minuten + mind. 3 Stunden Kühlen

So geht's

1. Für die Mousse die Gelatine 5 Minuten in kaltem Wasser einweichen. Die Milch in einem Topf erhitzen, aber nicht aufkochen lassen. Parmesan in die Milch rühren und darin auflösen. Den Topf vom Herd nehmen, die eingeweichte Gelatine ausdrücken, in die Parmesan-Milch geben und unter Rühren auflösen.

2. Die Masse mit Salz, weißem Pfeffer und Muskatnuss würzig abschmecken. Zum Abkühlen in den Kühlschrank stellen.

3. Wenn die Parmesan-Milch anfängt zu gelieren, die Sahne steif schlagen und locker unterheben. Mousse in eine Schüssel umfüllen und zum Festwerden zugedeckt für mindestens 3 Stunden oder über Nacht in den Kühlschrank stellen.

4. Weißen Spargel waschen und schälen [→a]. Wasser mit Salz und Zitronenscheibe aufkochen und die Spargelstangen darin in etwa 15 Minuten bissfest garen. Aus dem Sud heben, abtropfen lassen und beiseitestellen.

5. Grünen Spargel waschen, nur im unteren Drittel schälen [→b]. Die Spargelstangen im Sud in 6–8 Minuten bissfest garen. Herausheben, in Eiswasser abschrecken und abtropfen lassen.

6. Zum Servieren aus Essig, Öl, Salz und weißem Pfeffer ein Dressing rühren. Die Spargelstangen auf Tellern anrichten, mit dem Dressing beträufeln. Mit einem in heißes Wasser getauchten Löffel von der Parmesan-Mousse Nocken abstechen [→c] und zum Spargel legen. Je 1 Scheibe Schinken dekorativ dazu anrichten. Nach Belieben alles mit einem Hauch schwarzen Pfeffer übermahlen.

[Insalata di porri e acciughe]

LAUCHSALAT
mit Anchovis

DIE SARDELLENFILETS VERLEIHEN DEM MEDITERRANEN
LAUCHSALAT EINE GANZ BESONDERE FINESSE. VOR ALLEM,
WENN DER SALAT NOCH LAUWARM SERVIERT WIRD.

Zutaten für 4 Portionen

600 g Frühlingslauch

Salz

3 Pimentkörner

2 EL Zitronensaft

1 TL Dijon-Senf

4 EL Olivenöl

schwarzer Pfeffer aus der Mühle

12 in Öl eingelegte Sardellenfilets (Anchovis)

8 Cocktailtomaten

4 dünne Bio-Zitronenscheiben

besonderes Werkzeug
▪ 1 Mörser oder breites Messer

Zeitbedarf
▪ 30 Minuten

So geht's

1. Die Lauchstangen putzen und die äußeren harten Blätter entfernen. Lauch schräg in etwa 3 cm lange Stücke schneiden. In einem Sieb gründlich abbrausen und abtropfen lassen.

2. Salzwasser zum Kochen bringen, die Lauchstücke darin ohne Deckel in etwa 10 Minuten bissfest garen. Abgießen, kurz in Eiswasser (kaltes Wasser mit Eiswürfeln) abschrecken und abtropfen lassen.

3. Die Pimentkörner im Mörser möglichst fein zerstoßen oder mit der Breitseite eines Messers fein zerdrücken. Aus Zitronensaft, Senf, Salz und Öl ein cremiges Dressing aufschlagen. Mit gestoßenem Piment und Pfeffer abschmecken. Den noch warmen Lauch mit dem Dressing vermischen.

4. Die Sardellenfilets auf Küchenpapier abtropfen lassen. Die Tomaten waschen, trockentupfen und vierteln. Die Zitronenscheiben halbieren.

5. Den Lauchsalat noch einmal abschmecken, mit Sardellenfilets, Tomaten und Zitronenscheiben auf Tellern anrichten. Lauwarm serviert, schmeckt er besonders fein.

LAUCH WIRD AUCH PORREE genannt. Frühlings- oder Sommerlauch hat schlankere, hellere Stangen. Die von Herbst- und Winterlauch dagegen sind kürzer, dicker und dunkelgrün. Eine Lauchstange bietet gleich zwei Geschmacksrichtungen: Ihr weißer Teil schmeckt zart und süßlich, der grüne eher kraftvoll und herb.

[Insalata frutti di mare]

MEERESFRÜCHTESALAT

ein moderner Klassiker

DIE MARINADE MACHT'S: ZITRONENSAFT UND ORANGENSAFT SETZEN AKZENTE. SO GELINGT DIESER MEERESFRÜCHESALAT AROMATISCH UND LEICHT. EIN GENUSS FÜR DIE SINNE!

Zutaten für 4 Portionen

200–300 g küchenfertige oder tiefgekühlte Babytintenfische

Meersalz

200–300 g gegarte ausgelöste Garnelen

2 zarte Stangen Sellerie, 1 Möhre, ¼ Fenchelknolle (ca. 100 g)

1 halbierte Knoblauchzehe

3 EL Zitronen-, 2 EL Orangensaft

schwarzer Pfeffer aus der Mühle

4 EL Olivenöl extra vergine

½ Bund glatte Petersilie

Zitronenspalten zum Servieren

Zeitbedarf
- 30 Minuten + 1 Stunde Marinieren

So geht's

1. Frische Tintenfische kalt abbrausen, abtropfen lassen. Wasser mit etwas Salz aufkochen, die Tintenfische darin 1 Minute garen. Abseihen, kalt abschrecken und abtropfen lassen. Tiefgekühlte Tintenfische nach Packungsangabe vorbereiten.

2. Garnelen kurz abbrausen und trockentupfen. Sellerie waschen, trocknen, putzen. Stangen längs halbieren, dann schräg in dünne Scheiben schneiden. Selleriegrün beiseitelegen. Möhre schälen und in kleine Würfel schneiden. Fenchel waschen, putzen, in kurze schmale Streifen schneiden. Das Fenchelgrün beiseitelegen.

3. Eine Schüssel mit Knoblauch ausreiben. Für die Marinade 2 EL Zitronensaft mit Orangensaft, Salz, Pfeffer und Öl in der Schüssel cremig aufschlagen. Meeresfrüchte, Sellerie, Möhre und Fenchel untermischen. Abgedeckt 1 Stunde in den Kühlschrank stellen.

4. Vor dem Servieren die Petersilie waschen, trockenschütteln und die Blättchen in feine Streifen schneiden. Unter den Salat mischen, mit Salz, Pfeffer und Zitronensaft abschmecken.

5. Salat auf Tellern anrichten. Sellerie- und Fenchelgrün kleiner zupfen, über den Salat streuen. Mit Zitronenspalten servieren.

Dazu passt knuspriges frisches Weißbrot.

[Insalata rucola e parmigiano]

RUCOLASALAT
mit Parmesan

RUCOLA SCHMECKT IM FRÜHJAHR EINFACH AM BESTEN. HIER EINE GANZ
KLASSISCHE VERBINDUNG: RUCOLA UND PARMESAN.

Zutaten für 4 Portionen

3 EL Aceto balsamico

Salz, schwarzer Pfeffer aus
der Mühle

6 EL Olivenöl extra vergine

100 g Rucola

80 g Parmesan am Stück

besonderes Werkzeug
▪ 1 Sparschäler

Zeitbedarf
▪ 10 Minuten

So geht's

1. Für die Vinaigrette Balsamico-Essig, Salz, Pfeffer und Olivenöl
   gründlich verrühren.

2. Rucola verlesen, waschen und trocknen. In dekorativen Becher-
   gläsern oder auf Tellern anrichten und mit wenig Vinaigrette
   beträufeln. Vom Parmesan mit dem Sparschäler Späne oder
   Streifen abziehen und auf dem Rucola verteilen. Sofort servieren.

Dazu knuspriges Weißbrot reichen.

PARMESAN darf sich nur das Original nennen, der Parmigiano-Reggiano.
Der extra harte Käse mit körniger, mürber, leicht bröckeliger Textur wird
aus Kuhmilch eines festgelegten Ursprungsgebiets der Regionen Parma
oder Reggio Emilia hergestellt. Er muss länger reifen als der feinkörni-
gere und mildere Grana Padano aus der Po-Ebene oder der Trentingrana
aus dem Trentino.

PINZIMONIO
& *Bagna cauda*

Gemüse-Dip und Gemüsefondue – Pinzimonio und Bagna cauda sind zwei typische italienische Gerichte, die einmal mehr die Vorliebe der italienischen Küche für frisches Gemüse zeigen.

PINZIMONIO

Der Gemüse-Dip besteht aus Rohkost und einer Sauce aus Olivenöl, Salz und schwarzem Pfeffer. Pinzimonio wird in Italien sowohl als Vorspeise als auch nach dem Fleisch- oder Fischgang eines opulenten Mahls serviert.

Angeblich ist die Bezeichnung Pinzimonio eine Wortspielerei, die man in die zwei Wörter *pinzare*, klemmen, und *matrimonio*, Hochzeit, auflösen kann: Das Gemüse wird zwischen Zeigefinger und Daumen „geklemmt" und mit einer Sauce „vermählt". Unser Pinzimonio-Rezept finden Sie auf Seite 24.

BAGNA CAUDA

Das Gemüsefondue Bagna cauda, zu Deutsch „heiße Sauce", ist ein klassisches Gericht aus Norditalien, genauer gesagt aus dem Piemont. Hierfür werden zum Beispiel Möhren, Rüben, Stangensellerie, Fenchel, Paprika, Frühlingszwiebeln, Blumenkohl, Artischocken und Champignons – im Herbst dürfen Karden nicht fehlen – in eine Sauce aus Olivenöl, Sardellen und Knoblauch „getaucht". Und wie der Name schon sagt: Die Sauce muss heiß sein!

Die Grundzutaten für die würzig-pikante Sauce werden je nach Region ergänzt oder variiert, manchmal fügt man etwas Butter, Wein oder auch Trüffel hinzu. Traditionsgemäß wird sie für jeden Gast auf einem mit einem Teelicht beheizten Tonrechaud, *fojòt* genannt, heiß gehalten, Sie können sie aber selbstverständlich auch in einem gemeinsamen Rechaud servieren. Achten Sie darauf, dass die Sauce regelmäßig umgerührt wird, damit sich die Knoblauch-Sardellen-Paste nicht am Boden festsetzt.

Bagna cauda ist ausgezeichnet vorzubereiten und lässt dem Gastgeber viel Zeit für seine Gäste. Ganz nach Geschmack kann das Gemüse roh gereicht oder vorher bissfest blanchiert werden. Mit Brot und Wein serviert, ergibt Bagna cauda eine vollständige Mahlzeit. Krönender Abschluss dieses geselligen Mahls ist, wenn man für jeden Gast am Ende noch ein Ei ins restliche Öl schlägt und es stocken lässt.

REZEPT BAGNA CAUDA

Zutaten für 4 Portionen

Für die Sauce
15 Knoblauchzehen
400 ml Olivenöl
12 in Salz oder Öl eingelegte
Sardellenfilets

Für das Gemüse
1 Blumenkohl
1 Brokkoli
6 Mangoldstiele
4 Fenchelknollen
4 Möhren
1 rote Paprikaschote
1 gelbe Paprikaschote
1 Staudensellerie
6 Kartoffeln

So geht's
Die geschälten Knoblauchzehen in 200 ml Olivenöl gut 1 Stunde bei kleiner Hitze sanft ziehen lassen. Anschließend die Sardellenfilets hinzufügen (gesalzene Sardellenfilets vorher kurz abspülen und gut trockentupfen) und nach wenigen Minuten alles mit dem Pürierstab fein pürieren. Das restliche Öl unterrühren.

Das Gemüse waschen und putzen. Blumenkohl und Brokkoli in Röschen zerteilen, Mangoldstiele in grobe Stücke schneiden. Die Fenchelknollen längs viertel, Möhren schälen und ebenfalls längs vierteln. Paprikaschoten in Streifen schneiden, die Selleriestangen längs halbieren. Kartoffeln waschen und gut abbürsten, aber nicht schälen. Nach Belieben das vorbereitete Gemüse in Salzwasser oder im Dampf ein paar Minuten bissfest garen. Die Kartoffeln brauchen dafür etwa 20 Minuten. Alle Gemüsestücke dekorativ auf großen Platten anrichten und auf dem Tisch bereitstellen.

Die Sardellen-Knoblauch-Sauce in einem großen oder in einzelnen kleinen Rechauds heiß halten und die Sauce hin und wieder umrühren, damit sich nichts am Boden festsetzt. Dazu reiches Sie knuspriges italienisches Weißbrot und einen leichten Rotwein aus dem Piemont, etwa Barbera.

[Zuppa di spinaci e parmigiano]

SPINATSUPPE
mit Parmesan

FÜR SUPPENLIEBHABER, DIE TROTZ DES FRÜHLINGSHAFTEN WETTERS
NICHT AUF EINEN SEELENWÄRMER VERZICHTEN MÖCHTEN.

DAS IST *wirklich* WICHTIG

[a] SPINAT SOLLTE sehr gründlich gewaschen werden, da sich zwischen den Blättern viel Sand und Erdreste ablagern.

Zutaten für 4 Portionen

600 g frischer Blattspinat
50 g Butter
2 EL fein gewürfelte Zwiebeln
½ l Fleischbrühe
½ l Milch
5 EL frisch geriebener Parmesan
Salz, schwarzer Pfeffer aus der Mühle

Zeitbedarf
▪ 40 Minuten

So geht's

1. Spinat gründlich waschen [→a] und nur kurz abtropfen lassen. Einige große Spinatblätter zum Garnieren beiseitelegen. Die nassen Spinatblätter in einem großen Topf bei mittlerer Hitze zugedeckt 2–3 Minuten dämpfen, bis sie zusammengefallen sind.

2. Spinat aus dem Topf nehmen, abtropfen lassen. Sobald er abgekühlt ist, den Spinat ausdrücken und nur grob hacken.

3. Butter bei mittlerer Hitze in einen Suppentopf geben und die Zwiebeln darin anschwitzen. Den Spinat hinzufügen und 2–3 Minuten garen, dabei gut umrühren.

4. Fleischbrühe und Milch angießen und unter gelegentlichem Rühren zum Kochen bringen.

5. Die Spinatblätter zum Garnieren in nicht zu feine Streifen schneiden. Den geriebenen Parmesan gründlich in der Suppe verrühren. Mit Salz und Pfeffer abschmecken.

6. Die Suppe in Suppenteller füllen, mit den Spinatstreifen garnieren, Pfeffer darübermahlen und sofort servieren.

Dazu gibt es Crostini mit Sardellen (Rezept Seite 26)

[Zuppa di asparagi con ortiche]

SPARGELCREMESUPPE
mit Brennnesselspitzen

SPARGEL SCHMECKT AUCH ALS SUPPE AUSGEZEICHNET – UND
MIT EINER SELBST GEMACHTEN GEMÜSEBRÜHE UMSO MEHR.

Zutaten für 4 Portionen

500 g grüner Spargel

10 g Butter

700 ml Gemüsebrühe
(siehe Rezept-Variante S. 141)

1 Handvoll frische Brennnesselspitzen

Salz, schwarzer Pfeffer aus
der Mühle

Zitronensaft

Parmesanspäne

Zeitbedarf
▪ 20 Minuten

So geht's

1. Spargel waschen und trocknen, die Spitzen abschneiden und beiseitelegen. Bei Bedarf das untere Drittel der Stangen schälen.
Spargel in Scheiben schneiden.

2. Butter in einem großen Topf zerlassen und die Spargelscheiben
darin andünsten. Die Gemüsebrühe zugießen und 10 Minuten köcheln lassen.

3. In der Zwischenzeit die Spargelspitzen in einem zweiten Topf in
3 Minuten al dente garen, mit kaltem Wasser abschrecken und
gut abtropfen lassen. Brennnesselspitzen [→a] waschen, trockentupfen und hacken.

4. Die Suppe mit dem Pürierstab pürieren, kurz aufkochen lassen,
mit Salz, Pfeffer und etwas Zitronensaft abschmecken. Die Spar-
gelköpfe in die Suppe geben, kurz erwärmen.

5. Suppe auf Teller verteilen, mit Parmesan und den Brennnesselspitzen bestreuen und sofort servieren.

Dazu gibt es ein kräftiges Weißbrot.

DAS IST *wirklich* WICHTIG

**[a] DIE BRENNNESSELN VOR DEM
WASCHEN** in ein Küchentuch geben und
das Tuch so verdrehen, als würden Sie es
auswringen. Dadurch geht die brennende
Wirkung der Nesselhaare verloren.

DAS IST *wirklich* WICHTIG

[b]

[c]

[a] ARTISCHOCKEN VORBEREITEN Die Stiele dicht unter dem Blattansatz abschneiden oder abbrechen. Die äußeren Blätter der Artischocken ablösen, bis die helleren weichen zum Vorschein kommen. Von den übrigen Blättern mit einer Küchenschere jeweils das obere Drittel gerade abschneiden. Beim Schneiden der Artischocken in Scheiben sieht man, ob sie schon „Heu" angesetzt haben. Borstige Härchen mit einem Teelöffel entfernen.

[b] FRITTATA BACKEN Die Eiermilch über die Artischocken gießen, dann die Pfanne leicht rütteln, damit sich die Eiermasse gleichmäßig verteilt und alle Artischocken umhüllt. Bei kleiner Hitze stocken lassen, bis die Masse fest wird und die Unterseite schön gebräunt ist. Zwischendurch die Pfanne immer wieder mal leicht rütteln, damit die Frittata nicht ansetzt.

[c] FRITTATA WENDEN Mit einem Pfannenwender oder einer Palette zwischen Frittata und Pfannenrand fahren, um die Frittata zu lösen. Einen großen Teller an den Pfannenrand halten, die Frittata darauf gleiten lassen. Mit einem zweiten Teller abdecken und alles zusammen umdrehen. Frittata mit der hellen Seite nach unten zurück in die Pfanne geben.

[Frittata di carciofi]

OMELETT
mit Artischocken

DURCH DIE JUNGEN GEBRATENEN ARTISCHOCKEN WIRD DAS OMELETT ZUR FEINEN VORSPEISE. SIE SCHMECKT BESONDERS AROMATISCH, WENN SIE NOCH WARM AUF DEN TISCH KOMMT.

Zutaten für 4 Portionen

4 kleine zarte Artischocken (möglichst die violette Sorte)

½ Zitrone

1 Schalotte

nach Belieben 1 Knoblauchzehe

4 EL Olivenöl

Salz, weißer Pfeffer aus der Mühle

2 EL gehackte Petersilie

6 Eier

3 EL Milch

besonderes Werkzeug
- 1 mittelgroße Pfanne (ca. 20 cm Ø)

Zeitbedarf
- 35 Minuten

So geht's

1. Die Artischocken waschen und vorbereiten [→a]. Rund um den Stielansatz dünn schälen, dann der Länge nach in Scheiben schneiden. Die Schnittflächen sofort mit der halben Zitrone einreiben, damit sich die Artischocken nicht braun verfärben.

2. Die Schalotte und nach Belieben die Knoblauchzehe schälen und fein würfeln. Das Öl in der Pfanne erhitzen. Die Artischocken darin bei mittlerer Hitze unter gelegentlichem Rühren zunächst 5 Minuten braten. Schalotte und Knoblauch unterrühren und weitere 2–3 Minuten braten, bis die Artischocken rundum goldbraun sind. Leicht salzen und pfeffern. Die Petersilie untermischen.

3. Die Eier in eine Schüssel geben, Milch zufügen und alles mit einer Gabel verrühren, aber nicht schaumig schlagen. Mit Salz und Pfeffer würzen.

4. Eiermilch gleichmäßig über die Artischocken gießen [→b]. Die Pfanne rütteln, damit sich alles gut verteilt. Bei kleiner Hitze zunächst die Unterseite der Frittata in etwa 10 Minuten goldgelb backen. Währenddessen die Pfanne ab und zu rütteln.

5. Die Frittata wenden [→c]. Dazu mit einem Pfannenwender zwischen Frittata und Pfanne fahren, um das Omelett zu lösen, anschließend umdrehen und in 3–4 Minuten fertig backen.

6. Die Artischocken-Frittata behutsam aus der Pfanne gleiten und kurz abkühlen lassen. Zum Servieren wie eine Torte in Stücke, in Quadrate oder Rauten schneiden. Kalt serviert, eignet sich die Frittata auch sehr gut als Snack oder für ein Buffet.

Die Varianten

Mit Blattspinat
250 g Blattspinat waschen, verlesen und grob hacken. Je 1 Zwiebel und Knoblauchzehe schälen, fein würfeln und in einer Pfanne in Öl 5 Minuten andünsten. Die 6 Eier mit 100 g Ziegenfrischkäse verrühren, salzen und pfeffern. Eiermasse über den Spinat gießen und die Frittata garen wie links beschrieben.

Mit Spargel
250 g grünen Spargel waschen, das untere Drittel schälen und die Stangen schräg in 1 cm breite Scheiben schneiden. In Olivenöl 5 Minuten braten, salzen und pfeffern. Eiermilch über den Spargel in die Pfanne gießen und garen wie im Rezept beschrieben.

KLEINE ZARTE ARTISCHOCKEN gibt es nur kurze Zeit. Wenn Sie welche sehen, greifen Sie sofort zu! Besonders köstlich ist die außen dunkelviolette und innen grüne Sorte aus Italien. Diese Artischocken wiegen pro Stück etwa 50 Gramm. Frische und Qualität erkennt man daran, dass sie prall, fest und geschlossen sind und frische grüne Blattspitzen haben.

[Pinzimonio]

ROHKOSTPLATTE
mit Olivenöl-Dip

HIER GEHT JUNGES, KNACKIGES GEMÜSE EINE DAUERHAFTE BEZIEHUNG MIT EINEM DIP
AUS OLIVENÖL, SALZ UND SCHWARZEM PFEFFER EIN.

Zutaten für 4 Portionen

4 Möhren (möglichst mit frischem Grün)

2 Paprikaschoten

1 Fenchelknolle

1 Staudensellerie

1 Bund Radieschen

1 Bund dicke Frühlingszwiebeln

Olivenöl extra vergine

Salz, zerstoßener schwarzer Pfeffer

Zeitbedarf
▪ 20 Minuten

So geht's

1. Möhren waschen, putzen, dabei das eventuell vorhandene Grün nicht abschneiden. Möhren schälen, größere Exemplare längs halbieren.

2. Paprikaschoten waschen, halbieren, Trennwände und Samen entfernen. In etwa 4 cm breite Streifen schneiden.

3. Fenchel waschen, das Grün abschneiden. Auf der Unterseite der Knolle den Wurzelansatz sowie beschädigte äußere Blätter entfernen. Fenchel der Länge nach in Viertel schneiden.

4. Sellerie in einzelne Stangen zerteilen. Das Grün nicht entfernen, auf der Unterseite eine dünne Scheibe abschneiden. Die einzelnen Stangen waschen und putzen.

5. Radieschen waschen, Blätter nicht abtrennen.

6. Die Frühlingszwiebeln gründlich waschen. Wurzelansatz und ca. 1 cm von den Spitzen abschneiden. Die äußeren Blätter abziehen.

7. Für jeden Gast eine Schale mit einer Mischung aus Olivenöl, Salz und reichlich zerstoßenem schwarzem Pfeffer bereitstellen.

8. Das vorbereitete Gemüse auf einer Servierplatte anrichten und mit dem Olivenöl-Dip servieren.

[Insalata caprino fresco]

FRÜHLINGSSALAT
mit Ziegenfrischkäse

EIN LEICHTER IMBISS FÜR EINEN LAUEN FRÜHLINGSMITTAG. GENIESSEN SIE DABEI DIE ERSTEN SONNENSTRAHLEN AUF DEM BALKON.

Zutaten für 4 Portionen

200 g gemischter Blattsalat (Lollo rosso und verde, Grumolo verde)

50 g junge, zarte Löwenzahnblätter

1 Bund Freiland-Rucola

1 Bund Radieschen

200 g Ziegenfrischkäse

Für das Dressing

1 Bund Schnittlauch

4 EL weißer Aceto balsamico

6 EL Olivenöl extra vergine

Salz, schwarzer Pfeffer aus der Mühle

Zeitbedarf
▪ 15 Minuten

So geht's

1. Blattsalat, Löwenzahn und Rucola verlesen, waschen, trocknen und in mundgerechte Stücke zupfen. Auf Tellern anrichten.

2. Radieschen waschen, putzen, in dünne Scheiben schneiden und auf den Salatblättern verteilen.

3. Den Ziegenfrischkäse je nach Form in passende Stücke schneiden und auf die Teller verteilen.

4. Für das Dressing den Schnittlauch waschen, trocknen und in feine Röllchen schneiden. Mit Essig, Öl, Salz und Pfeffer verrühren. Über den Salat träufeln.

5. Einen Hauch schwarzen Pfeffer darübermahlen und sofort servieren.

GRUMOLO VERDE, eine Sorte des grünen Cicorino, kommt zu Beginn des Frühjahrs in Italien auf den Markt. Fragen Sie auf Ihrem Wochenmarkt nach dieser besonderen Rosettenzichorie, die leicht bitter schmeckt. Siehe auch Seite 11.

[Crostini alla Romana]

CROSTINI
mit Sardellen

IN ROM LIEBT MAN DIESE GERÖSTETEN BROTE BESONDERS. INZWISCHEN SIND SIE ABER AUCH AUSSERHALB DER STADT IN ALLER MUNDE.

Zutaten für 4 Portionen

½ Stangenweißbrot

6 in Öl eingelegte Sardellenfilets

50 g Butter

1 EL fein gehackte Petersilie

200–250 g Büffelmozzarella

schwarzer Pfeffer aus der Mühle

Zeitbedarf
▪ 20 Minuten

So geht's

1. Den Backofen auf 250 °C vorheizen. Das Stangenbrot sehr schräg in 8 große, etwa 1 cm dicke Scheiben schneiden.

2. Die Sardellenfilets abtropfen lassen und sehr fein hacken. Zusammen mit der Butter und der Petersilie mithilfe einer Gabel verkneten. Die Brotscheiben gleichmäßig mit der Sardellenbutter bestreichen.

3. Den Mozzarella in 8 gleich dicke Scheiben schneiden. Die Brote damit belegen. Auf ein Backblech setzen und in der Mitte des Ofens 5–7 Minuten überbacken, bis der Käse schmilzt. Crostini mit einem Hauch Pfeffer übermahlen und sofort servieren.

[Tramezzini gamberetti]

TRAMEZZINI
mit Garnelen

EIN SOFTIE ZUM REINBEISSEN: WEICH DAS BROT DRUMHERUM UND VON ANGENEHMEM BISS DIE GARNELENCREME, DIE DAZWISCHEN LIEGT.

Zutaten für 4 Portionen

200 g gegarte ausgelöste Eismeergarnelen

1 Stück Salatgurke (ca. 100 g)

½ Bund Schnittlauch

50 g Frischkäse

2 EL Naturjoghurt

2 EL Zitronensaft

Salz, weißer Pfeffer aus der Mühle

Cayennepfeffer

2 Salatblätter (z. B. Romana)

1 reife Avocado

8 Scheiben Tramezzini-, Sandwich- oder Toastbrot

Zeitbedarf
▪ 20 Minuten

So geht's

1. Garnelen kalt abbrausen, trockentupfen und in kleine Stücke schneiden. Das Gurkenstück schälen, längs halbieren und die Kerne mit einem Teelöffel herausschaben. Die Gurke klein würfeln. Schnittlauch waschen, trockenschütteln und in feine Röllchen schneiden.

2. Den Frischkäse mit Joghurt und 1 EL Zitronensaft glatt rühren. Garnelen, Gurke und Schnittlauch untermischen. Falls nötig, esslöffelweise Wasser unterrühren, bis die Masse streichfähig ist. Mit Salz, Pfeffer und ein wenig Cayennepfeffer abschmecken.

3. Die Salatblätter waschen, trockentupfen und in Stücke zupfen. Die Avocado rundherum bis zum Kern einschneiden. Die Hälften gegeneinander drehen und voneinander lösen, den Kern entfernen. Die Avocadohälften schälen und quer in dünne Scheiben schneiden. Im restlichen Zitronensaft wenden, leicht salzen und pfeffern.

4. Die Brote bei Bedarf entrinden. 4 Brotscheiben zuerst mit den Salatblättern, dann mit den Avocadoscheiben belegen. Die Garnelencreme darauf verteilen. Mit den übrigen Brotscheiben abdecken, leicht andrücken und die Brote jeweils diagonal halbieren. Garnelen-Tramezzini möglichst frisch servieren.

[Ciabatta al salame piccante]

CIABATTA
mit Salami-Salat

DER WÜRZIGE SALAMI-SALAT IN DEN BRÖTCHEN MACHT
APPETIT AUF MEHR. VIELLEICHT AUF EIN HAUPTGERICHT,
VIELLEICHT ABER AUCH AUF EIN ZWEITES CIABATTA.

Zutaten für 4 Portionen

50 g junge, zarte Löwenzahnblätter oder Rucola

1 Frühlingszwiebel

1 kleiner Zucchino

150 g scharfe Salami in dünnen
Scheiben

4 schwarze Oliven ohne Stein

1 EL Rotweinessig

Salz, schwarzer Pfeffer aus
der Mühle

2 EL Olivenöl

4 grüne Salatblätter
(z. B. Batavia oder Eichblatt)

4 Ciabatta-Brötchen

Zeitbedarf
▪ 25 Minuten

So geht's

1. Löwenzahn oder Rucola waschen, putzen und die Stiele abschneiden. Die Blätter trockentupfen und grob hacken.

2. Die Frühlingszwiebel waschen und putzen, dabei das äußere Hüllblatt, vertrocknete dunkelgrüne Blattspitzen und den Wurzelansatz entfernen. Frühlingszwiebel in dünne Scheiben schneiden.

3. Den Zucchino waschen, putzen, längs halbieren und quer in dünne Scheiben hobeln oder schneiden.

4. Die Salami in fingerbreite Streifen schneiden. Die Oliven grob hacken. In einer Schüssel den Essig mit Salz, Pfeffer und Öl zu einem cremigen Dressing aufschlagen. Löwenzahn oder Rucola, Frühlingszwiebel, Zucchino, Salami und Oliven hinzufügen und mit dem Dressing vermischen. Den Salami-Salat abschmecken.

5. Die Salatblätter waschen, trockentupfen und in kleinere Stücke zupfen. Die Ciabatta-Brötchen halbieren. Jeweils auf die unteren Hälften zuerst die Salatblätter, dann den Salami-Salat verteilen. Die Brötchendeckel wieder auflegen, leicht andrücken und servieren.

CIABATTA ist als Brot wie als Brötchen eine der beliebtesten italienischen Weißbrotspezialitäten. Hergestellt aus Weizenmehl, Hefe, Olivenöl, Salz und Wasser, hat das Brot besonders viel von der dünnen, festen Knusper-Kruste und eine feine Krume. Zu kräftiger Wurst und zu Schinken schmeckt Ciabatta geradezu ideal.

RISOTTO, GNOCCHI

& Polenta

Drei Köstlichkeiten aus der italienischen Küche, die aus Reis, Kartoffeln oder Mais zubereitet werden. Sie können Vorspeise, Beilage oder Hauptgericht sein.

RISOTTO

Im August und September wird im feuchten Schwemmland der norditalienischen Po-Ebene Reis geerntet: Arborio, Vialone Nano oder den bei Kennern geschätzten Carnaroli. Alle drei Sorten haben kurze, runde Körner und eignen sich besonders gut für Risotto. Denn ein Teil der in ihnen enthaltenen Stärke (ein Kohlenhydrat) löst sich beim Kochen durch Flüssigkeit und fleißiges Rühren auf und sorgt damit für die sämige Konsistenz. Gleichzeitig bleibt der Reis im Kern bissfest. Genau diese Kombination von Cremigkeit und bissfestem Kern ist das Wichtigste beim berühmtesten Reisgericht Italiens.

DREI MAGISCHE GRUNDREGELN

Sie garantieren beim Kochen gutes Gelingen: Man nehme erstens einen guten Risotto-Reis, zweitens ungefähr dreimal so viel heiße Flüssigkeit wie Reis und drittens braucht man dreimal zehn Minuten Geduld.

Den Reis auf keinen Fall vor der Zubereitung waschen, sonst verliert er Stärke und damit seine wunderbar sämige Konsistenz. Die ist außerdem wichtig, damit der Reis mit den anderen Zutaten eine aromatische Verbindung eingehen kann. Und: Der Risotto muss zum Schluss so feucht sein, *all'onda* wie der Italiener sagt, dass er beim Rütteln des Topfs sanfte Wellen schlägt. Dann noch kurz ruhen lassen, schnell auf den Teller und servieren.

GENIALE LIAISON

Risotto pur oder *alla milanese* (siehe Rezept-Variante Seite 30) ist an sich schon ein Genuss. Wenn er sich dann aber noch wie in unseren Rezepten mit

Meeresfrüchten, Spargel, Artischocken, Radicchio, Entenbrust, Kalbsleber oder gar Trüffeln schmückt, ist der Gipfel der Gaumenfreuden erreicht.

GNOCCHI

Die klassischen Klößchen aus Kartoffelteig *(gnocchi di patate)* haben ihre kulinarische Heimat in Norditalien. Bei dieser geografischen Nähe wundert es nicht, dass eine gewisse Ähnlichkeit mit österreichischen Erdäpfelknödeln oder süddeutschen Fingernudeln besteht.

SIMPEL & GUT
Der Teig besteht aus nichts weiter als gekochten und durchgepressten Kartoffeln, Mehl und Salz. Mancherorts wird das Mehl mit Grieß gemischt oder es werden noch 1–2 Eier unter den Teig geknetet, um ihn geschmeidiger zu machen. Schön locker müssen Kartoffel-Gnocchi sein, aber nicht zu weich. Einen klassischen Gnocchi-Teig finden Sie als Rezept-Variante auf Seite 33.

KOCHTYP & QUALITÄT
Ausschlaggebend für das Gelingen aller Rezepte sind Kochtyp, Qualität und Geschmack der Kartoffeln. Vom Kochtyp her sind mehlig kochende Kartoffeln am besten. Aufgrund ihres hohen Stärkeanteils werden sie beim Kochen weich, brechen auf und sind eher trocken. Daher eignen sie sich besonders gut für Kartoffelteig. Beim Einkauf sollten Sie nach kräftig-aromatischen Kartoffeln fragen und auf die Qualität achten: Die Kartoffeln müssen makellos, fest und sauber, aber nicht gewaschen sein.

KLEINKUNST MIT ...
Probieren Sie die Kartoffel-Gnocchi mit Löwenzahn und einer Prosecco-Sauce (Seite 34) oder mit Brennnesseln beziehungsweise Spinat (Seite 33). Fein schmecken Gnocchi auch solo als Beilage zu einem Fleischgericht mit Sauce.

... UND OHNE KARTOFFELN
Italiens Küche ist vielseitig und kennt auch andere Zubereitungsweisen für Gnocchi. Zu neuen Höhen schwingen sich die kleinen Klöße etwa mit Kürbis oder Ricotta auf. Wie, erfahren Sie auf Seite 152.

POLENTA

Wenn die Italiener *polenta* sagen, kann das zweierlei bedeuten. Entweder den Maisgrieß als Zutat an sich oder den daraus zubereiteten Maisbrei. Auf Letzteren warten alle geduldig, bis der Brei dickflüssig in eine Schüssel gefüllt wird und man endlich an die köstliche Kruste am Topfboden herankommt (Tipp Seite 151).

GELBER MAISGRIESS
Der gelbe Maisgrieß entsteht durch das Mahlen von getrockneten Körnern besonders stärkehaltiger Maissorten. Den Grieß gibt es fein, mittelfein oder grob gemahlen, der mittelfeine eignet sich am besten für die Zubereitung von Polenta. Vorgegarter Polenta-Grieß (Instant-Polenta) ist zwar ruckzuck zubereitet, reicht aber nicht wirklich an den typischen Geschmack einer traditionell gekochten Polenta heran.

WEICH ODER FEST
Ursprünglich kam der Mais aus Amerika nach Europa und nach Norditalien. Inzwischen gehört er wie selbstverständlich zu den gängigen Zutaten. Polenta wird auf unterschiedlichste Art im ganzen Land serviert. Mal weich und geschmeidig zubereitet, mit Butter und Käse verfeinert und beispielsweise mit Wurst oder Fleischsauce serviert. Mal wird sie als feste Polenta (mit weniger Flüssigkeit zubereitet) gereicht, die geformt und meist gebraten oder überbacken gut zu gebratenem oder geschmortem Fleisch passt.

POLENTA WARM HALTEN
Manchmal wird es in der Küche etwas stressig, wenn alles auf einmal fertig werden soll. Hier unser Tipp, wie Sie weiche Polenta vorbereiten und warm halten können: Die abgeschmeckte Polenta in eine Servierschüssel füllen und ihre Oberfläche dünn mit flüssiger Butter bepinseln, dann mit Frischhaltefolie abdecken. Die Schüssel über einen Topf mit leicht kochendem Wasser setzen. Zum Servieren muss nur noch die Folie abgezogen werden.

KÖSTLICHE VARIANTEN
Ein Rezept mit weicher Polenta finden Sie auf Seite 201: Polenta mit gebratener Blutwurst. Die Vorspeise Polenta-Ecken mit Pilzen, Seite 150/151, zeigt im Detail, wie in Italien feste Polenta zubereitet wird.

[Risotto asparagi con cerfoglio]

SPARGEL-RISOTTO
mit Kerbel

EINE FEINE FRÜHJAHRS-KOMPOSITION MIT GRÜNEM SPARGEL
UND ZARTEM KERBEL. DAMIT ES EIN VOLLKOMMENER GENUSS
WIRD, DEN RISOTTO FRISCH UND HEISS SERVIEREN.

Zutaten für 4 Portionen

400 g grüner Spargel

30 g frischer Kerbel

1 Schalotte

ca. 1 l gute Hühnerbrühe

3 EL Butter

300 g italienischer Risotto-Reis (Arborio, Vialone oder Carnaroli)

100 ml trockener weißer Wermut oder trockener Weißwein

Salz

40 g frisch geriebener Parmesan

1–2 EL Zitronensaft

schwarzer Pfeffer aus der Mühle

Außerdem

zum Servieren frisch geriebener Parmesan

Zeitbedarf

▪ 60 Minuten

So geht's

1. Den Spargel waschen. Die holzigen Enden abschneiden und das untere Drittel schälen. Die Spargelspitzen schräg etwa 3 cm lang abschneiden, beiseitelegen. Die Spargelstangen schräg in etwa 1 cm breite Scheiben schneiden. Den Kerbel verlesen, waschen, trockentupfen und grobe Stiele entfernen. Schalotte schälen und fein würfeln.

2. Die Hühnerbrühe aufkochen lassen. In einem breiten Topf 2 EL Butter aufschäumen, aber nicht braun werden lassen. Schalotte und Spargelscheiben darin bei kleiner Hitze unter Rühren andünsten [→a]. Den Reis unterrühren, bis die Körner rundum glänzen und leicht glasig aussehen.

3. Den Wermut oder Wein angießen und weiterrühren, bis er fast verdampft ist. 1 kräftige Prise Salz und so viel Hühnerbrühe zum Reis geben, dass er gerade davon bedeckt ist. Unter gelegentlichem Rühren leicht brodelnd kochen lassen, bis die Brühe aufgesogen ist.

4. Nach gut 10 Minuten Garzeit die Spargelspitzen zum Risotto geben. Schöpflöffelweise weitere Brühe dazugeben [→b] und rühren, bis der Reis gar ist, das dauert insgesamt etwa 20 Minuten [→c]. Die Körner sollen weich sein, aber im Inneren noch etwas Biss haben. Die ideale Konsistenz des Risotto ist dickflüssig bis cremig.

5. Den Topf mit dem Risotto vom Herd nehmen. Zuerst die restliche Butter und den Parmesan gründlich untermischen, dann mit Zitronensaft, Salz und Pfeffer abschmecken. Den Kerbel unterheben. Den Spargel-Risotto zugedeckt noch kurz ruhen lassen [→d]. Mit frisch geriebenem Parmesan servieren.

Die Variante

Risotto alla milanese

Für den klassischen Safran-Risotto nehmen Sie statt der Hühnerbrühe 1 ½ Liter gute Fleischbrühe und 450 g Risotto-Reis (Vialone oder Carnaroli). Zunächst 1 fein gewürfelte Zwiebel in 50 g Butter andünsten, dann den Reis darin unter Rühren glasig werden lassen. Etwas heiße Brühe angießen und verdampfen lassen. Anschließend nach und nach immer so viel Brühe hinzufügen, dass der Reis stets gut davon bedeckt ist. Häufig umrühren und den Reis so knapp 15 Minuten köcheln lassen. 1 Döschen/Briefchen gemahlenen Safran unterrühren, Reis wie beschrieben ca. 5 Minuten weiterköcheln lassen, bis die Körner weich, aber noch bissfest sind. Vom Herd nehmen, 50 g frisch geriebenen Parmesan untermischen, bei Bedarf mit Salz und Pfeffer abschmecken und heiß servieren.

GRÜNER SPARGEL wächst weitgehend über der Erde. Kopf und Stangen färben sich durch das Sonnenlicht durch und durch grün. Grüner Spargel hat dünnere Stangen und eine zartere Schale als der weiße, deshalb muss auch nur das untere Drittel der Stangen geschält werden. Grüner Spargel hat eine kürzere Garzeit als weißer und ein kräftigeres Aroma.

DAS IST
wirklich
WICHTIG

[a] SOFFRITTO ZUBEREITEN In der italienischen Küche ist damit das sanfte Andünsten der Schalotte und des Spargels gemeint. Beides soll dabei keine Farbe annehmen.

[b] BRÜHE DAZUGIESSEN Immer erst den nächsten Schöpflöffel Hühnerbrühe zum Reis geben, wenn er die letzte Portion aufgesogen hat. Die Brühe muss immer heiß sein, damit der Kochvorgang möglichst nicht unterbrochen wird. Regelmäßiges Umrühren ist ebenso wichtig, weil es die Stärke aus den Reiskörnern löst und den Risotto so schön cremig macht.

DICKFLÜSSIG BIS CREMIG – SO SOLLTE DIE RISOTTO-KONSISTENZ SEIN.

[b]

[c] GARZEIT Sie dauert je nach Reissorte, Korngröße und Alter zwischen 15 und 20 Minuten. Nach etwa 15 Minuten Garzeit sollten Sie den Risotto das erste Mal probieren.

[d] RUHEN LASSEN Wenn Butter und Käse gründlich untergemischt sind, den Reis unbedingt noch 3–4 Minuten zugedeckt ruhen lassen. Das ist wichtig für Aroma und Konsistenz.

DAS IST *wirklich* WICHTIG

[a] DIE RICHTIGEN KARTOFFELN VERWENDEN Gnocchi selbst herzustellen, ist keine Hexerei. Ganz wichtig ist aber, dass der Teig mit einer mehlig kochenden Kartoffelsorte zubereitet wird. Andernfalls bekommen Sie die richtige Konsistenz nicht hin.

[b] BRENNNESSELN Ihre brennende Wirkung kann man mit einem kleinen Trick umgehen. Lesen Sie nach auf Seite 21.

[Gnocchi alle ortiche al burro e salvia]

BRENNNESSEL-GNOCCHI
mit Salbeibutter

BRENNNESSELN WERDEN IM FRÜHLING IN DER ITALIENISCHEN
KÜCHE GERNE VERWENDET. GEKOCHT WEISEN SIE EINE ÄHNLICHKEIT
ZU SPINAT AUF, SIND ABER NOCH ETWAS FEINER IM GESCHMACK.

Zutaten für 4 Portionen

1 kg mehlig kochende Kartoffeln
[→a]

200 g frische Brennnesselblätter
[→b]

1 Ei

200 g Mehl

Salz

80 g Butter

1 Knoblauchzehe

4 frische Salbeiblätter

50 g frisch geriebener
Parmesan

besonderes Werkzeug
- 1 Passiergerät oder Kartoffelpresse

Zeitbedarf
- 30 Minuten + 25 Minuten Garen

So geht's

1. Die Kartoffeln waschen, anschließend in einem großen Topf mit
   der Schale in etwa 25 Minuten weich garen oder dämpfen. Schälen und noch heiß durch das Passiergerät treiben oder durch die
   Kartoffelpresse drücken. Ausdampfen lassen.

2. In der Zwischenzeit die Brennnesseln waschen, trocknen und
   fein hacken. Das Ei leicht verquirlen. Brennnesseln zu den zer-
   drückten Kartoffeln geben, dann Mehl und Ei untermischen.
   Mit Salz abschmecken.

3. Die Mischung auf einer bemehlten Arbeitsfläche gründlich zu
   einem Teig verkneten. Aus dem Teig Rollen von 1 ½ cm Durchmesser formen. Die Rollen in 2 cm dicke Scheiben schneiden
   und mit einer Gabel auf der Oberseite die typischen Gnocchi-
   Rillen eindrücken (siehe Abbildung Seite 34).

4. In einem großen Topf Salzwasser zum Kochen bringen. Die
   Gnocchi darin portionsweise im sanft köchelnden Wasser etwa
   4 Minuten garen, bis sie an die Oberfläche steigen. Mit einem
   Schaumlöffel herausnehmen.

5. Inzwischen die Butter in einem kleinen Topf zerlassen. Knoblauch schälen, halbieren und zusammen mit den Salbeiblättern
   einige Minuten in der heißen Butter wenden, bis er hellbraun
   wird. Den Knoblauch entfernen.

6. Die Gnocchi in vorgewärmten Tellern anrichten, mit der Salbeibutter übergießen, mit dem Parmesan bestreuen und sofort
   servieren.

Die Varianten

Kartoffel-Spinat-Gnocchi
Kartoffelmenge auf 800 g
reduzieren und zusätzlich
675 g frischen Spinat gründlich waschen. Den Spinat
5 Minuten in einem großen
Topf nur mit dem Wasser,
das vom Waschen an den
Blättern haftet, dämpfen.
Abgießen, gut ausdrücken
und hacken. Den Gnocchi-
Teig zubereiten, wie im ne-
benstehenden Rezept be-
schrieben, dabei aber ein
zusätzliches Eigelb verwenden. Knoblauch und Salbeiblätter weglassen.

Klassischer Gnocchi-Teig
Hier wird der Teig aus 1 kg
mehlig kochenden Kartof-
feln, 150 g doppelgriffigem
Mehl, 100 g Hartweizengrieß
und nach Belieben 1 Ei zubereitet. Die Kartoffeln wie
im Rezept links beschrieben
zubereiten und zerdrücken.
Kartoffeln mit den oben genannten Zutaten und 1 TL
Salz mit den Händen verkneten, bis sich alles gut ver-
bunden hat. Falls der Teig zu
feucht und klebrig ist, weiteres Mehl (ca. 50 g) unterkneten. Aus dem Teig wie links
beschrieben Gnocchi formen
und auf der leicht bemehlten
Arbeitsfläche mindestens
30 Minuten ruhen lassen.
Anschließend die Klößchen
3–5 Minuten in Salzwasser
gar ziehen lassen.

SALBEI, italienisch *salvia*, braucht Hitze, um sein kräftiges, intensives
Aroma entfalten zu können. In Butter sautierte Salbeiblätter ergeben
eine klassische Pastasauce. In der italienischen Küche wird Salbei auch
gerne bei der Zubereitung von Leber oder Kalbfleisch verwendet, etwa
beim berühmten Saltimbocca alla Romana.

[Gnocchi di patate con tarassaco]

KARTOFFEL-GNOCCHI
mit Löwenzahn

LÖWENZAHN, EIN LANG ERSEHNTER FRÜHLINGSBOTE IN DER KÜCHE. DER GRÜNE WILDE
SCHMECKT KRÄFTIG UND LEICHT BITTER, DER GELBE GEZÜCHTETE WEITAUS MILDER.

Zutaten für 4 Portionen

Klassischer Gnocchi-Teig
(Rezept-Variante S. 33)

200 g Sahne

200 ml Gemüsebrühe
(Rezept-Variante S. 141)

1 Stück Bio-Zitronenschale, Salz

500 g Löwenzahnblätter

1 Knoblauchzehe, 2 EL Olivenöl

schwarzer Pfeffer aus der Mühle

50 g Fontina-Käse,
100 ml Prosecco

besonderes Werkzeug
- 1 Kartoffelpresse

Zeitbedarf
- 1 Stunde

So geht's

1. Den Gnocchi-Teig nach dem Grundrezept auf Seite 33 zubereiten. Die geformten Gnocchi 30 Minuten ruhen lassen.

2. Inzwischen für die Sauce die Sahne mit Brühe und Zitronenschale aufkochen, offen in etwa 10 Minuten auf etwa die Hälfte einkochen lassen. Die Hitze ausschalten und die Mischung ziehen lassen. Salzwasser in einem großen Topf zum Kochen bringen.

3. Den Löwenzahn waschen, trockenschütteln, putzen und dabei grobe Stiele entfernen. Blätter in etwa 5 cm lange Stücke schneiden. Knoblauch schälen, vierteln. Beides in heißem Öl etwa 5 Minuten braten. Salzen und pfeffern. Warm stellen.

4. Gnocchi portionsweise ins kochende Salzwasser geben, bei schwacher Hitze gar ziehen lassen, bis sie an die Oberfläche steigen. Mit einem Schaumlöffel herausheben und abtropfen lassen.

5. Zitronenschale aus der Sahnemischung entfernen. Die Mischung aufkochen, vom Herd nehmen. Käse entrinden, klein würfeln und unter Rühren in der Sauce schmelzen lassen. Mit Pfeffer würzen und den Prosecco einrühren. Die Gnocchi mit dem gebratenen Löwenzahn auf Tellern anrichten und mit der Prosecco-Sauce beträufeln. Sofort servieren.

[Strangolapreti con burro al prezzemolo]

SPINATNOCKEN

mit Petersilienbutter

EINE ALTE REGEL HEISST: WER NOCKEN MIT DEM MESSER SCHNEIDET,
BELEIDIGT DIE KÖCHIN. ALSO: BITTE MIT DER GABEL ZERTEILEN.

Zutaten für 4 Portionen

450 g tiefgekühlter Blattspinat

150 g Weißbrot vom Vortag

5 EL Milch

50 g Pecorino

1 Zwiebel

1 Knoblauchzehe

3 EL Butter

2 Eier

Salz, schwarzer Pfeffer aus
der Mühle

geriebene Muskatnuss

1 Bund glatte Petersilie

1 EL Olivenöl

Zeitbedarf

▪ 45 Minuten + 30 Minuten
  Ruhen

So geht's

1. Den Spinat nach Packungsangabe garen. Inzwischen das Brot
   in ½ cm große Würfel schneiden und in einer Schüssel mit der
   Milch beträufeln. Den Pecorino reiben. Spinat abkühlen lassen,
   in einem Sieb sehr gut ausdrücken und grob hacken.

2. Zwiebel und Knoblauch schälen. Zwiebel fein würfeln. 1 EL Butter zerlassen und die Zwiebel darin weich dünsten, dann den
   Knoblauch dazupressen. Mit Spinat und Eiern vermischen und
   pürieren. Spinatmasse und geriebenen Pecorino zum Brot geben.
   Mit je 1 gestrichenen TL Salz und Pfeffer sowie etwas Muskatnuss würzen. Die Spinatmasse mit den Händen gut verkneten
   und abgedeckt 30 Minuten ruhen lassen.

3. In einem großen Topf reichlich Salzwasser zum Kochen bringen.
   Aus der Spinatmasse mit zwei angefeuchteten Esslöffeln Nocken
   formen. Portionsweise im Wasser bei kleiner Hitze etwa 10 bis
   12 Minuten garen, bis sie oben schwimmen.

4. Inzwischen die Petersilie waschen, trockenschütteln und die
   Blätter abzupfen. Die restlichen 2 EL Butter mit dem Öl erhitzen,
   Petersilienblätter darin leicht anbraten.

5. Die Spinatnocken mit einem Schaumlöffel aus dem Wasser
   heben, in tiefen Tellern anrichten und mit der Petersilienbutter
   beträufeln. Sofort servieren.

PASTA e BASTA
kaufen, lagern & zubereiten

Was wäre die italienische Küche ohne ihre Pastavielfalt? Eine perfekt zubereitete Pasta mit der passenden Sauce ist ein Festessen. Damit Sie jedoch ein harmonisches und wohlschmeckendes Pastagericht genießen können, gibt es einige Punkte zu beachten.

WELCHE SAUCE PASST ZU WELCHER PASTA?

Als Erstes müssen Sie entscheiden, welche Sauce, *sugo* auf Italienisch, und welche Pasta eine Verbindung eingehen sollen. Grundlegend ist dabei die Entscheidung, ob Sie Pasta mit oder ohne Eier verwenden, da der Pastateig einen wesentlichen Einfluss auf die Wahl der Sauce hat. Mit Eiern zubereitete Pasta saugt die Sauce auf und mindert deren Geschmack, während Pasta ohne Eier

die Sauce mehr zur Geltung bringt. Hausgemachte frische Pasta wird immer mit Eiern zubereitet, industriell hergestellte Pasta, *pasta secca,* gibt es mit und ohne Eier. Pasta ohne Eier passt tendenziell eher zu Saucen auf Olivenölbasis, Pasta mit Eiern eher zu Buttersaucen.

Bei industriell hergestellter Pasta hat auch die Pastaform einen nicht unerheblichen Einfluss auf die harmonische Verbindung von Pasta und Sauce. Tomatensaucen sind eher für dickere Pastasorten, wie beispielsweise Bucatini, geeignet. Dickflüssigere Saucen mit Fleisch vermählen sich aufs Beste mit Rigatoni. Cremige Saucen auf Ricottabasis schmecken ausgezeichnet mit Penne oder Fusili.

PASTASORTEN

Die Pastasorten sind so vielfältig wie die Regionen Italiens. Mittlerweile findet man auch nördlich der Alpen eine große Auswahl unterschiedlichster

Nudelsorten in gut sortierten Supermärkten, in den Lebensmittelabteilungen von Warenhäusern oder in italienischen Lebensmittelgeschäften. Achten Sie beim Einkauf auf gute Qualität. Hier eine Übersicht über die gängigsten Sorten.

LANGE NUDELN – PASTA LUNGA

Spaghetti

Was wäre Italien ohne Spaghetti, die wohl bekanntesten Nudeln des Landes. Spaghetti schmecken ausgezeichnet mit Knoblauch, Olivenöl und Kräutern oder mit einer Tomatensauce.

Spaghettini

Spaghettini sind die „schlankere" Ausgabe der Spaghetti. Sie sind zwar ebenso lang, jedoch dünner und demzufolge auch leichter. Spaghettini verlangen nach etwas mehr Sauce als normale Spaghetti.

Bucatini

Bucatini haben die gleiche Länge wie Spaghetti, sind aber Röhrennudeln. Sie werden häufig mit Saucen auf Tomaten-

basis serviert, etwa mit *sugo all'amatriciana*, aus Tomaten, Oliven, Zwiebeln, Peperoncino, Schinken oder Speck zubereitet, oder auch mit der klassischen *carbonara*. Einziger Nachteil dieser Pastasorte ist, dass die Nudeln sehr schnell kalt werden.

Bandnudeln

Industriell hergestellte Bandnudeln werden mit Eiern zubereitet – achten Sie auf die Bezeichnung *all'uovo* – und sind meist in Nestform erhältlich. Pappardelle, Fettucine, Tagliatelle, Trenette und Taglierini gehören alle zur Familie der Bandnudeln, sie unterscheiden sich nur durch ihre Breite. Von den 13 mm breiten Pappardelle bis zu den 2 mm dünnen Taglierini verbinden sich alle aufs Beste mit gehaltvollen Saucen aus Pilzen, Wild, Fisch und Fleisch. Nur Trenette, die ihren Ursprung in Genua haben, werden traditionell mit *pesto genovese* (Basilikum-Pesto) gereicht.

KURZE NUDELN – PASTA CORTA

Fusilli

Fusilli sind 4 cm lange Nudeln in Spiralform. Dank dieser Form nimmt die Pastasorte besonders viel Sauce auf. Fusilli werden häufig mit Saucen auf Tomatenbasis oder mit cremigen Saucen serviert.

Penne

Penne sind 4 cm lange Röhrennudeln, die an den Enden schräg angeschnitten sind. Es gibt sie in glatter Ausführung als Penne lisce und gerillt als Penne rigate. Penne eignen sich sowohl für Saucen auf Tomatenbasis als auch für cremige Ricotta-Saucen.

Rigatoni

Rigatoni sind Röhrennudeln mit gerillter Oberfläche, die in verschiedenen Formen hergestellt werden. Sie nehmen sehr viel Sauce auf und sind daher für Fleisch- oder Käsesaucen geeignet.

Orecchiette

Orecchiette, „Öhrchennudeln", sind runde, hutförmige Nudeln mit einem Durchmesser von 2–3 cm. Traditionell werden sie mit Cime di rapa (Stängelkohl) oder mit Brokkoli zubereitet.

PASTA SELBST HERSTELLEN

Das ist gar nicht so aufwendig und schwer, wie man immer meint. Wichtig ist, dass Sie für den Teig hochwertiges Mehl verwenden, am besten das italienische Weichweizenmehl *farina di grano tenero*, und die Eiermenge beachten: pro 100 Gramm Mehl 1 Ei.

Zutaten für 4 Portionen

400 g Weizenmehl (Type 00)
4 mittelgroße Eier
1 EL Wasser

Mehl auf eine glatte Oberfläche (Marmorplatte oder ähnliches) sieben. In die Mitte eine Mulde drücken und die Eier darin aufschlagen. Mit einer Gabel leicht verquirlen und nach und nach mit einem Teil des Mehls vermengen. Anschließend mit den Händen das Mehl vollständig einarbeiten und alles zu einem glatten Teig kneten, bei Bedarf etwas Wasser dazugeben. Den Pastateig zu einer Kugel formen und ½ Stunde im Kühlschrank ruhen lassen, bevor er weiterverarbeitet wird.

Varianten

Der Pastateig kann nach Belieben mit frischen Kräutern oder mit zerstoßenen getrockneten Steinpilzen aromatisiert werden – je nach *sugo* und ob die Pasta gefüllt wird oder nicht.
Profiköche ersetzen in der Regel ein Viertel des Mehls durch Hartweizendunst (kein Grieß, weil er zu grobkörnig ist!) und verwenden anstelle von 4 Volleiern 6–8 Eigelbe.
Grundsätzlich sollte der Teig nicht zu weich sein, da er sich dann nur schwer weiterverarbeiten lässt. Doch auch zu hart darf er nicht sein, weil er sonst brüchig wird, schnell eintrocknet und sich für gefüllte Pasta nicht mehr eignet. Frischer Pastateig hält sich problemlos 2–3 Tage im Kühlschrank.

PASTA GEKONNT KOCHEN

Wichtig ist, dass Sie einen großen Topf nehmen, denn Pasta braucht viel Wasser: pro 100 Gramm muss es mindestens 1 Liter sein. Kochen Sie das Wasser ohne Salz auf – fügen Sie es erst zu (pro Liter 1 gehäufter TL), wenn das Wasser zu sieden beginnt. Die Pasta geben Sie in sprudelnd kochendes Salzwasser und rühren während des Kochens ab und zu um, damit die Nudeln gleichmäßig *al dente*, also bissfest werden und nicht am Topfboden haften bleiben. Und legen Sie niemals einen Deckel auf … Nudeln aus ganz frischem Pastateig sind in 3–4 Minuten gar, industriell hergestellte Pasta muss je nach Form und Dicke 7–13 Minuten kochen. Halten Sie sich an die Zeitangaben auf der Packung, aber probieren Sie trotzdem rechtzeitig, da die Garzeit abweichen kann: Beim Abbeißen einer Nudel muss in der Mitte ein kleiner, hellerer Kern zu sehen sein.
Die bissfesten Nudeln gießen Sie durch ein Sieb ab und stellen vorher die Teller darunter, damit diese beim Servieren schön heiß sind. Anschließend werden Pasta und Sauce rasch vermischt und sofort serviert.

[a]

DAS IST
wirklich WICHTIG

....

[a] BARBA DI FRATE ZU WASCHEN
und vom Sand zu befreien ist sehr
zeitaufwendig. Am besten erledigen
Sie das, bevor Sie das Salzwasser für
die Pasta aufsetzen.

[Spaghetti agretti]

SPAGHETTI
mit Barba di frate

DAS FRÜHLINGSGEMÜSE BARBA DI FRATE, DAS IN SEINER
KONSISTENZ LEICHT AN ALGEN ERINNERT, IST AUCH NÖRDLICH
DER ALPEN IMMER HÄUFIGER ANZUTREFFEN.

Zutaten für 4 Portionen

2 Bund (300 g) Barba di frate
(Mönchsbart)

400 g Spaghetti

4 Knoblauchzehen

1 Peperoncino

4 in Öl eingelegte Sardellenfilets

100 ml Olivenöl extra vergine

2 EL Kapern (Glas)

frisch geriebener Parmesan
zum Servieren

Zeitbedarf
- 40 Minuten

So geht's

1. Barba di frate sorgfältig von den rötlichen Wurzeln befreien und Stängel für Stängel gründlich waschen [→a].

2. In einem großen Topf Wasser zum Kochen bringen, salzen und die Spaghetti darin nach Packungsangabe al dente garen. 2 Minuten vor Ende der Garzeit Barba di frate ins Salzwasser geben und mitkochen.

3. In der Zwischenzeit die Knoblauchzehen schälen und fein würfeln. Peperoncino entkernen, in Ringe schneiden. Die Sardellen mit einer Gabel zerdrücken. In einer Pfanne das Olivenöl erhitzen, Knoblauch, Sardellen, Peperoncino und Kapern darin andünsten.

4. Spaghetti und Barba di frate abgießen und abtropfen lassen. In die Pfanne geben und alle Zutaten gut vermischen.

5. Die Pasta auf vorgewärmten Tellern anrichten und mit dem geriebenen Parmesan sofort servieren.

BARBA DI FRATE ODER MÖNCHSBART ist ein Wegerichgewächs. Sein Geschmack ist sehr erfrischend. Achten Sie darauf, dass er wirklich frisch, das heißt knackig ist. Zwischen März und Mai findet man ihn auf den Gemüsemärkten und in italienischen Spezialitätenläden. Fragen Sie Ihren Gemüsehändler danach.

[Cannelloni ripieni]

CANNELLONI
mit Spinat-Ricotta-Füllung

EIN WAHRER KLASSIKER, DER IMMER WIEDER GUT ANKOMMT.
DIE CANNELLONI LASSEN SICH WUNDERBAR VORBEREITEN,
DAMIT SIE AUCH ZEIT FÜR IHRE GÄSTE FINDEN.

Zutaten für 4 Portionen

220 g Pastateig
(siehe Grundrezept S. 37)

Salz und schwarzer Pfeffer
aus der Mühle

Butter für die Form

100 g frisch geriebener Parmesan zum Überbacken

Für die Füllung

700 g Blattspinat

1 große Zwiebel

1 Knoblauchzehe

1 EL Olivenöl

400 g Ricotta

1 Ei

100 g frisch geriebener
Parmesan

frisch geriebene Muskatnuss

Für die Tomatensauce

1 mittelgroße Zwiebel

1 Knoblauchzehe

1 EL Olivenöl

1 Dose (400 g) gehackte
Tomaten

2 EL Tomatenmark

1 Zweig Rosmarin

1 TL brauner Zucker

Zeitbedarf
▪ 2 Stunden (inkl. Pastateig) +
35 Minuten Backen

So geht's

1. Den Pastateig zubereiten und ruhen lassen. Inzwischen für die Füllung den Spinat verlesen, harte Stiele entfernen. Spinat gründlich waschen, mit dem anhaftenden Wasser in einen großen Topf füllen und bei mittlerer Hitze zugedeckt in 2–3 Minuten zusammenfallen lassen. Abgießen, kalt abschrecken, gut ausdrücken und klein hacken.

2. Zwiebel und Knoblauch schälen. Zwiebel fein würfeln, Knoblauch zerdrücken. Beide in heißem Olivenöl 2–3 Minuten anschwitzen. Den Spinat hinzufügen und nur kurz mitdünsten. Abkühlen lassen.

3. Inzwischen den Ricotta gut abtropfen lassen, in einer Schüssel mit einer Gabel zerdrücken. Das Ei verquirlen und mit dem Parmesan unter den Ricotta rühren. Spinat mit der Ricottamasse vermengen. Die Füllung kräftig mit Salz und Pfeffer und mit 1 Prise Muskatnuss würzen.

4. Den Pastateig mit einem Rollholz oder einer Nudelmaschine so dünn wie möglich ausrollen und in 10 gleich große Rechtecke schneiden, die der Länge nach in eine rechteckige Gratinform passen. Jeweils 1–2 Teigstreifen etwa 2 Minuten in sprudelndem Salzwasser knapp weich kochen, mit einem Schaumlöffel vorsichtig herausheben und auf feuchten Küchentüchern ausbreiten. Auf diese Weise alle Teigstreifen verarbeiten.

5. Für die Tomatensauce Zwiebel und Knoblauch schälen, fein würfeln. In einem mittelgroßen Topf im heißen Öl bei mittlerer Hitze andünsten. Gehackte Tomaten mit ihrem Saft und das Tomatenmark einrühren, den Rosmarinzweig einlegen, 80 ml Wasser angießen und mit Salz, Pfeffer und dem Zucker abschmecken. Die Sauce unter mehrmaligem Rühren aufkochen und bei kleiner Hitze 10 Minuten köcheln lassen.

6. Den Backofen auf 200 °C vorheizen. Die Gratinform mit Butter ausstreichen. ⅓ der Tomatensauce in die Form gießen. In die Mitte der Pastastreifen je 2–3 EL Füllung verstreichen, dabei auf allen Seiten einen Rand lassen. Die Streifen zu Cannelloni aufrollen und mit der Nahtseite nach unten nebeneinander in die Form schichten. Die restliche Tomatensauce darüber verteilen und mit Parmesan bestreuen.

7. Die Cannelloni im Ofen in 30–35 Minuten goldbraun überbacken. Heiß servieren.

Dazu gibt es einen frischen Blattsalat und knuspriges Weißbrot.

FALLS SIE KEINE ZEIT HABEN, den Pastateig selbst herzustellen, können Sie auch getrocknete Lasagneplatten oder fertige Cannellonirollen verwenden. Diese müssen sie vor der Zubereitung ebenfalls weich kochen.

DAS IST *wirklich* WICHTIG

[a] ACHTUNG ROHE EIER Sie werden, passend zum Osterfest, in der Füllung der Pastete mitgebacken. Für jedes Ei wird eine Vertiefung in die Füllung gedrückt, worin das Ei gebettet wird. Seien Sie vorsichtig, wenn Sie die Eier aufschlagen und in die Mulden gleiten lassen. Denken Sie auch beim Einstechen der Teigoberfläche daran, dass in der Füllung rohe Eier schlummern.

[Torta pasqualina]

OSTERPASTETE
pikant

DIE TORTA PASQUALINA WIRD ZU OSTERN GEBACKEN UND
TRADITIONELL MIT MANGOLD ZUBEREITET, EIN GEMÜSE, DAS IN
VERGANGENEN ZEITEN IM FRÜHLING SEHR PREISWERT WAR.

Zutaten für 6 Portionen

Für den Teig

315 g Mehl

1 Prise Salz

2 EL Olivenöl extra vergine

Für die Füllung

1 kg Mangold

3 Bund (150 g) frischer Borretsch

1 große Zwiebel

2 Knoblauchzehen

1 Stängel frische glatte Petersilie

Olivenöl

8 Eier

Salz und schwarzer Pfeffer aus der Mühle

Außerdem

1 Eigelb zum Bestreichen

besonderes Werkzeug
- 1 Teigroller oder Nudelmaschine
- 1 Springform von 30 cm Ø

Zeitbedarf
- 1 Stunde + 1 Stunde Ruhen + 1 Stunde Backen

So geht's

1. Das Mehl in eine große Teigschüssel sieben. In die Mitte eine Mulde drücken, Salz und Öl hineingeben. Die Zutaten gut verkneten, dabei nach und nach so viel Wasser hinzufügen, bis ein geschmeidiger Teig entsteht. Anschließend 10 Minuten weiterkneten. Teig in 6 Stücke teilen und diese auf ein bemehltes Backblech legen. Mit einem feuchten Küchentuch abdecken und 1 Stunde ruhen lassen.

2. Inzwischen für die Füllung Mangold und Borretsch putzen, waschen, trocknen. Alle Blätter und die Mangoldstiele klein schneiden. Zwiebel und Knoblauch schälen und fein würfeln. Petersilie waschen, trocknen und hacken.

3. Etwas Olivenöl in einem Topf erhitzen. Zwiebel, Knoblauch und Petersilie bei mittlerer Hitze darin dünsten, bis die Zwiebel weich ist. Mangold und Borretsch hinzufügen und 10 Minuten garen. Die Mischung abkühlen lassen. 3 Eier aufschlagen, salzen, pfeffern und unter das abgekühlte Gemüse rühren. Beiseitestellen.

4. Den Backofen auf 200 °C vorheizen. Die Teigstücke zu dünnen Teigbahnen ausrollen. Die Springform einfetten und mit ⅓ der Teigbahnen auslegen. Die Bahnen müssen sich großzügig überlappen und über den Rand der Form hängen.

5. Die Gemüsemischung in die Form füllen und glatt streichen. Mit einem Löffelrücken 5 kleine Vertiefungen in die Füllung drücken und in jede 1 Ei schlagen. Darauf achten, dass das Eigelb nicht beschädigt wird [→a]. Die rohen Eier salzen, pfeffern und mit Olivenöl beträufeln.

6. Die Füllung nacheinander mit den übrigen Teigbahnen bedecken. Dafür die einzelnen Bahnen, mit Ausnahme der obersten, zuvor mit Olivenöl bestreichen. Die überlappenden Teigenden nach innen rollen und andrücken, sodass rundum ein dicker Rand entsteht. Mit einer Gabel in die Teigoberfläche vorsichtig Löcher einstechen, ohne die rohen Eier zu verletzen.

7. Das Eigelb mit etwas Olivenöl verquirlen und die Pastete damit bestreichen. Im vorgeheizten Ofen in etwa 1 Stunde goldbraun backen. Lauwarm servieren.

DAS IST
wirklich WICHTIG

[a] SCHÖN DÜNN Die Fischfilets müssen vor allen Dingen gleichmäßig dünn geschnitten sein, damit man sie samt Füllung auch optisch schön aufrollen kann. Etliche Fischsorten eignen sich für diese Zubereitungsart. Fragen Sie am besten Ihren Fischhändler, welchen superfrischen Fisch er Ihnen dafür empfiehlt.

[a]

[Involtini di pesce alle erbe]

FISCHRÖLLCHEN
mit Kräuterfüllung

DIE INVOLTINI DI PESCE SIND MIT EINER WÜRZIGEN KRÄUTERMASSE GEFÜLLT UND WERDEN SANFT IM OFEN GEGART. EINFACH KÖSTLICH!

Zutaten für 4 Portionen

1 Zwiebel

1 Knoblauchzehe

5 EL Olivenöl + Öl für die Form

3 EL Semmelbrösel

1 EL Kapern (Glas)

1 Bund glatte Petersilie

½ TL frische Thymianblättchen

Salz, schwarzer Pfeffer aus der Mühle

8 dünne Scheiben festfleischiges Fischfilet von je etwa 80 g [→a]

100 g Provolone (ersatzweise Scamorza)

4 EL Zitronensaft

½ TL getrockneter Oregano

besonderes Werkzeug
▪ Holzspießchen

Zeitbedarf
▪ 45 Minuten + 20 Minuten Garen

So geht's

1. Für die Füllung Zwiebel und Knoblauch schälen, fein würfeln. In 2 EL heißem Öl weich dünsten. Die Semmelbrösel untermischen und kurz mitbraten. Alles in eine Schüssel füllen.

2. Die Kapern grob hacken. Petersilie waschen, trockenschütteln und die Blättchen fein hacken. Kapern, die Hälfte der Petersilie und den Thymian in die Schüssel geben und mit den Bröseln vermischen. Kräuterbrösel mit Salz und Pfeffer würzen.

3. Fischfilets kurz waschen, trockentupfen und beidseitig leicht salzen und pfeffern. Den Provolone entrinden und in hauchdünne Scheiben hobeln. Fischfilets mit den Kräuterbröseln bestreichen und mit Käse belegen. Die Fischscheiben behutsam aufrollen, mit Holzspießchen fixieren.

4. Backofen auf 200 °C vorheizen. Eine ofenfeste Form mit Öl auspinseln. Fischröllchen nebeneinander in die Form legen. 3 EL Olivenöl mit dem Zitronensaft cremig aufschlagen. Übrige Petersilie und Oregano untermischen, über dem Fisch verteilen. Die Form in die Mitte des Ofens stellen und die Fischröllchen etwa 20 Minuten garen, bis sie leicht Farbe angenommen haben.

Dazu passt als Beilage Spinat oder Erbsen (Rezepte Seite 54 und 55) oder auch ein gemischter Blattsalat.

Die Varianten

Mit Garnelen
150 g gegarte ausgelöste Garnelen zunächst grob hacken. Danach mit 2–3 EL kalter Sahne zu einer streichfähigen Paste pürieren. 1 EL Schnittlauchröllchen untermischen. Paste mit etwas Zitronensaft, Salz und Pfeffer abschmecken. Auf die gewürzten Fischscheiben streichen, aufrollen und fixieren. Im Ofen garen, wie im Rezept links beschrieben.

Mit Schinken & Käse
Die Fischscheiben beidseitig leicht pfeffern. Mit je 1 hauchdünnen Scheibe Parmaschinken belegen. 125 g Mozzarella trockentupfen, in 8 dünne Scheiben schneiden und auf dem Schinken verteilen. Fisch aufrollen, fixieren und im Ofen garen wie im Rezept links beschrieben.

OB SIE FÜR DIE RÖLLCHEN Filets von einem Süßwasserfisch oder von einem Salzwasserfisch verwenden, ist reine Geschmackssache. Wer umweltverträglich einkaufen möchte, informiert sich am besten auf den Internetseiten von WWF und Greenpeace (Seite 47), welche Fische nicht gefährdet sind, man also guten Gewissens genießen kann.

AUS FLÜSSEN
& dem Meer

Was ist so faszinierend an der italienischen Art, Fische und Meeresfrüchte zuzubereiten? Sind es die superfrischen Produkte? Die schnörkellosen, aber köstlichen Zusammenstellungen der Zutaten? Oder die dafür ebenso traditionellen wie genialen Zubereitungen Braten, Grillen, Frittieren? Wahrscheinlich die Kombination aus allem.

DELIKATES AUS FLUSS UND MEER

Von den Süßwasserfischen spielen in der italienischen Küche eigentlich nur Forellen eine größere Rolle. Sie werden vor allem in den nördlichen Regionen wie Südtirol, Trentino und im Veneto aufgetischt.

Das Angebot an Salzwasserfischen dagegen ist riesig: Rotbarben, Brassen aller Art, Schwertfisch, Stockfisch, Seebarsch und Seelachs sind nur ein Bruchteil von dem, was italienische Fischtheken anbieten.

Auch die Auswahl an Meeresfrüchten ist beachtlich. Außer den verschiedenen Muschel- und Tintenfischarten sind in Italien ebenso Garnelen beliebt.

Falls Ihr Fischhändler den im Rezept genannten Fisch nicht hat, fragen Sie, welchen Sie stattdessen kaufen können. Er wird Ihnen eine gute Alternative empfehlen. Bitten Sie darum, den Fisch küchenfertig vorzubereiten, also auszunehmen und falls nötig auch zu schuppen. Und: Wenn Sie einen ganzen Fisch brauchen, ist es ratsam, ihn zwei, drei Tage vorher beim Fischhändler zu bestellen.

FRISCHE UND QUALITÄT

Nachfolgend Antworten und Tipps, wie Sie frischen Fisch erkennen, ihn optimal transportieren und aufbewahren. Und welche Fische eine gute Wahl sind.

WORAN ERKENNE ICH FRISCHE BEI EINEM GANZEN FISCH?

Schauen Sie ihm zuerst in die Augen – sie sollten klar, glänzend und prall sein. Die feuchten Kiemen eine rot bis rosa Farbe haben. Die Haut muss feucht und glänzend sein, die Schuppen fest anliegen. Der Fisch darf keine Druckstellen aufweisen. Und: Frischer Fisch riecht nur nach Meer und Salz. Wenn er dagegen fischelt, besser Finger weg!

WORAN ERKENNE ICH FRISCHES FISCHFILET?

Zunächst sollte der Fisch in der Theke auf viel Eis liegen. Frische Filets haben eine glänzende Oberfläche, das Fischfleisch wirkt saftig. Filets mit angetrockneten Rändern oder Verfärbungen nicht kaufen.

WIE TRANSPORTIERE ICH FISCH?

Den ganzen Fisch oder die Filets am besten in Kühl- oder Isoliertaschen legen und auf dem schnellsten Weg nach Hause transportieren, denn Fisch darf auf dem Transport nicht warm werden. Deshalb Fisch auch immer zum Schluss einkaufen.

WIE LANGE IST FRISCHER FISCH HALTBAR?

Idealerweise sollten Sie den Fisch erst am Tag der Zubereitung kaufen. Nehmen Sie ihn zu Hause aus der Verpackung und legen Sie ihn in eine Schüssel oder auf einen Teller. Bedecken Sie den Fisch mit Folie und am besten zusätzlich noch mit einem Kühlakku. So können Sie ihn auch bis zum nächsten Tag im Kühlschrank aufbewahren.

WELCHEN FISCH KANN ICH GUTEN GEWISSENS GENIESSEN?

Natürlich geht es zunächst um den Genuss. Aber wir möchten Ihre Aufmerksamkeit auch darauf lenken, Fische und Meeresfrüchte achtsam zu kaufen. Also solche, die aus bestandserhaltender, umweltverträglicher Fischerei stammen oder aus verantwortungsvoller Zucht, das heißt Aquakultur unter ökologischen Bedingungen.

Wenn Sie als Fischfreund auf Nummer sicher gehen wollen, sollten Sie Fische mit diesen Gütesiegeln kaufen: Blaues MSC-Siegel (Marine Stewardship Council-Label), Bio-Fisch mit dem Na-

turland-Siegel oder Bio-Siegel Deutsche See. Diese Siegel garantieren Ihnen als Käufer beste Qualität durch strenge Kontrollen. Praktische Orientierung bieten auch Einkaufsratgeber wie der des World Wide Fund For Nature oder von Greenpeace. Die handlichen Einkaufsführer Fisch können Sie im Internet unter www.wwf.de/fisch bzw. www.greenpeace.de/themen/meere/fischerei herunterladen oder bestellen.

GARNELEN & TINTENFISCHE

Bei Süß- und Salzwasserfischen gibt es keine Begriffsverwirrung. Anders bei einigen Meeresfrüchten. Hier eine kleine Orientierung:

GARNELEN – DIE MULTITALENTE

Die Vielfalt an Garnelen führt immer wieder zu Verwechslungen. Grundsätzlich unterscheidet man zwischen Warmwasser- und Kaltwassergarnelen. Aromatischer – und teurer – sind die aus kalten Gewässern, denn je kühler und tiefer das Wasser, desto besser die Qualität: Die Garnelen wachsen langsam heran und können so geschmackvolles und festes Fleisch entwickeln. Bei allen Garnelen gleich sind die feinen Fühler am Kopf und die, von oben gesehen, schmale Schwanzflosse, die nach hinten spitz zuläuft. Ihre typische Rotfärbung entsteht erst beim Garen.

Ein anderes Unterscheidungsmerkmal ist die Größe. Die kleineren **Eismeergarnelen**, auch Grönland-Shrimps genannt, sind schmal und gebogen. Diese Tiefseegarnelen wachsen besonders langsam, ihr Fleisch ist fest und delikat. Die größeren **Riesengarnelen** werden auch als Black Tiger Prawns, King Prawns, Gambas oder in Italien als *gamberi* bezeichnet. Riesengarnelen werden bis zu 20 Zentimeter lang und haben festes Fleisch. Sie sind allerdings nicht ganz so aromatisch wie Kaltwassergarnelen.

Die großen **Rosenberggarnelen** heißen auch Süßwassergarnelen oder Hummerkrabben. Ihr Fleisch schmeckt mild, leicht süßlich.

Was auch häufig verwechselt wird: Scampi sind keine Garnelen, sondern sogenannte Krustentiere, zu denen auch Langusten und Hummer zählen. Obwohl sich Geschmack und Zubereitungsarten gleichen, gibt es äußerlich einen großen Unterschied: Scampi, auch Kaisergranat oder Langostino genannt, haben Scheren und eine breit gefächerte Schwanzflosse.

TINTENFISCHE – FÜR KENNER

Zur Großfamilie der Tintenfische gehören Kalmar, Sepia und Oktopus. Essbar sind bei allen der Körper, der Kopf sowie die mit Saugnäpfen besetzten Fangarme, die Tentakel. Alle Tintenfische haben, daher ihr Name, einen kleinen Beutel mit einer tintenartigen Flüssigkeit. Mit dieser Tinte kann man Reis und Nudeln färben oder außergewöhnliche Saucen zubereiten.

Kalmare oder Calamari haben einen schmalen, lang gestreckten Körper, zwei dreieckige Flossen und acht sehr kurze und zwei lange Fangarme. Ihr Fleisch ist weiß, fest und angenehm mild bis leicht süßlich. Angeboten werden sie frisch (im Ganzen, schon küchenfertig ausgenommen), tiefgekühlt und als Konserve.

Die **Sepia** erkennt man an ihrem ovalen bis runden, abgeflachten Körper mit acht kurzen und zwei langen Tentakeln. Sie hat weißes zartes Fleisch. Frisch gibt es Sepia im Ganzen, schon küchenfertig ausgenommen. Tiefgekühlt werden die Körper, Tuben genannt, im Ganzen oder in Ringe geschnitten angeboten. Auch als Konserve erhältlich.

Der **Oktopus** wird auch Krake, Polyp oder Pulpo genannt. Er hat acht muskulöse Fangarme, die zweireihig und eng mit Saugnäpfen besetzt sind. Man verwendet hauptsächlich die Tentakel. Sein Fleisch ist fest und wohlschmeckend. Oktopus gibt es frisch im Ganzen oder in Stücken, auch vorgekocht und tiefgekühlt oder als Konserve.

[Gamberi alla rucola]

GARNELEN
auf Rucola

KROSS GEBRATENE GARNELEN UND DAZU EIN KNACKIGER RUCOLA-
SALAT: EINE HERRLICH LEICHTE, FRÜHLINGSHAFTE MAHLZEIT.

Zutaten für 4 Portionen

20 ausgelöste rohe Mittelmeer-
Tiefseegarnelen

2 Bund Rucola

2 Knoblauchzehen

2 EL Olivenöl zum Braten

Olivenöl extra vergine zum
Beträufeln

Salz, schwarzer Pfeffer aus
der Mühle

Saft von ½ Zitrone

Zeitbedarf
▪ 20 Minuten

So geht's

1. Die Garnelen auf der Rückenseite längs aufschneiden und den schwarzen Darm entfernen. Garnelen unter fließendem kaltem Wasser abspülen, mit Küchenpapier trockentupfen.

2. Rucola verlesen, gründlich waschen und trocknen. Auf Tellern anrichten.

3. Knoblauch schälen und vierteln. In einer Pfanne das Öl mit dem Knoblauch erhitzen und die Garnelen bei starker Hitze auf jeder Seite 1 Minute kross braten.

4. Garnelen auf dem Rucola anrichten. Olivenöl extra vergine darüberträufeln, mit Salz und Pfeffer würzen und mit Zitronensaft beträufeln. Sofort servieren.

IN DER ITALIENISCHEN KÜCHE werden in erster Linie zwei Garnelenarten verwendet: die Mittelmeer-Tiefseegarnele oder die Riesengarnele. Lassen Sie sich von Ihrem Fischhändler beraten.

[Trota con verdure alla primavera]

FORELLE
auf Frühlingsgemüse

HIER KÖNNEN SIE ALLES VORBEREITEN, UND WENN SIE MIT DER
VORSPEISE BEGINNEN, KOMMT DER FISCH EINFACH IN DEN OFEN.

Zutaten für 4 Portionen

2 große küchenfertige Forellen

Salz, schwarzer Pfeffer aus
der Mühle

Saft von 1 Zitrone

Butter, 100 ml Weißwein

Für das Gemüse

150 g Zuckerschoten

1 Bund Möhren

1 Bund Frühlingszwiebeln

2 Mairüben, 1 Zwiebel

1 Bund glatte Petersilie

20 g Butter

Zeitbedarf

▪ 30 Minuten + 20 Minuten
Schmoren

So geht's

1. Die Forellen gegebenenfalls parieren, unter fließendem kaltem
   Wasser abspülen, mit Küchenpapier trockentupfen. Salzen, pfeffern, in einer Schüssel mit dem Zitronensaft übergießen und abgedeckt marinieren lassen.

2. Gemüse putzen und waschen. Zuckerschoten entfädeln. Möhren
   schälen und längs vierteln. Frühlingszwiebeln in 3 cm lange Stücke schneiden. Rüben in feine Scheiben schneiden. Zwiebel schälen und fein würfeln. Petersilie waschen, trocknen, klein hacken.
   Zum Servieren etwas gehackte Petersilie beiseitestellen.

3. Butter in einer Pfanne erhitzen, die Zwiebel darin anschwitzen.
   Gemüse und Petersilie hinzufügen und zugedeckt etwa 5 Minuten
   dünsten. Den Backofen auf 230 °C vorheizen.

4. Die Form ausbuttern. Den Boden der Form mit der Gemüsemischung bedecken, die marinierten Forellen darauflegen und
   das restliche Gemüse darüber verteilen. Weißwein zugießen,
   das Gemüse mit Butterflöckchen besetzen.

5. 20 Minuten zugedeckt bei 230 °C schmoren. Vor dem Servieren
   mit der restlichen Petersilie bestreuen.

Dazu servieren Sie knuspriges Weißbrot.

DAS IST
wirklich
WICHTIG

....

[a] PESTO IM MÖRSER ZUBEREITEN

Die gerösteten Pinienkerne zuerst mit dem Knoblauch zerstoßen, dann den gehackten Rucola dazugeben und mit zerreiben. Den Parmesan untermischen, dann langsam das Öl einarbeiten, bis das Pesto schön cremig ist. Mit Salz und Pfeffer abschmecken.

[Medaglioni di filetto con pesto di rucola]

MEDAILLONS
mit Rucola-Pesto

EIN FEINES HAUPTGERICHT, VON DEM MAN JA NICHT
VERRATEN MUSS, WIE WENIG ARBEIT ES MACHT.

Zutaten für 4 Portionen

Für das Fleisch

je 4 Rinder- und Schweine-
medaillons (je etwa 80 g)

1 Bio-Zitrone

5 EL Olivenöl

Salz, schwarzer Pfeffer aus
der Mühle

Für das Pesto

30 g Pinienkerne

1 Bund Rucola

1 Knoblauchzehe

30 g frisch geriebener
Parmesan

3–4 EL Olivenöl

Salz, schwarzer Pfeffer aus
der Mühle

Außerdem

nach Belieben Rucolablätter und
Zitronenscheiben zum Garnieren

besonderes Werkzeug
▪ 1 Grillpfanne

Zeitbedarf
▪ 40 Minuten + Marinieren
über Nacht

So geht's

1. Am Vortag das Fleisch waschen und trockentupfen. Die Zitrone heiß abwaschen, trockenreiben und in Scheiben schneiden. Das Öl mit etwas Salz und Pfeffer verrühren, die Medaillons damit rundum einreiben. Mit der Zitrone und dem übrigen Öl in eine Schüssel geben und abgedeckt über Nacht im Kühlschrank marinieren.

2. Am nächsten Tag für das Pesto die Pinienkerne in einer Pfanne ohne Fett hellgelb rösten. Rucola waschen, trockenschütteln, putzen und grob hacken. Den Knoblauch schälen, grob hacken.

3. Pinienkerne mit Rucola, Knoblauch, Parmesan und 2 EL Öl pürieren oder im Mörser zerstampfen [→a]. Noch so viel Öl untermischen, bis eine sämige Paste entsteht. Mit Salz und Pfeffer abschmecken.

4. Das Fleisch Zimmertemperatur annehmen lassen. Medaillons mit dem anhaftenden Öl in der Grillpfanne von jeder Seite etwa 3 Minuten braten, auf Küchenpapier entfetten.

5. Die Medaillons auf Tellern anrichten und jeweils etwas Rucola-Pesto obenauf geben. Nach Belieben mit Rucolablättern und Zitronenscheiben garniert servieren.

Dazu knuspriges Weißbrot und einen Blattsalat servieren.

Die Variante

Tomaten-Pesto
Für das *Pesto rosso* 3 EL Mandelkerne grob hacken, in einer Pfanne ohne Fett hellgelb rösten und abkühlen lassen. 120 g getrocknete, in Öl eingelegte Tomaten (aus dem Glas) kurz abtropfen lassen, in Stücke schneiden. 1–2 Knoblauchzehen schälen und vierteln. Vorbereitete Zutaten mit 1 Prise Zucker, 30 g frisch geriebenem Parmesan und 5 EL Olivenöl fein pürieren. Pesto mit Salz, Pfeffer und nach Belieben mit etwas Cayennepfeffer abschmecken. Pesto sofort genießen oder in ein Schraubglas mit Deckel füllen, gut verschließen und im Kühlschrank aufbewahren. So hält es sich mindestens 1 Woche.

TRADITIONELLE italienische Großmütter behaupten, dass Pesto nur wirklich gut schmeckt, wenn es in aufwendiger Handarbeit im Porzellan-Mörser zu einer sämigen Paste zerstampft wird. Ob die Nonnas Recht haben oder ob Pesto auch mit Pürierstab oder Mixer gelingt – das kann jeder für sich ausprobieren.

[Scaloppine con asparagi e fontina]

KALBSSCHNITZEL
mit Spargel & Fontina

EIN REZEPT FÜR LIEBHABER VON FLEISCH UND SPARGEL. EINGEPACKT IN BACKPAPIER, SCHONEND IM OFEN GEGART.

Zutaten für 4 Portionen

225 g grüner Spargel

4 dünne Kalbsschnitzel (je etwa 125 g)

25 g Butter

1 ½ EL Pflanzenöl

Mehl zum Wenden

Salz, schwarzer Pfeffer aus der Mühle

125 g Fontinakäse

Butterflöckchen

Zeitbedarf
- 25 Minuten + 15 Minuten Garen

So geht's

1. Spargel putzen und waschen, nach Bedarf das untere Drittel der Stangen schälen. In siedendem Salzwasser al dente garen, kalt abschrecken und gut abtropfen lassen. Bis zur Verwendung beiseitelegen.

2. Fleisch waschen und trockentupfen. Butter zusammen mit dem Öl in einer Pfanne erhitzen. Die Kalbsschnitzel in Mehl wenden, überschüssiges Mehl abklopfen. Schnitzel auf beiden Seiten nicht länger als insgesamt 1 Minute anbraten. Auf einem Teller beiseitestellen.

3. Den Backofen auf 200 °C vorheizen. Eine ofenfeste Form so mit Backpapier auslegen, dass das Papier über den Rand steht. Die Kalbsschnitzel nebeneinander in die Form legen, salzen und pfeffern.

4. Die Spargelstangen in Stücke schneiden, sie dürfen nicht länger als die Schnitzel sein. Jedes Kalbschnitzel mit Spargel belegen, Spargel leicht mit Salz bestreuen.

5. Den Käse in 4 dünne Scheiben schneiden und jeweils auf die Spargelstücke legen.

6. Die Form mit einem größeren Stück Backpapier abdecken, das Papier mit dem überstehenden Papier zusammenfalten. Die verschlossene Form für 15 Minuten auf die unterste Schiene in den vorgeheizten Ofen schieben.

7. Form aus dem Ofen nehmen, den Papierdeckel entfernen. Die belegten Schnitzel behutsam herausheben und auf einer vorgewärmten Platte anrichten. Sofort servieren.

[Agnello pasquale]

OSTERLAMM
mit Weißwein

EIN WAHRLICH SYMBOLTRÄCHTIGES GERICHT. DAS OSTERLAMM VERSINNBILDLICHT IN ITALIEN DEN BEGINN DES FRÜHLINGS.

Zutaten für 4 Portionen

1 ½ kg Lammkeule

3 Knoblauchzehen

1 Zweig frischer Rosmarin

2 EL Pflanzenöl

15 g Butter

Salz, schwarzer Pfeffer aus der Mühle

150 ml Weißwein

Zeitbedarf
- 30 Minuten + 2 Stunden Schmoren

So geht's

1. Das Fleisch unter fließendem kaltem Wasser abspülen und mit Küchenpapier sorgfältig trockentupfen.

2. Knoblauch schälen und halbieren. Rosmarinnadeln abstreifen und hacken. Öl und Butter in einem großen Topf erhitzen. Die Lammkeule, Knoblauch und Rosmarin hineingeben und das Fleisch auf allen Seiten anbraten.

3. Mit Salz und Pfeffer würzen, mit dem Wein ablöschen. Den Wein kurz einkochen lassen, das Fleisch in dieser Zeit ein- bis zweimal wenden. Anschließend bei mittlerer Hitze und mit halb aufgelegtem Deckel sanft köcheln lassen.

4. Das Lammfleisch insgesamt 1 ½–2 Stunden schmoren, bis es sich vom Knochen zu lösen beginnt, den Topf dabei nicht ganz verschließen. Ab und zu wenden und bei Bedarf jeweils 2–3 EL warmes Wasser hinzufügen, wenn nicht mehr genügend Flüssigkeit im Topf ist.

5. Die Lammkeule tranchieren und das Fleisch auf einer vorgewärmten Platte anrichten. Den Topf schräg halten und fast das gesamte Fett abschöpfen. 2 EL Wasser in den Topf geben, auf starke Hitze schalten und mit einem Holzlöffel den Bratensatz vom Boden und von den Seiten loskochen. Das Lammfleisch mit dem Fond übergießen und sofort servieren.

Dazu gibt es Safran-Risotto (Rezept-Variante Seite 30) und Frühlingserbsen mit Pancetta (Rezept Seite 55)

JEDE ART VON LAMMFLEISCH kann für dieses Rezept verwendet werden. Am schmackhaftesten gelingt es jedoch, wenn Sie eine Lammkeule kaufen. Fragen Sie bei Ihrem Metzger nach.

[Pollo arrosto ripieno]

BRATHUHN
aromatisch gefüllt

SO MAG MAN HÄHNCHEN BESONDERS GERN: MIT SAFTIGEM BRUST-
FLEISCH, KNUSPRIGER HAUT UND AROMATISCHER KRÄUTER-KÄSE-FÜLLUNG.
EIN RICHTIGES SONNTAGSESSEN!

Zutaten für 4 Portionen

1 küchenfertige Poularde
(ca. 1,4 kg) aus Freilandhaltung

Salz, schwarzer Pfeffer aus
der Mühle

⅓ Stangenweißbrot oder
2 Brötchen vom Vortag

125 ml trockener Weißwein

1 Zwiebel

2 zarte Stangen Sellerie

3 EL Butter

2 Bund glatte Petersilie

2 Eier

frisch geriebene Muskatnuss

Cayennepfeffer

1 TL Thymian

50 g frisch geriebener Pecorino
oder Paramesan

1 EL Olivenöl

besonderes Werkzeug
- Holzspießchen
- Küchengarn

Zeitbedarf
- 30 Minuten + 70 Minuten
  Braten

So geht's

1. Die Poularde innen und außen waschen und trockentupfen.
   Die Bauchhöhle salzen und pfeffern.

2. Brot oder Brötchen in 1 cm große Würfel schneiden. Mit 3 EL
   Wein oder Wasser beträufeln. Die Zwiebel schälen und klein
   würfeln. Den Sellerie waschen, putzen und ebenfalls klein würfeln. 2 EL Butter erhitzen, Zwiebel und Sellerie darin andünsten.

3. Die Petersilie waschen, trockenschütteln und fein hacken. Die
   Eier verquirlen, mit Salz, Pfeffer, Muskatnuss und etwas Ca-
   yennepfeffer würzen. Eingeweichtes Brot mit angedünstetem
   Gemüse, gehackter Petersilie, gewürzten Eiern, Thymian und
   Käse gründlich vermischen. Die Füllung kräftig abschmecken
   und 10 Minuten durchziehen lassen.

4. Den Backofen auf 220 °C vorheizen. Die Füllung in die Bauchhöhle geben, die Öffnung mit Holzspießchen verschließen. Ab-
   stehende Teile wie Keulen und Flügel mit Küchengarn zusam-
   menschnüren und am Körper festbinden. Poularde außen
   salzen und pfeffern, mit der Brustseite nach oben in einen Bräter setzen. Restliche Butter zerlassen, mit dem Olivenöl vermischen und das Geflügel damit bepinseln.

5. Die gefüllte Poularde im vorgeheizten Ofen zunächst 5 Minuten
   braten, umdrehen und weitere 5 Minuten braten. Anschließend
   wieder mit der Brust nach oben etwa 1 Stunde garen, dabei
   mehrmals mit dem Bratfett begießen.

6. Gegen Ende der Garzeit die Garprobe machen. Dafür die Poular-
   denkeulen mit einer dicken Nadel einstechen. Ist der austreten-
   de Fleischsaft klar, ist das Geflügel gar. Tritt dagegen trüber
   oder rötlicher Fleischsaft aus, die Poularde weitere 10 Minuten
   braten. Dann die Garprobe wiederholen.

7. Fertige Poularde herausheben. Den Bratensatz mit dem übrigen Weißwein loskochen, entfetten, durch ein Sieb gießen und
   als klare Sauce zum Fleisch reichen.

Die Varianten

Mit Zitronen-Füllung
Die Poularde vorbereiten.
1 Bio-Zitrone heiß waschen,
trockenreiben und in Scheiben schneiden. Zusammen
mit 4 Lorbeerblättern in die
Bauchhöhle geben. Die Öffnung zustecken, die Poularde zusammenbinden und
braten, wie im Rezept links
beschrieben.

Mit Kräuter-Füllung
Die Poularde vorbereiten.
2 Hand voll gemischte Kräuter der Saison waschen und
trockenschütteln. 1 EL Butter in Stückchen schneiden.
Zusammen mit den Kräutern
in die Bauchhöhle geben. Die
Öffnung zustecken, die Poularde zusammenbinden und
braten, wie im Rezept links
beschrieben.

[Insalata di spinaci alle erbe]

FRÜHLINGSSPINAT
mit Kräutern

DIESER SALAT IST EIN WAHRER FRÜHLINGSBOTE. STREIFEN SIE GENÜSSLICH
ÜBER DEN GEMÜSEMARKT AUF DER SUCHE NACH DEN VITAMINSPENDERN.

DAS IST *wirklich* WICHTIG

[a] SPINAT IST NICHT GLEICH SPINAT
Wenn Sie Blattspinat als Salat zubereiten, sollten seine Blätter noch jung und zart sein. Allzu kräftiger Spinat eignet sich nicht für den rohen Verzehr. Fragen Sie Ihren Gemüsehändler.

Zutaten für 4 Portionen

100 g junger, zarter Blattspinat
[→a]

50 g gemischte Wildkräuter
(z. B. Löwenzahn, Brennnesseln und Portulak)

4 grüne Spargelstangen

4 EL Aceto balsamico

Salz, schwarzer Pfeffer aus der Mühle

6 EL Honig

6 EL Olivenöl extra vergine

Zeitbedarf
▪ 15 Minuten

So geht's

1. Spinat und Kräuter verlesen, gut waschen und trocknen. Blätter bei Bedarf in mundgerechte Stücke zupfen.

2. Spargelstangen waschen, putzen und gegebenenfalls das untere Drittel schälen. Leicht schräg in 2 cm lange Stücke schneiden. Die Spargelstücke 5 Minuten blanchieren, in kaltem Wasser abschrecken.

3. Den Essig mit Salz, Pfeffer und Honig verrühren. Nach und nach mit dem Öl aufschlagen.

4. Spinatblätter und Kräuter auf Tellern anrichten, mit den Spargelstücken belegen und das Dressing darüberträufeln. Sofort servieren.

Servieren Sie den Frühlingsspinat zu gegrilltem Fisch oder zu einer Bistecca fiorentina (Rezept Seite 107). Dazu gibt es frische Ciabatta.

[Piselli alla pancetta]

FRÜHLINGSERBSEN
mit Pancetta

LUST AUF FRISCHES GRÜN? DANN IST DIESES KLEINE GERICHT GENAU DAS RICHTIGE. AUCH ALS BEILAGE SCHMECKEN DIE ZARTEN ERBSEN FEIN. DAFÜR DANN ABER DAS BROT WEGLASSEN.

[a]

Zutaten für 4 Portionen

1,2 kg frische Erbsenschoten (ca. 500 g ausgelöste Erbsen)

Salz

100 g Pancetta am Stück oder milder roher Schinken

1 Bund Frühlingszwiebeln

3 EL Butter

200 g Weißbrot vom Vortag

125 ml kräftige Fleischbrühe

schwarzer Pfeffer aus der Mühle

Zeitbedarf
▪ 30 Minuten

So geht's

1. Die Erbsen aus den Schoten lösen. In einem Topf reichlich Salzwasser zum Kochen bringen, die Erbsen darin in 5–7 Minuten bissfest blanchieren. In Eiswasser (kaltes Wasser mit Eiswürfeln) abschrecken [→a] und in einem Sieb abtropfen lassen.

2. Pancetta oder Schinken in kleine Würfel schneiden. Die Frühlingszwiebeln putzen, waschen und schräg in dünne Scheiben schneiden. In einer Pfanne die Hälfte der Butter aufschäumen, Pancetta- oder Schinkenwürfel darin kurz anbraten. Frühlingszwiebeln untermischen und 3–4 Minuten dünsten.

3. Inzwischen das Brot in etwa 1 cm große Würfel schneiden. In einer zweiten Pfanne die übrige Butter heiß werden lassen. Die Brotwürfel darin rundum goldgelb braten.

4. Die Fleischbrühe zu den Frühlingszwiebeln gießen, aufkochen lassen. Die Erbsen einrühren und heiß werden, aber nicht kochen lassen. Mit Salz und Pfeffer abschmecken. Das Erbsengemüse in einer vorgewärmten Schüssel anrichten und mit den knusprigen Brotwürfeln bestreut servieren.

DAS IST *wirklich* WICHTIG

[a] **LEUCHTEND GRÜN** Damit die Erbsen leuchtend grün bleiben, sollten Sie sie nach dem Blanchieren im offenen Topf unbedingt in eiskaltem Wasser abschrecken und dann in der Frühlingszwiebel-Schinken-Mischung nur erhitzen, also nicht mehr lange garen lassen. Auch beim Warmhalten verlieren die Erbsen oft ihre appetitliche Farbe.

WÄRMER ALS 40 °C DARF DER TEIG NICHT WERDEN, SONST STIRBT DIE HEFE AB.

[a]

[b]

DAS IST *wirklich* WICHTIG

[a] VORTEIG ANSETZEN In die Mehlmulde die angerührte Hefe und etwas Zucker geben. Mit etwas Mehl vom Rand mit einer Gabel zu einem dicken Brei verrühren. Mit Mehl bestäuben. Dann zugedeckt in einem gut temperierten Zimmer ohne Zugluft gehen lassen. Oder den Backofen 3 Minuten auf 40 °C heizen, dann ausschalten und den Teig zum Gehen in den Ofen stellen.

[b] KRÄFTIG KNETEN Den Hefeteig auf einer leicht bemehlten Arbeitsfläche mit den Handballen noch etwa 5 Minuten kräftig durchkneten, bis er schön glänzt, glatt und elastisch ist.

[c] SCHÖN GEFORMT Die Ostertaube gelingt garantiert auch ohne die spezielle Colomba-Backform. Sie brauchen dazu nur ein wenig Fantasie: Den Teig halbieren und aus jeder Hälfte eine Taube formen. Dazu je drei Viertel des Teigs für den Körper und je ein Viertel für die Flügel nehmen. Als Augen Sultaninen verwenden, und geschälte Mandelhälften auf den Flügeln wie ein Federkleid anordnen. Die Tauben auf ein mit Backpapier belegtes Blech setzen. Alternativ den Teig in eine Lamm-Backform oder Springform geben.

[Colomba di Pasqua]

OSTERTAUBE
ganz klassisch

DIE COLOMBA, DIE TAUBE, IST DAS TRADTIONELLE OSTERGEBÄCK
ITALIENS. OBWOHL ES SIE ÜBERALL FERTIG ZU KAUFEN GIBT,
GEHT NICHTS ÜBER EINE SELBTGEBACKENE.

Zutaten für 4 Portionen

100 ml Milch

1 Würfel frische Hefe (ca. 40 g)

1 Bio-Zitrone

500 g Mehl + Mehl zum Arbeiten

125 g Zucker

3 Eier

150 g weiche Butter

Salz

50 g Sultaninen

je 50 g Orangeat und Zitronat

etwas Mandelöl oder Butter
für die Form

1 Eiweiß

2–3 EL Hagelzucker

besonderes Werkzeug
- 1 Colomba-Backform [→c]

Zeitbedarf
- 40 Minuten + 2 Stunden Aufgehen des Teigs + 45 Minuten
  Backen

So geht's

1. Für den Vorteig die Milch lauwarm erhitzen. Die Hefe zerbröckeln und in der Milch auflösen. Zitrone heiß waschen, trockenreiben und die Schale fein abreiben.

2. Mehl in eine große Schüssel sieben. In die Mitte eine Mulde drücken, Hefemilch und 50 g Zucker hineingeben. Mit etwas Mehl zu einem Brei verrühren. Vorteig mit Mehl bestäuben, mit einem Küchentuch abdecken und an einem warmen Ort etwa 15 Minuten gehen lassen [→a], bis das Mehl auf der Oberfläche Risse zeigt.

3. Inzwischen die Eier verquirlen. Butter, Eier, restlichen Zucker, Zitronenschale und 1 Messerspitze Salz zum Vorteig geben. Mit den Knethaken eines Handrührgeräts alles zu einem glatten Teig verarbeiten, der sich am Ende vom Schüsselboden löst.

4. Die Arbeitsfläche mit Mehl bestäuben, den Teig darauf 5 Minuten mit den Händen durchkneten [→b]. Zu einer Kugel formen, mit einem Küchentuch abdecken und 1–2 Stunden an einem warmen, zugfreien Ort gehen lassen, bis er sein Volumen verdoppelt hat.

5. Die Sultaninen 15 Minuten in lauwarmem Wasser einweichen, gut abtropfen lassen. Zitronat und Orangeat fein hacken. Mit den Sultaninen vermischen, alles mit etwas Mehl überpudern, damit sie später im Gebäck nicht nach unten rutschen.

6. Den Backofen auf 200 °C vorheizen. Die Colomba-Form mit Mandelöl oder Butter einfetten. Den Teig erneut auf wenig Mehl kurz durchkneten, dabei Sultaninen, Orangeat und Zitronat einarbeiten. Teig bis zur halben Höhe in die Form füllen. Erneut 15 Minuten gehen lassen.

7. Eiweiß verquirlen, die Taube damit einpinseln und mit Hagelzucker bestreuen. Im Ofen zunächst 15 Minuten backen. Anschließend die Temperatur auf 180 °C herunterschalten und die Ostertaube in weiteren 20–30 Minuten goldbraun backen.

8. Die Colomba in der Form etwas abkühlen lassen, aus der Form stürzen und auskühlen lassen. Frisch genießen.

DAS IST *wirklich* WICHTIG

[a] KARAMELL KOCHEN Um die richtige Färbung zu erkennen, eine Pfanne mit hellem Boden nehmen. Darin beide Zuckerarten mit dem Wasser bei schwacher Hitze unter Rühren auflösen. Dann erst zum Kochen bringen. Den Sirup während des Kochens nicht umrühren. Ist die goldbraune Farbe erreicht – das geht manchmal sehr rasch –, die Pfanne sofort von der Kochstelle nehmen. Vorsichtig mit dem sehr heißen Sirup hantieren!

[a]

[Caprino fresco caramellato]

ZIEGENFRISCHKÄSE
mit Karamell

KÄSE ODER DESSERT? MODERNE ITALIENISCHE KÖCHE VEREINEN
ZUM MENÜ-FINALE MANCHMAL BEIDES – IN UNGEWÖHLICHER,
HÖCHST DELIKATER ZUBEREITUNG.

Zutaten für 4 Portionen

4 kleine runde Ziegenfrischkäse
(je etwa 40 g; ersatzweise 4 dünne Scheiben Ziegenkäserolle)

4 schwarze Pfefferkörner

100 g Zucker

1 Messerspitze Bourbon-
Vanillezucker

2 reife Kiwis

besonderes Werkzeug
- 1 Mörser oder breites Messer
- 1 kleine Pfanne mit hellem
  Boden

Zeitbedarf
- 25 Minuten

So geht's

1. Den Ziegenfrischkäse ½ Stunde vor dem Servieren aus dem Kühlschrank nehmen und Zimmertemperatur annehmen lassen. Inzwischen die Pfefferkörner im Mörser oder mit der Breitseite eines Messers grob zerstoßen.

2. Den Käse im Abstand von 5 cm auf ein Stück Alufolie setzen. In einer kleinen Pfanne bei mittlerer Hitze den Zucker mit dem Vanillezucker und 3 EL Wasser schmelzen und goldbraun karamellisieren lassen [→a]. Von der Kochstelle ziehen.

3. Den flüssigen Karamell mit einem Löffel gleichmäßig auf dem Käse verteilen, dabei sollen auch an den Seiten einige Karamellstreifen hinunterlaufen. Den Käse sofort mit dem zerstoßenen Pfeffer bestreuen.

4. Die Kiwis schälen, in Scheiben schneiden und diese halbieren. Den Ziegenfrischkäse mit den Kiwis anrichten und servieren.

ZIEGENFRISCHKÄSE hat ein frisches mildes Aroma, der typische Geschmack von Ziegenmilch ist kaum erkennbar. Der Käse hat keine Rinde und ist immer weiß, da er nicht gereift ist. Je nach Herstellung ist seine Konsistenz glatt bis leicht körnig. Ziegenfrischkäse gibt es in verschiedenen Formen und in unterschiedlichen Fettstufen.

[Fragole all'aceto]

ERDBEEREN
an Aceto balsamico

ENDLICH IST SIE DA, DIE ERDBEERSAISON. VOLLER FRISCHE UND AROMA ERFREUEN DIE FRÜCHTE UNSEREN GAUMEN. SEI ES NUN GANZ PUR ODER WIE HIER RAFFINIERT VERFEINERT.

Zutaten für 4 Portionen

750 g Erdbeeren

2–3 TL Aceto balsamico bester Qualität

Zucker nach Geschmack

8 frische Minzeblättchen

Puderzucker zum Bestäuben

Zeitbedarf

- 15 Minuten + 15 Minuten Marinieren

So geht's

1. Die Erdbeeren in einem Sieb behutsam abbrausen und gut abtropfen lassen. Mit einem kleinen Messer Kelche und Stiele entfernen. Je nach Größe halbieren oder vierteln.

2. Die Früchte in eine Glasschüssel geben. Mit Aceto balsamico beträufeln und nach Geschmack zuckern. Vorsichtig durchheben und mindestens 15 Minuten ziehen lassen.

3. Minzeblättchen waschen und trockentupfen. Die Erdbeeren in Dessertschalen anrichten, mit Puderzucker bestäuben und mit den Minzeblättchen garniert sofort servieren.

[Tiramisù alle fragole]

TIRAMISU
mit Erdbeeren

HIER KOMMT DER ITALIENISCHE KLASSIKER IN EINEM FRÜHLINGSDESSERT ZU NEUEN EHREN. FÜR ALLE, DIE ERDBEEREN MAL GANZ ANDERS GENIESSEN MÖCHTEN.

Zutaten für 8–10 Portionen

500 g Erdbeeren

1 Vanilleschote

70 g Zucker

2 EL Zitronensaft

2 sehr frische Eier

250 g Mascarpone

etwa 75 g Löffelbiskuits

nach Belieben Kakaopulver zum Bestäuben

besonderes Werkzeug

- 1 eckige Glasform (mind. 1 ½ Liter Inhalt)

Zeitbedarf

- 45 Minuten + 8 Stunden Kühlen

So geht's

1. Erdbeeren behutsam waschen, abtropfen lassen, putzen und vierteln. Die Vanilleschote mit einem kleinen Messer längs aufschlitzen und das Mark mit dem Messerrücken herausschaben. Mit den Erdbeeren, 30 g Zucker und dem Zitronensaft in einem Topf erhitzen und etwa 5 Minuten köcheln lassen. Abkühlen lassen.

2. Die Eier trennen. Eiweiße steif schlagen. Eigelbe mit 40 g Zucker schaumig schlagen, anschließend nach und nach den Mascarpone unterrühren. Den Eischnee unterheben.

3. Die eckige Glasform mit einer Lage Löffelbiskuits auslegen, die Biskuits mit Erdbeeren bedecken. Ein wenig Mascarpone-Creme darauf verteilen, mit einer Lage Löffelbiskuits belegen und mit Erdbeeren bedecken. Die Zutaten in dieser Reihenfolge weiter einschichten, mit einer Schicht Mascarpone abschließen. Das Tiramisu 8 Stunden im Kühlschrank fest werden lassen.

4. Vor dem Servieren nach Belieben leicht mit Kakaopulver bestäuben.

ACETO BALSAMICO DI MODENA ist zwar seit 2009 ein geschützter Begriff, sagt aber nichts über die Qualität des Essigs aus. Nur der Zusatz tradizionale und die Abfüllung in 100-ml-Flaschen mit cremefarbener (über 12 Jahre alt) oder goldener Kapsel (über 25 Jahre alt) garantieren, dass Sie eine der raren Kostbarkeiten aus Traubenmost in Händen halten. In drei Qualitätsstufen gibt es darüber hinaus hochwertigen Aceto Balsamico Tradizionale aus Reggio Emilia.

[Semifreddo alle fragole]

HALBGEFRORENES
mit Erdbeeren

SEMIFREDDO ALLE FRAGOLE LÄSST DIE HERZEN HÖHER SCHLAGEN, IMMER WIEDER
AUFS NEUE. BEZAUBERN SIE IHRE GÄSTE MIT EINEM HAUCH VON FRÜHLING.

Zutaten für 4 Portionen

250 g Erdbeeren

3 EL Honig

2 Eigelbe

250 g Sahne

1–2 Baiserschalen
(gibt es beim Konditor)

zum Servieren 2 EL gehackte
Pistazienkerne und Erdbeeren
zum Garnieren

Für die Erdbeercoulis

250 g Erdbeeren

2 EL Zucker

Saft von 1 Zitrone

schwarzer Pfeffer aus der Mühle

besonderes Werkzeug
▪ 1 Pürierstab
▪ 1 Kastenform

Zeitbedarf
▪ 1 Stunde + 4 Stunden Gefrieren
  + 2 Stunden Antauen

So geht's

1. Die Erdbeeren behutsam waschen und putzen. Erdbeeren pürieren und den Honig unterziehen. Die Mischung in einem mittelgroßen Topf 5 Minuten einkochen, anschließend gut abkühlen lassen.

2. Die Eigelbe schaumig rühren. Die ausgekühlte Erdbeermasse unter ständigem Rühren löffelweise zu den Eigelben geben.

3. Sahne steif schlagen. Baiserschalen fein zerbröckeln. Sahne und Baisers sorgfältig unter die Erdbeermasse heben.

4. Die Kastenform mit Frischhaltefolie auskleiden. Die Eismasse einfüllen und glatt streichen, anschließend die Form für mindestens 3–4 Stunden ins Gefrierfach stellen. Etwa 2 Stunden vor dem Servieren das Semifreddo im Kühlschrank antauen lassen.

5. In der Zwischenzeit die Erdbeeren für die Fruchtsauce (Coulis) waschen und in Stücke schneiden. Erdbeeren pürieren, den Zucker, den Zitronensaft und etwas Pfeffer dazugeben und gut vermischen.

6. Vor dem Servieren das Semifreddo aus der Form stürzen, die Folie entfernen. Semifreddo in Scheiben schneiden, auf Tellern anrichten und mit 2–3 EL Coulis verzieren. Die Pistazienkerne darüberstreuen, mit den Erdbeeren garnieren und sofort servieren.

DAS IST
wirklich WICHTIG

[a] VORBEREITUNGEN Sämtliche Zutaten für den Hefeteig rechtzeitig aus dem Kühlschrank nehmen, denn sie müssen raumtemperiert verarbeitet werden. Bevor Sie mit dem Teig beginnen, für eine warme Küche sorgen – also Fenster und Türen zu, Heizung auf! Dann kann es losgehen.

[b] ZÄHFLÜSSIGER TEIG Damit die Krapfen schön locker werden, muss der Hefeteig eine zähflüssige Konsistenz haben. Der Teig darf aber auch nicht zu dünnflüssig werden, deshalb die Milch nach und nach einarbeiten. Ideal ist der Teig, wenn er in langen Spitzen von den Knethaken oder einem Rührlöffel fällt. Übrigens: Diesen Hefeteig kann man nicht mit den Händen formen.

[b]

KRAPFEN GANZ FRISCH, AUF JEDEN FALL NOCH AM GLEICHEN TAG GENIESSEN.

[c] ALTERNATIVE Sie können den Hefeteig auch über Nacht im Kühlschrank gehen lassen. Dafür alle Zutaten auf einmal in einer Schüssel mit den Knethaken des Handrührgeräts verkneten. Mit einem Küchentuch bedecken und zum Gehen über Nacht kalt stellen. Danach einmal umrühren und weiterverarbeiten wie beschrieben.

[d] DAMPF MACHEN Damit die Hefekrapfen locker aufgehen können, ist beim Ausbacken Dampf nötig. Der entsteht, wenn der Topf mit dem Frittierfett zunächst mit einem Deckel verschlossen ist. Erst wenn die Krapfen gewendet werden, ohne Deckel fertig backen.

[Fritole veneziane]

HEFEKRAPFEN

venezianisch

DIE KRAPFEN SIND EINE TRADITIONELLE NASCHEREI IM
VENEZIANISCHEN KARNEVAL. UND HEISS GELIEBT MIT IHREM
DUFT NACH ZIMT, GRAPPA UND VIEL GUTER LAUNE.

Zutaten für etwa 16 Stück

50 g Sultaninen

4 EL Grappa

200 ml Milch

250 g Mehl

½ Würfel frische Hefe (ca. 20 g)

40 g extrafeiner Zucker

2 Eigelbe

je 1 Prise Salz und
gemahlener Zimt

1 Messerspitze abgeriebene
Zitronenschale von 1 Bio-Zitrone

ca. 1 ½ l Pflanzenöl zum
Ausbacken

3 Päckchen Bourbon-
Vanillezucker

besonderes Werkzeug
- 1 großer breiter Topf oder
  Fritteuse

Zeitbedarf
- 50 Minuten + ca. 1 ¼ Stunden
  Gehen des Teigs

So geht's

1. Die Sultaninen in einem Sieb heiß waschen, abtropfen lassen und in eine Schüssel füllen. Mit Grappa übergießen und darin etwa 1 Stunde ziehen lassen.

2. Inzwischen für den Vorteig [→a] die Milch lauwarm erhitzen. Mehl in eine Rührschüssel sieben, mit einem Löffel in die Mitte eine Mulde drücken. Die Hefe hineinbröckeln, 1 EL Zucker zufügen. Beides mit etwas lauwarmer Milch zu einem Brei verrühren und leicht mit Mehl bestäuben. Den Vorteig mit einem Küchentuch abdecken und an einem warmen Ort ca. 15 Minuten gehen lassen, bis das Mehl auf der Oberfläche Risse zeigt.

3. Eigelbe (kein Eiweiß verwenden! Das macht die Krapfen trocken), übrigen Zucker, Salz, Zimt, Zitronenschale und die Sultaninen samt Grappa zum Vorteig geben. Mit den Knethaken eines Handrührgeräts vermischen. Dann noch so viel von der restlichen Milch zugeben, bis ein zähflüssiger Teig entsteht, der schwer reißend vom Knethaken fällt [→b]. Hefeteig mit einem Küchentuch abdecken und an einem warmen Ort etwa 1 Stunde gehen lassen [→c], bis er sein Volumen verdoppelt hat.

4. Frittierfett in dem breiten Topf oder in der Fritteuse auf 170 °C erhitzen. Den zähflüssigen Hefeteig mit einem Rührlöffel noch einmal kurz durchmischen. Mithilfe von zwei Esslöffeln kleine Krapfen vom Teig abstechen und portionsweise im heißen Öl in 3–5 Minuten goldbraun ausbacken [→d], dabei einmal wenden.

5. Fertige Krapfen mit einem Schaumlöffel aus dem Fett heben und auf mehreren Lagen Küchenpapier abtropfen lassen. Noch heiß in Vanillezucker wälzen.

FRISCHE HEFE besteht aus winzigen lebenden Zellen, die etwas Zucker brauchen, um sich vermehren zu können. Außerdem ab und zu eine Ruhepause und wohlige Wärme. Hitze wie Zugluft vertragen sie gar nicht. Frische Hefe kauft man in Würfelform gepresst. Sie muss eine seidig schimmernde Oberfläche haben, elastisch sein und frisch säuerlich riechen.

SOMMER
inspirierend

FRISCHER, LEICHTER UND ABWECHS-LUNGSREICHER ALS IM SOMMER KANN ES IN DER KÜCHE KAUM WERDEN. GENIESSEN SIE MIT DIESEN REZEPTEN ITALIENISCHE LEBENSFREUDE PUR.

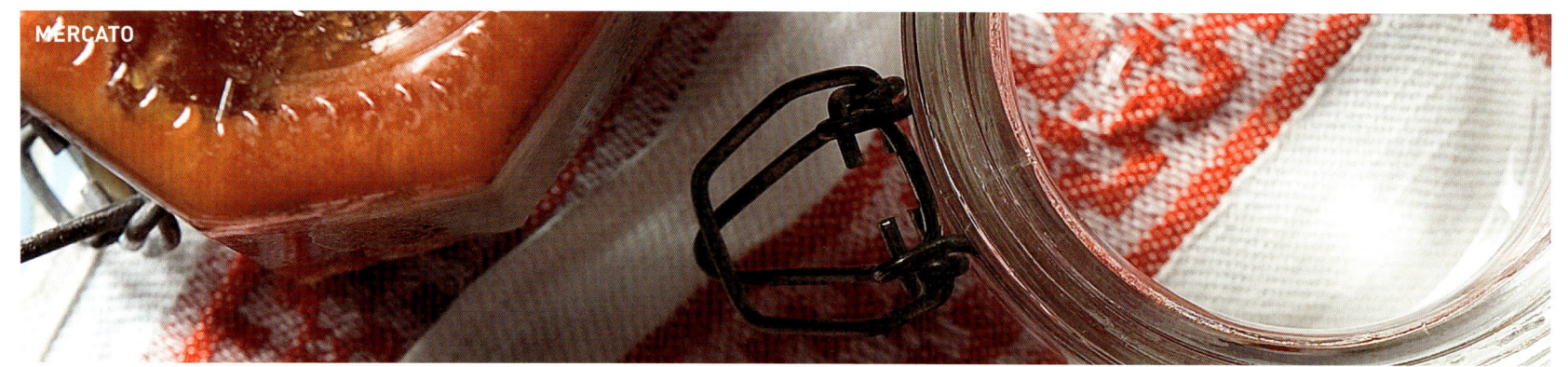

SOMMERGENÜSSE
haltbar machen

Ein Land wie Italien, das mit einer so reichen Ernte an Gemüse und Früchten gesegnet ist, weiß auch, wie diese für den Winter haltbar zu machen sind. Hier finden Sie am Beispiel von Tomaten, Zucchini und Obst Tipps, wie Sie zuhause ein Stück italienischen Sommer im Glas einfangen können.

GEMÜSE EINLEGEN

ZUCCHINI IN ÖL

Waschen und putzen Sie 500 Gramm Zucchini und entfernen Sie dabei alle weichen Stellen. Die Zucchini in Stifte in der Größe von Pommes frites schneiden. Jeweils mit viel Salz schichtweise in ein Sieb geben und die Zucchini über Nacht ziehen und abtropfen lassen. In einem Topf 2 Liter Wasser mit 8 EL Weißweinessig aufkochen und die Zucchini darin 1 Minute blanchieren. Abseihen, auf einem Küchentuch ausbreiten und trocknen lassen. 4 Knoblauchzehen schälen und fein würfeln. 20 Basilikumblätter abbrausen, trockentupfen und hacken. Basilikum und Knoblauch mit etwas Olivenöl im Mörser zu einer Paste verarbeiten. Die Zucchinistifte mit je 1 kleinen Lorbeerblatt schichtweise mit etwas Basilikum-Knoblauch-Paste in saubere Gläser mit Twist-off-Deckel füllen und mit Olivenöl aufgießen. Die Zucchini müssen vollständig von Öl bedeckt sein. Die Gläser fest verschließen. Kühl und trocken gelagert, sind die Zucchini rund 6 Monate haltbar.

GETROCKNETE TOMATEN IN ÖL

Sie waschen 100 Gramm getrocknete Tomaten und kochen inzwischen 1 ½ Liter Wasser mit 6 EL Weißweinessig auf. Die gewaschenen Tomaten in eine Schüssel geben, mit dem heißen Essigwasser übergießen und 20 Minuten quellen lassen, bis sie knapp weich sind. Abgießen, abtropfen und auf einem sauberen Küchentuch 2 Stunden bei Zimmertemperatur antrocknen lassen. Die Tomaten anschließend mit gehacktem Knoblauch und getrockneten Peperoncinistückchen in Gläser schichten und mit Olivenöl aufgießen. Dabei ist wichtig: Die Tomaten müssen vollständig von Öl bedeckt sein. Lassen Sie die eingelegten Tomaten in den gut verschlossenen Gläsern mindestens eine Woche ruhen, bevor Sie sie verwenden. Übrigens: Mit einem hübschen Etikett beschriftet und einem farbigen Band verziert, sind in Öl eingelegte Gemüse nette kleine Mitbringsel.

HEISS EINFÜLLEN

Eines der bekanntesten Beispiele dafür, wie durch diese Methode Tomaten konserviert werden können, ist der italienische *sugo*. Das Rezept für eine Tomatensauce zum Heißeinfüllen finden Sie auf Seite 77.

DAS IST WIRKLICH WICHTIG

Sie brauchen Schraubgläser mit Twist-off-Deckel, die vor Gebrauch gründlich ausgespült und in sehr heißem Wasser vorgewärmt, anschließend aber nicht abgetrocknet werden. Nach dem raschen Einfüllen stellen Sie die fest verschlossenen Gläser 1 Minute auf den Kopf, drehen sie wieder um und packen sie sofort in Frotteetücher. Die Gläser so 24 Stunden stehen lassen und darauf achten, dass sie keiner Zugluft ausgesetzt sind.

OBST HALTBAR MACHEN

In der italienischen Küche sehr beliebt ist die *mostarda di frutta* – in einem pikant gewürzten Senfsirup eingelegte Früchte, die insbesondere zu gekochtem Fleisch (dem berühmten *bollito misto*, Rezept Seite 211), zu Wild und Käse gereicht werden.
Bei Ihren Gästen werden Sie mit einer selbst gemachten Mostarda sicherlich punkten. Sie hält sich 9–12 Monate, sollte aber, einmal geöffnet, innerhalb von 10 Tagen verbraucht werden.

MOSTARDA DI FRUTTA

Zutaten für 3 Schraubgläser (je 500 ml Inhalt) mit Twist-off-Deckel

1 kg Steinobst (beispielsweise Reineclauden, Mirabellen, Aprikosen, Zwetschgen oder eine Mischung)
75 g Senfpulver
1 TL Maisstärke
100 ml Weißwein
1 Bio-Zitrone
350 ml Apfelsaft
250 g Zucker
300 ml Apfelessig
1 TL Senfkörner
1 TL gemahlene Kurkuma
2 Lorbeerblätter
1 TL Pimentkörner
1 Stück (ca. 2 cm) frischen Ingwer

Das Obst wird gewaschen und getrocknet, aber nicht entsteint. Die ganzen Früchte stechen Sie rundum mit einer Stecknadel ein, damit sie beim Kochen nicht platzen. Rühren Sie das Senfpulver und die Maisstärke mit dem Wein glatt und lassen Sie die Mischung abgedeckt quellen. Inzwischen schälen Sie für den Sirup von der Zitrone etwas Schale dünn ab und pressen anschließend den Saft aus. In einem Topf mit Apfelsaft, Zitronenschale und Zucker unter Rühren aufkochen.
Die Früchte portionsweise im sanft köchelnden Zuckersirup knapp weich garen. Mit einem Schaumlöffel herausheben, etwas abtropfen lassen und die heiß ausgespülten Gläser zu ¾ mit den Früchten füllen. Am besten klappt das, wenn Sie dafür einen entsprechend großen Trichter zu Hilfe nehmen. Wenn alle Früchte verarbeitet sind, den Sirup auf 250 ml einkochen lassen und beiseitestellen.
Den Essig mit Senfkörnern, Kurkuma, Lorbeer und Piment in einem zweiten Topf aufkochen. Geschälten Ingwer direkt dazureiben. Das angerührte Senfpulver und den Zuckersirup einrühren und die Mischung einmal aufkochen lassen. Den gewürzten Senfsirup bis knapp unter den Rand in die Gläser mit den Früchten füllen und die Gläser sofort gut verschließen.
Die gefüllten Gläser im 80 °C warmen Wasserbad 10 Minuten erhitzen. Herausnehmen, kurz auf den Kopf stellen, wieder umdrehen und in Frotteetücher eingepackt erkalten lassen.

[Insalata di patate]

KARTOFFELSALAT
mit Mayonnaise

FINGER WEG VON DER MAYOTUBE! DIESER KARTOFFELSALAT
WIRD MIT EINER HAUSGEMACHTEN VERSION VERFEINERT.
DER SALAT SCHMECKT VOR ALLEM IM SOMMER AUSGEZEICHNET.

Zutaten für 4 Portionen

Für den Salat

1 kg fest kochende Kartoffeln

2 rote Zwiebeln

3 EL Rotweinessig

Salz

Für die Mayonnaise [→a]

1 ganz frisches Bio-Ei

neutrales Speiseöl
(z.B. Sonnenblumenöl) [→b]

Salz, weißer Pfeffer

4 Zweige frischer Majoran

Zeitbedarf
- 35 Minuten + 4 Stunden
  Marinieren

So geht's

1. Die ungeschälten Kartoffeln gründlich waschen, in Wasser weich garen, pellen und in Scheiben schneiden. In eine Salatschüssel füllen.

2. Zwiebeln schälen, in Ringe schneiden und unter die Kartoffeln heben. Kartoffeln salzen, mit Rotweinessig anmachen und mindestens 4 Stunden durchziehen lassen.

3. Für die Mayonnaise das Ei trennen, Eigelb in eine kleine Schüssel geben (Eiweiß anderweitig verwenden). Auf niedrigster Stufe mit einem Handrührgerät oder dem Schneebesen verrühren und dabei ganz langsam so viel Öl in dünnem Strahl zugeben, bis die Mayonnaise eine cremige Konsistenz hat. Mit etwas Salz und weißem Pfeffer abschmecken.

4. Erst 30 Minuten vor dem Servieren die Kartoffeln mit der Mayonnaise anmachen und nochmals abschmecken.

5. Majoran waschen und trocknen, die Blättchen abzupfen und vor dem Servieren über den Salat streuen.

KARTOFFELN sind in Italien viel mehr als vollwertiges Gemüse anerkannt als bei uns. Nicht ungewöhnlich ist, dass man die vitaminreichen Knollen, häufig zusammen mit anderen Gemüsen, in unterschiedlichsten Pastagerichten findet, sie als Füllung für selbst gemachte Pasta zubereitet oder als eigenständige Vorspeise wie hier serviert.

[a]

DAS IST *wirklich* WICHTIG

[a] AUF DIE TEMPERATUR KOMMT ES AN Es ist sehr wichtig, dass Ei und Öl die gleiche Temperatur, das heißt Zimmertemperatur haben. Sonst verbinden sie sich nicht zu einer homogenen, cremigen Masse.

[b] NEUTRALES PFLANZENÖL, kein Olivenöl für die Mayonnaise verwenden. Olivenöl ist geschmacklich zu dominant.

[Insalata di capperoni]

SALAT
mit Kapernfrüchten

DIE KAPERN VERLEIHEN DIESEM SALAT DAS GEWISSE ETWAS. BESONDERS IM SOMMER IST DIE LEICHTE SÄURE DER KAPERNÄPFEL SEHR ERFRISCHEND.

MARKEN-ZEICHEN DER KAPERNÄPFEL IST IHR STIEL.

Zutaten für 4 Portionen

1 Kopf Lollo rosso

1 Möhre

1 kleine Fenchelknolle

4 EL Kapernäpfel

4 EL Olivenöl

2 EL Rotweinessig

Salz, schwarzer Pfeffer aus der Mühle

6 gehackte frische Basilikumblätter

1 Handvoll Kapuzinerblüten

Zeitbedarf
▪ 15 Minuten

So geht's

1. Lollo rosso putzen, waschen und trocknen. Salatblätter in mundgerechte Stücke reißen und auf Tellern anrichten.

2. Möhre waschen, schälen und in dünne Stifte schneiden. Fenchel putzen, waschen, in dünne Scheiben schneiden. Kapernäpfel abtropfen lassen und halbieren. Gemüse und Kapern auf den Salatblättern verteilen.

3. Öl und Essig in einer Schüssel zu einem Dressing aufschlagen, mit Salz und Pfeffer abschmecken. Kapernsalat auf den Tellern mit dem Dressing beträufeln.

4. Den Salat mit gehacktem Basilikum bestreuen, mit den Kapuzinerblüten und nach Belieben mit ganzen Basilikumblättern garnieren. Sofort servieren.

KAPERNÄPFEL, nicht zu verwechseln mit den Kapern, den Blütenknospen, sind die Früchte des Kapernstrauchs. Sie werden bis zu 3 cm groß, ihr Markenzeichen ist der Stiel. Im Handel sind sie offen oder auch in Essig eingelegt im Glas in verschiedenen Größen erhältlich. Mit ihrem würzigen, erfrischenden Geschmack eignen sich Kapernäpfel sehr gut für Salate und Vorspeisen. Sie sind auch unter dem Namen Riesenkapern bekannt.

[Insalata di pomodoro con pesca e menta]

TOMATENSALAT
mit Pfirsich & Minze

SIE LIEBEN AUSSERGEWÖHNLICHE KOMBINATIONEN? DANN GREIFEN SIE HIER BEHERZT ZU!
TOMATEN, PFIRSICHE UND MINZE VEREINEN SICH ZU EINEM FRUCHTIG FRISCHEN GENUSS.

Zutaten für 4 Portionen

750 g reife, schnittfeste Tomaten
[→a]

Salz

2 reife gelbe Pfirsiche

125 g Mini-Mozarella-Kugeln
(wenn möglich aus Büffelmilch)

2 EL milder Weißweinessig

2 EL Pfirsich- oder
Himbeeressig

1 TL Puderzucker

schwarzer Pfeffer aus der Mühle

6 EL Olivenöl

2–3 Stängel Minze [→b]

Zeitbedarf
▪ 20 Minuten

So geht's

1. Die Tomaten waschen und den Stielansatz herausschneiden. Die Tomaten achteln, in eine Salatschüssel füllen und leicht salzen. Pfirsiche waschen, trockentupfen, halbieren und entsteinen. Die Pfirsichhälften in schmale Spalten schneiden. Wer die Haut der Pfirsiche nicht mag, kann sie entfernen: Die noch unzerteilten Früchte dafür kurz in heißes Wasser tauchen, kalt abschrecken und die Haut mit einem kleinen spitzen Messer abziehen.

2. Mini-Mozarella-Kugeln in einem Sieb abtropfen lassen, anschließend halbieren. Pfirsiche und Mozzarella zu den Tomaten geben.

3. Für das Dressing beide Essigsorten mit Puderzucker und Pfeffer kräftig verrühren. Das Öl darunterschlagen. Die Minze waschen, trockenschütteln und die Blättchen abzupfen.

4. Das Dressing über die Zutaten in der Schüssel gießen, alles behutsam vermengen. Minzeblättchen über den Salat streuen und unterheben. Den Salat abschmecken und servieren.

Dazu passt italienisches Weißbrot.

DAS IST *wirklich* WICHTIG

[a] TOMATEN UND PFIRSICHE sollten beim Einkauf schnittfest, aber unbedingt reif sein. Denn nur reife Früchte haben ihr typisches und unverwechselbares Aroma, das diesen Salat so köstlich macht.

[b] DIE MINZE sollte absolut frisch sein. Am besten nur die kleineren zarten Blätter verwenden. Und diese erst unmittelbar vor dem Servieren unter den Salat heben, sonst wird die Minze lasch und sieht nicht mehr so appetitlich aus.

[a]

[b]

[c]

DAS IST
wirklich
WICHTIG

[a] MELONENKUGELN FORMEN
Kugelausstecher in das Fruchtfleisch drücken und mit je einer
kräftigen Drehbewegung nacheinander 12 möglichst gleichmäßig
runde Kugeln ausstechen.

[b] GARNELEN SCHÄLEN Die Schalen jeweils von der Bauchseite her
mit den Fingern zu den Seiten ablösen. Die Schwanzenden mit einer
Drehbewegung vom Rumpf abziehen.

[c] GARNELEN VORBEREITEN Garnelen am Rücken entlang mit einem
spitzen Messer ganz leicht einschneiden. Den schwarzen Darmfaden anheben und entfernen.

[Zuppa fredda di melone]

KALTE MELONENSUPPE

mit Garnelenspießen

HERRLICH ERFRISCHEND! MELONE BILDET DIE BASIS, TOMATE
UND KARTOFFEL SORGEN FÜR DEN HERZHAFTEN TON. DAZU EINE
FEINE DEKO: MELONENKUGELN UND GARNELENSPIESSE.

Zutaten für 4 Portionen

Für die Suppe

1 vollreife Fleischtomate
(etwa 200 g)

1 große mehlig kochende
Kartoffel (ca. 150 g)

1 Schalotte

1 EL Olivenöl

400 ml Gemüsebrühe
(Rezept-Variante S. 141)

Salz, schwarzer Pfeffer aus
der Mühle

1 reife Kantalup-Melone von
etwa 700 g (oder Charentais)

1 EL Crème fraîche

1–2 EL Zitronensaft

Cayennepfeffer

Für die Garnelenspieße

12 kleine Eismeergarnelen (in
der Schale gekocht; ohne Kopf)

1 EL Zitronensaft

Salz, weißer Pfeffer aus
der Mühle

8 kleine Minzeblätter

besonderes Werkzeug
▪ 1 Kugelausstecher
▪ 4 lange Holzspieße

Zeitbedarf
▪ 45 Minuten + 2 Stunden Kühlen

So geht's

1. Für die Suppe den Stielansatz der Tomate herausschneiden. Tomate kurz in kochendes Wasser geben, kalt abschrecken, häuten, quer halbieren und entkernen. Die Tomate in grobe Stücke schneiden. Kartoffel schälen, waschen und würfeln. Schalotte schälen und in kleine Würfel schneiden.

2. Das Öl in einem Topf erhitzen, die Schalotte darin glasig dünsten. Tomaten- und Kartoffelwürfel zugeben. Die Brühe angießen und mit Salz und Pfeffer würzen. Aufkochen und zugedeckt 30 Minuten köcheln lassen.

3. Inzwischen die Melone halbieren. Mit einem Esslöffel die Kerne und Fasern entfernen. Aus dem Fruchtfleisch mit dem Kugelausstecher 12 Kugeln herauslösen [→a]. Zugedeckt kalt stellen. Restliches Melonenfruchtfleisch aus den Schalen lösen, klein schneiden und fein pürieren.

4. Tomaten und Kartoffeln samt der Brühe pürieren. Das Gemüsepüree mit dem Melonenpüree vermischen. Alles durch ein Sieb passieren. Die Crème fraîche unterrühren. Die Suppe mit 1 EL Zitronensaft, Salz, Pfeffer und 1 Prise Cayennepfeffer würzen. Melonensuppe zugedeckt im Kühlschrank kalt werden lassen.

5. Die Garnelen zunächst schälen [→b], anschließend den dunklen Darmfaden entfernen [→c]. Garnelen abbrausen und trockentupfen. Mit Zitronensaft, etwas Salz und Pfeffer würzen, kalt stellen.

6. Zum Servieren die Melonensuppe mit dem restlichen Zitronensaft, Salz, Pfeffer und Cayennepfeffer abschmecken. Minzeblättchen waschen und trockentupfen. Je 3 Garnelen abwechselnd mit 2 Kräuterblättchen auf einen Holzspieß stecken. Die Suppe in vier tiefe Teller füllen, mit je 3 Melonenkugeln und 1 Garnelenspieß garnieren.

DIE KANTALUP-MELONE wurde nach der Stadt Cantalupo in Sabina nördlich von Rom benannt. Ursprünglich wurde sie dort auf einem Adelssitz aus orientalischen Samen gezogen. Kantalup-Melonen sind die kleinsten der Zuckermelonen-Arten. In voller Reife schmeckt ihr orangefarbenes Fruchtfleisch ganz besonders aromatisch.

DAS IST *wirklich* WICHTIG

[a] VIEL ABFALL! 2 kg frische Dicke Bohnen in ihren Schoten ergeben etwa 500 g Bohnenkerne; wenn man diese häutet, bleiben nur etwa 300-350 g übrig.

[b] UNBEDINGT GAREN Dicke Bohnen dürfen, wie alle anderen Bohnensorten auch, nicht roh gegessen werden, da sie den gesundheitsschädlichen Stoff Phasin enthalten. Der wird aber durch Erhitzen, also beim Kochen, zerstört. Gegarte Bohnen können gefahrlos verzehrt werden.

[c] KERNE HÄUTEN Besonders zart und fein im Geschmack sind gehäutete Bohnenkerne. Dafür die Kerne mit den Fingern aus ihrer weißlichen Haut drücken.

[a]

[c]

[Fave e pecorino]

DICKE BOHNEN
mit Pecorino

DIE FRISCHEN KLEINEN KERNE DER DICKEN BOHNEN SIND EIN GANZ BESONDERER SOMMERGENUSS. HIER ALS SIMPLE, ABER KÖSTLICHE VORSPEISE MIT WÜRZIG GEREIFTEM PECORINO.

Zutaten für 4 Portionen

2 kg junge Dicke Bohnen in der Schote [→a]

Salz

2 Zweige Thymian

200 g gereifter Pecorino am Stück (mindestens 1 Jahr gereift)

etwas Kastanienhonig zum Beträufeln

etwas feines Salz zum Bestreuen

besonderes Werkzeug
▪ 1 Hartkäsemesser

Zeitbedarf
▪ 40 Minuten

So geht's

1. Die Bohnen palen, dafür den Faden an der Schotenunterseite vom Stielansatz her abziehen. So lassen sich die Schoten leicht öffnen und die rohen Kerne herauslösen. Bohnenkerne verlesen und in einem Sieb kurz abbrausen.

2. Wasser mit etwas Salz und Thymian aufkochen. Gepalte Bohnen darin ohne Deckel je nach Größe bei mittlerer Hitze in 4–6 Minuten bissfest garen [→b]. Kalt abschrecken und abtropfen lassen. Den Thymian entfernen.

3. Anschließend die noch warmen Bohnenkerne jeweils aus ihrer weißlichen Haut drücken [→c].

4. Zum Servieren den Pecorino mit einem Hartkäsemesser in nicht zu kleine Stücke brechen. Pecorino, Bohnenkerne, Kastanienhonig und etwas feines Salz jeweils in kleine Schalen füllen. Auf den Tisch stellen.

5. Zum Essen die Bohnenkerne noch leicht salzen und mit dem Käse pur genießen. Oder den Käse zusätzlich mit etwas Honig beträufeln, dann aber das Salz bei den Bohnenkernen reduzieren oder ganz weglassen.

Dazu passt italienisches Weißbrot wie Ciabatta.

Die Varianten

Mit Mozzarella
Die Bohnenkerne wie im Rezept links beschrieben garen und häuten. 400 g (Büffel-) Mozzarella in dünne Scheiben schneiden. Mit den Bohnenkernen auf Tellern anrichten. Aus 3 EL Weißweinessig, ½ TL Senf, Salz, Pfeffer und 5 EL Olivenöl ein Dressing rühren, über Mozzarella und Bohnenkerne verteilen. Mit einigen zarten Basilikumblättchen bestreuen. Als Vorspeise oder Snack genießen.

Als Salat
Die Bohnenkerne wie im Rezept links beschrieben garen und häuten. 1–2 Bund Rucola waschen, trockenschütteln und grobe Stiele entfernen. Rucola in Stücke zupfen. 1 Tomate waschen, halbieren, die Kerne entfernen und klein würfeln. Aus 2 EL Zitronensaft, 1 TL flüssigem Honig, Salz, Pfeffer und 3 EL Olivenöl ein Dressing rühren. Mit Bohnenkernen, Rucola und Tomate vermischen. Den Salat sofort servieren.

DICKE BOHNEN heißen bei uns auch Puff- oder Saubohnen. Beim Einkauf sollten die Hülsen prall und sattgrün sein. Junge Bohnenkerne sind zart und hellgrün. Gehäutet kommt ihr feines Aroma noch besser zur Geltung. In Italien liebt man die frischen jungen Bohnenkerne besonders als Zutat für Vorspeisen und Suppen.

TOMATEN
jetzt so gut wie nie

Sie sind der Inbegriff des Sommers: leuchtend rot und verführerisch duftend. Saftiger und aromatischer bekommt man sie das ganze Jahr nicht. Tomaten sind das Lieblingsgemüse vieler, und dass sie dabei noch so vielseitig sind, macht sie zu Stars in der sommerlich leichten Küche.

DIE ROTEN

Rote Sorten sind die gängigsten. Es gibt sie klein als Kirschtomaten, mittelgroß als Strauch- oder Flaschentomaten und groß als Fleischtomaten. Je kleiner die Tomate, desto süßer ist sie. Daher sind kleine Tomaten für Antipasti, Salate und Snacks besonders geeignet. Für warme Gerichte am besten mittelgroße und große Sorten verwenden, weil sie mehr Fruchtfleisch und Saft haben.

DIE GELBEN

Es gibt sie in fast allen Formen – rund, länglich und als Kirschtomaten. Sie schmecken meist etwas süßer als rote Tomaten und haben eine dickere, festere Haut. Dekorativ zu Antipasti oder in Salaten. Für Saucen und Suppen sind sie eigentlich zu schade, weil auch etwas teurer.

DIE GRÜNEN

Nicht zu verwechseln mit unreifen Tomaten. Grüne Sorten bleiben grün, auch wenn sie reif sind. Allenfalls spielt ihre Farbe etwas ins Gelbliche. Die Früchte geben auf Druck leicht nach. Wegen des festeren Fruchtfleischs sind diese Tomaten ideal zum Braten und Kochen.

FÜNF TRÜMPFE IN ROT!

Kein Gemüse lässt sich so gut konservieren und konzentrieren wie die Tomate. Darum wird sie auch als Fertigprodukt noch hoch geschätzt.

DOSENTOMATEN

Für die italienische Hausfrau wie für die Profiköche in der Trattoria sind *pomodori pelati* außerhalb des Sommers erste Wahl. Suppen, Saucen und Schmorgerichten geben sie Substanz. Denn es werden nur sonnengereifte ganze Tomaten dafür verwendet, meist Flaschentomaten, weil sie ein besonders fruchtiges Aroma haben. Gehäutet und in ihrem Saft eingekocht, gibt es sie in 400- und 800-g-Dosen. Die geschälten Tomaten sind auch in Stücken bzw. gehackt erhältlich, in Dose oder Packung.

TOMATENMARK

Echte Italienfans wissen, dass Tomatenmark mehr ist als ein preiswerter Ersatz für frische Tomaten. Gibt es doch vor allem Saucen und Fleischragouts viel Aroma, besonders wenn es angebraten wird. Das Mark wird aus vollreifen und passierten Tomaten eingekocht. Je nach Stärke des Einkochens unterscheidet man einfach, zweifach und dreifach konzentriertes Tomatenmark. Gibt es in Tuben und Dosen.

PASSIERTE TOMATEN

Werden aus Tomatenpüree hergestellt und eingekocht. Sie ersparen beim Zubereiten das Pürieren und Durchsieben. Praktisch für Suppen, Saucen und Schmorgerichte. Gibt es im Glas und in der Packung.

GETROCKNETE TOMATEN

Dafür werden traditionell in Süditalien Flaschentomaten halbiert, mit Meersalz bestreut (damit der Saft austritt) und in der Sonne getrocknet. Die dunkelroten Tomaten haben ein sehr konzentriertes Aroma. Sie kommen pur oder in Öl eingelegt in die Läden. Fein zu Antipasti, klein geschnitten in Salaten, in Pasta, im *sugo*, in Ragouts. Wunderbar: Als *Pesto rosso* zubereitet mit Knoblauch, Pinien- oder Mandelkernen, Pecorino oder Parmesan, Petersilie und Olivenöl. Auf Seite 51 erfahren Sie, wie Sie Tomaten-Pesto selbst zubereiten können, und auf Seite 67, wie Sie getrocknete Tomaten in Öl einlegen.

TOMATENSAUCE ZUM HEISS-EINFÜLLEN

Sonnengereifte frische Tomaten, beispielsweise auch aus dem eigenen Garten, lassen sich für den Herbst und Winter haltbar machen: mit einem *sugo*, der nach der Methode des Heißeinfüllens (Tipps und Anleitung siehe Seite 67) konserviert wird. Hier das entsprechende Rezept.

Zutaten für 6 Schraubgläser (je 500 ml) mit Twist-off-Deckel

4 kg vollreife Tomaten
2 EL Olivenöl
4 Knoblauchzehen
4 Zwiebeln
1 Bund glatte Petersilie
1 EL Salbeiblätter
1 Zweig Rosmarin
Salz, schwarzer Pfeffer aus der Mühle
1 Bund Basilikum

Sie waschen die Tomaten, schneiden die Haut auf der Unterseite kreuzweise ein und blanchieren die Früchte kurz in kochendem Wasser. Sofort kalt abschrecken, dann die Stielansätze entfernen, die Tomaten enthäuten und in kleine Stücke schneiden. Das Olivenöl in einen Topf geben, die geschälten Knoblauchzehen dazupressen und zusammen mit den geschälten und fein gewürfelten Zwiebeln andünsten. Die in Stücke geschnittenen Tomaten, fein gehackte Petersilie, in Streifen geschnittene Salbeiblätter und den Rosmarinzweig hinzufügen, mit Salz und Pfeffer abschmecken und alles ½ Stunde auf kleiner Stufe köcheln lassen. Anschließend nochmals kurz aufkochen, den Rosmarinzweig entfernen und das gehackte Basilikum einrühren. Jetzt die sehr heiße Sauce zügig in die kurz zuvor heiß ausgespülten Gläser füllen, Gläser sorgfältig verschließen und für 1 Minute auf den Kopf stellen. Wieder umdrehen, die Gläser in Frotteetücher einpacken und so mindestens 24 Stunden an einem Ort ohne Zugluft stehen lassen. Kühl und dunkel aufbewahrt, ist die Tomatensauce bis zu 1 Jahr haltbar.

[Insalata di carfiofi e bottarga]

ARTISCHOCKENSALAT
mit Bottarga

KLEINE ZARTE ARTISCHOCKEN WERDEN IN ITALIEN GERNE ROH
GEGESSEN. SIE GEHEN HIER MIT BOTTARGA, DEM GEPRESSTEN
FISCHROGEN, EINE SEHR APARTE KOMBINATION EIN.

Zutaten für 4 Portionen

8 kleine zarte Artischocken
(möglichst die violette Sorte)

1 knapper EL Zitronensaft

2 EL Olivenöl extra vergine

Salz, schwarzer Pfeffer aus der
Mühle

Bottarga nach Geschmack [→b]

Zeitbedarf
▪ 20 Minuten

So geht's

1. Die Artischocken waschen und trocknen. Den Stiel kurz hinter
dem Blütenansatz abschneiden. Die äußeren Hüllblätter und
das Heu der Artischocken entfernen [→a]. Artischocken halbieren und der Länge nach in feine Scheiben schneiden.

2. Artischockenscheiben auf eine Servierplatte geben und sofort
mit Zitronensaft beträufeln, damit sie sich nicht braun verfärben. Mit bestem Olivenöl beträufeln, salzen, pfeffern und alles
sorgfältig vermischen.

3. Nach Geschmack Bottarga in dünne Scheiben schneiden und
mit den Artischockenscheiben vermengen. Sofort servieren.

Die Variante

Artischocken mit Vinaigrette
4 große Artischocken putzen
und im Ganzen in Zitronenwasser 30–40 Minuten ko-
chen. Inzwischen für die Vin-
aigrette1 TL Senf mit wenig
Salz und schwarzem Pfeffer
aus der Mühle verrühren.
3 EL weißen Aceto balsa-
mico unterrühren und mit
6 EL Olivenöl aufschlagen.
4 EL gehackte frische Som-
merkräuter, 2 EL fein gewürfelte entkernte Tomaten und
1 fein gewürfelte Knoblauchzehe untermischen.
Das Dressing in kleinen
Schalen zu den Artischocken
servieren.

BOTTARGA galt früher als der Kaviar der armen Leute. Sie wird in Italien
traditionell aus dem Rogen der Meeräsche hergestellt, heute findet man
sie aber auch vom Thunfisch. Bottarga erhalten Sie in sehr gut sortierten
Feinkostläden. Oder Sie fragen Ihren Fischhändler, er wird Ihnen diese
Spezialität gerne besorgen.

DAS IST *wirklich* WICHTIG

[a] ARTISCHOCKEN VORBEREITEN Seien Sie großzügig beim Entfernen der äußeren harten, ungenießbaren Hüllblätter. Entfernen Sie Blatt um Blatt und lassen Sie nur die hellen Innenblätter stehen, bis Sie kegelförmige Artischocken vor sich haben. Anschließend schneiden Sie ungefähr 2 ½ cm der oberen Blattspitzen ab und entfernen mit einem scharfkantigen Teelöffel das Heu.

[b] BOTTARGA ist eine besondere Spezialität, die man mag oder nicht. Tischen Sie Bottarga also nur auf, wenn Sie sicher sind, dass Ihre Gäste gerne Neues ausprobieren.

[b]

DAS HEU BEHUTSAM ENTFERNEN, DAMIT DIE BÖDEN NICHT VERLETZT WERDEN.

[a]

[Minestrone d'estate]

SOMMER-MINESTRONE
mit Nudeln

EINE SOMMERLICH LEICHTE VERSION DER ITALIENISCHSTEN
ALLER SUPPEN. MIT VIELEN GEMÜSESORTEN SCHMECKT SIE
AM BESTEN – VOR ALLEM IN GROSSER RUNDE.

Zutaten für 6–8 Portionen

150 g frische gepalte Bohnen-kerne (z.B. Borlotti- oder Weiße Bohnen; ersatzweise 50 g ge-trocknete Bohnen) **[→a]**

50 g Pancetta oder magerer Räucherspeck am Stück

1 Zwiebel

1–2 Knoblauchzehen

1 Stange Sellerie

4 EL Olivenöl

Salz, schwarzer Pfeffer aus der Mühle

500 g frisches gemischtes Gemüse (z. B. Stangenbohnen, Zucchini, Möhren, gepalte Erbsen)

1 Fleischtomate

1–1 ½ l klare Hühnerbrühe oder leichte Fleischbrühe

2 Lorbeerblätter

50 g kleine Suppennudeln (z.B. Ditali, Tubeti oder Peperina)

½ Bund Basilikum

Parmesan am Stück zum Reiben

Zeitbedarf
▪ 70 Minuten

So geht's

1. Die frischen Bohnenkerne in einem Topf mit Wasser bedecken, aufkochen und in etwa 20 Minuten gerade weich kochen.

2. Inzwischen Pancetta oder Räucherspeck in kleine Würfel schneiden. Zwiebel und Knoblauch schälen, klein würfeln. Sellerie waschen, putzen, in Würfel schneiden. In einem Suppentopf 2 EL Öl erhitzen. Pancetta oder Speck, Zwiebel, Knoblauch und Sellerie darin bei kleiner Hitze unter gelegentlichem Rühren 15 Minuten dünsten, ohne Farbe annehmen zu lassen **[→b]**.

3. Frische Bohnenkerne abgießen und abtropfen lassen. Mit Salz, Pfeffer und 1 TL Öl ver-mischen. Beiseitestellen.

4. Das frische Gemüse waschen, putzen bzw. schälen. Stangenbohnen in Stücke schnei-den, Zucchini und Möhren der Länge nach vierteln, in Scheiben schneiden. Gepalte Erbsen verlesen und waschen. Von der Tomate den Stielansatz herausschneiden, Tomate heiß überbrühen, abschrecken, häuten, halbieren und entkernen. Die Tomate in Stücke teilen.

5. Das vorbereitete Gemüse in den Suppentopf geben. Etwa 1 Liter Brühe zugießen, Lorbeerblätter einlegen, mit Salz und Pfeffer würzen. Aufkochen und bei mittlerer Hitze und halb aufgelegtem Deckel zunächst 20 Minuten köcheln lassen **[→c]**.

6. Suppennudeln und vorgegarte Bohnenkerne unter die Minestrone rühren. Falls sie zu dick ist, noch Brühe dazugießen. Suppe erneut aufkochen und weitere 10 Minuten köcheln lassen, bis die Nudeln gar sind.

7. Die Minestrone mit Salz und Pfeffer abschmecken. Basilikum möglichst nicht wa-schen, die Blättchen einfach von den Stielen zupfen, über die Suppe streuen. Mit rest-lichem Olivenöl beträufeln und servieren. Bei Tisch reibt sich jeder nach Geschmack Parmesan darüber.

Dazu schmeckt pro Teller ein Teelöffel Basilikum-Pesto (Rezept Seite 88/89) und frisches, nach Belieben leicht angeröstetes Weißbrot.

MINESTRONE Für diese Gemüsesuppe gibt es wahrscheinlich so viele Rezepte, wie Italien Dörfer hat. Wichtig für die Zubereitung ist immer, dass die Zutaten jeweils zur Saison passen. Ob dann noch Reis, Pasta oder Kartoffeln die Minestrone anreichern, ist von Region zu Region verschie-den. Ebenso, ob noch ein kleiner Löffel Basilikum-Pesto die Würze abrundet.

DAS IST *wirklich* WICHTIG

[a] WER KEINE FRISCHEN BOHNEN zum Auslösen der Kerne bekommt, nimmt am besten getrocknete Bohnen und weicht sie über Nacht in Wasser ein. Am anderen Tag im Einweichwasser je nach Alter, Sorte und Größe in 30–60 Minuten weich garen. Bohnen abgießen und abtropfen lassen. In einer Schüssel mit Salz, Pfeffer und 1 TL Olivenöl vermischen. Im Notfall 150 g Weiße Bohnen aus der Dose nehmen. Diese im Sieb kalt abbrausen und abtropfen lassen.

[b] NICHT NUR BEIM RISOTTO, auch bei einer Minestrone ist das *soffritto* der eigentliche Startpunkt der Zubereitung. Dafür werden Zwiebel, Knoblauch und hier auch Staudensellerie und Speck sanft angedünstet, ohne dass das Gemüse Farbe annimmt. So verbinden sich die Aromen aufs Köstlichste und bilden eine optimale Suppenbasis.

[c] DAS GEMÜSE soll gerade gar sein und nicht zu weich werden. Dann hat es sein bestes Aroma. Daher sind kurze Garzeiten angesagt. Für die Intensivierung des Geschmacks sorgen neben dem *soffritto* auch die Hühner- oder Fleischbrühe anstelle von Gemüsebrühe oder Wasser.

[Gamberi alla griglia]

GEGRILLTE GARNELEN
mit Thymian

SO FRISCH UND LEICHT WIE EINE MEERESBRISE. DIE GARNELEN
SIND EINE EDLE VORSPEISE, KÖNNEN ABER AUCH DEN KLEINEN
HUNGER AUFS ALLERFEINSTE STILLEN.

Zutaten für 4 Portionen

6 rohe ungeschälte Riesengarnelen (frisch oder tiefgekühlt)

4 Zweige Thymian

1 Schalotte

1–2 Knoblauchzehen

60 g weiche Butter

4 EL Zitronensaft

4 EL Semmelbrösel

Salz, schwarzer Pfeffer aus der Mühle

1 Bio-Zitrone

besonderes Werkzeug
- 1 ofenfeste flache Form

Zeitbedarf
- 30 Minuten + ggf. Auftauen + 2 Stunden Kühlen

So geht's

1. Tiefgekühlte Garnelen aus der Packung nehmen und zugedeckt in einem tiefen Teller im Kühlschrank auftauen lassen.

2. Inzwischen den Thymian kalt abbrausen und trockenschütteln. 2 EL Blättchen abzupfen. Den restlichen Thymian in Frischhaltefolie wickeln, im Gemüsefach des Kühlschranks aufbewahren.

3. Schalotte und Knoblauch schälen und möglichst fein würfeln. Beides mit weicher Butter, Zitronensaft, Semmelbröseln und den 2 EL Thymianblättchen gründlich verrühren. Mit Salz und Pfeffer kräftig würzen und zugedeckt für mindestens 2 Stunden kalt stellen.

4. Von den frischen oder aufgetauten Garnelen gegebenenfalls das Kopfteil durch leichtes Drehen vom Rumpf abtrennen. Die Garnelen samt Schale längs halbieren und den schwarzen Darmfaden entfernen. Die Garnelen waschen und trockentupfen.

5. Den Backofengrill vorheizen. Die kalte Butter-Thymian-Mischung gleichmäßig auf den Fleischseiten der Garnelenhälften verstreichen. Nebeneinander mit der Schale nach unten in die ofenfeste Form setzen.

6. Die Garnelen unter dem Grill 8–10 Minuten grillen, bis die Schalen rot sind und das Garnelenfleisch goldbraun ist.

7. Die Zitrone heiß waschen, trockenreiben und in Spalten oder Stücke schneiden. Garnelen mit restlichem Thymian garnieren und mit der Zitrone servieren.

Die Varianten

Garnelen mit Spinat
400 g rohe Garnelen (ohne Kopf, mit Schale) schälen, den Darmfaden entfernen. 1 frischen roten Peperoncino längs halbieren, entkernen, hacken. 4 Scheiben Parmaschinken zerzupfen, in 3 EL Olivenöl anbraten. Garnelen und Peperoncino zugeben, 3 Minuten mitbraten. 1 Handvoll Spinatblätter waschen, unterheben und zusammenfallen lassen. Salzen und pfeffern.

Garnelen-Kräuter-Pasta
350 g Tagliatelle in Salzwasser bissfest garen. 350 g rohe Garnelen (ohne Kopf, mit Schale) schälen, den Darmfaden entfernen. Je 1 Zwiebel und Knoblauchzehe schälen, würfeln, in 3 EL Olivenöl anbraten. Garnelen zugeben, 3 Minuten mitbraten. 1 Fleischtomate waschen, würfeln und unterheben. Salzen und pfeffern. Nudeln abgießen, mit den Garnelen und 1 Handvoll gemischten Kräutern (z. B. Basilikum, Minze, Petersilie) mischen.

BEIM EINKAUFEN darauf achten, dass das Gewicht der ungeschälten Riesengarnelen mit Kopf pro Stück zwischen 80 und 100 Gramm liegt. Sind die Garnelen kleiner, verringert sich ihre Grillzeit, sind sie größer, müssen sie etwas länger gegart werden.

[Caviale di melanzane]

AUBERGINENKAVIAR
mit Basilikum

DARF'S EIN BISSCHEN KAVIAR SEIN? AUS AUBERGINEN? JA, GANZ GENAU. BEI DIESER ZUBEREITUNG KOMMT DER FEINE GESCHMACK DER AUBERGINEN GANZ BESONDERS GUT ZUR GELTUNG.

DAS IST *wirklich* WICHTIG

[a] UNBEDINGT REIFE AUBERGINEN verwenden. Die Haut muss ein wenig matt, aber glatt sein, das Fruchtfleisch unter sanftem Fingerdruck leicht nachgeben. Unreife Früchte enthalten vermehrt den Giftstoff Solanin. Aus diesem Grund Auberginen auch nur gegart essen.

[b] DIE AUBERGINEN NICHT SCHÄLEN, denn die Schale verleiht dem Auberginenkaviar das unverwechselbare Aroma: kräftig und leicht bitter.

Zutaten für 4 Portionen

3 reife Auberginen [→a]

6 EL Olivenöl

Salz, schwarzer Pfeffer aus der Mühle

1–2 Knoblauchzehen

2–3 EL in feine Streifen geschnittene Basilikumblätter

besonderes Werkzeug
- 1 ofenfeste Form

Zeitbedarf
- 20 Minuten + 20 Minuten Garen

So geht's

1. Den Backofen auf 180 °C vorheizen. Die Auberginen waschen und trocknen. Die Enden der Auberginen abschneiden, das restliche Auberginenfleisch mit der Schale [→b] in Würfel schneiden.

2. Auberginenwürfel in die Form geben, mit etwas Öl beträufeln und salzen. Die Form für etwa 20 Minuten in den Ofen schieben, bis die Auberginen weich sind. Auberginenwürfel in dieser Zeit gelegentlich wenden.

3. Die heißen Auberginen mit einer Gabel zu Mus zerdrücken und abkühlen lassen, bis die Masse lauwarm ist.

4. Restliches Öl unterrühren, mit Salz und Pfeffer abschmecken. Knoblauch schälen und in feine Scheiben schneiden. Mit den Basilikumstreifen unter den Auberginenkaviar mischen und servieren.

Servieren Sie Auberginenkaviar als Vorspeise zu Brot oder als Beilage zu Fisch.

[Fiori di zucchine ripieni]

ZUCCHINIBLÜTEN
mit Gemüsefüllung

WENN SIE IHREN GÄSTEN ETWAS BESONDERES AUFTISCHEN
WOLLEN: GEFÜLLTE ZUCCHINIBLÜTEN SIND IMMER EINE GUTE WAHL.

Zutaten für 4 Portionen

8 Zucchiniblüten [→a]

2 mittelgroße mehlig kochende Kartoffeln

Salz

200 g Zucchini

2 Knoblauchzehen

1 Bund Basilikum, 1 EL fein gehackter frischer Majoran

1 verquirltes Ei, 1 EL frisch geriebener Parmesan

5 EL Olivenöl extra vergine

schwarzer Pfeffer aus der Mühle

besonderes Werkzeug
▪ 1 Kartoffelpresse oder Passiergerät

Zeitbedarf
▪ 25 Minuten

So geht's

1. Zucchiniblüten kurz in kaltes Wasser tauchen und in einem Sieb gut abtropfen lassen.

2. Kartoffeln waschen, in Salzwasser weich kochen. Noch heiß pellen und durchdrücken. Abkühlen lassen.

3. Inzwischen Zucchini waschen, putzen, klein würfeln. In einer Pfanne mit 1 EL Wasser und 1 Prise Salz zugedeckt 5 Minuten garen. In einer Schüssel etwas abkühlen lassen, dann pürieren.

4. Knoblauch schälen. Basilikum waschen, trockenschütteln, die Blättchen abzupfen und in Streifen schneiden.

5. Kartoffeln und Zucchini vermengen, Knoblauch dazupressen, die Kräuter zufügen. Zusammen mit Ei, Parmesan und 2 EL Olivenöl gründlich untermischen. Salzen und pfeffern.

6. Backofen auf 250 °C vorheizen. Eine ofenfeste Form mit 1 EL Öl ausstreichen. Blütenstempel der Zucchiniblüten herausschneiden [→b]. Blüten behutsam mit der Gemüsemasse füllen, Blütenspitzen sorgfältig zudrehen und die Blüten nebeneinander in die Form legen. Mit 2 EL Öl beträufeln und im Ofen etwa 3 Minuten überbacken. Auf Tellern anrichten und servieren.

Dazu eine Tomatensauce (Rezept Seite 40) und Weißbrot servieren.

DAS IST *wirklich* WICHTIG

[a] ZUCCHINIBLÜTEN sind sehr empfindlich und welken rasch. Nach dem Einkauf also so rasch wie möglich zubereiten.

[b] DIE BLÜTENSTEMPEL mitsamt den Staubgefäßen müssen entfernt werden, da sie sehr bitter schmecken.

[Bruschette ai zucchini]

BRUSCHETTA
mit Kräuter-Zucchini

WAS KLEINES, RAFFINIERTES IST AN WARMEN TAGEN IMMER BELIEBT. DIE KRÄUTERWÜRZIGEN ZUCCHINI SCHMECKEN AUCH OHNE BROT ALS VORSPEISE PRIMA.

Zutaten für 4 Portionen

400 g grüne Mini-Zucchini (ersatzweise kleine schlanke Zucchini)

4 EL Olivenöl

Salz, schwarzer Pfeffer aus der Mühle

3 EL Weißweinessig

2 EL fein gehackte Petersilie

3 EL fein gehacktes Basilikum

4 große Scheiben italienisches Weißbrot (z. B. Ciabatta)

Kräuterblättchen zum Garnieren

nach Belieben essbare Blüten zum Garnieren

Zeitbedarf
- 20 Minuten + 30 Minuten Marinieren

So geht's

1. Mini-Zucchini waschen, die Enden abschneiden und die Früchte der Länge nach halbieren. (Andere Zucchini in fingerdicke Stifte schneiden.) 3 EL Öl in einer Pfanne erhitzen, Zucchini darin 4 Minuten bei mittlerer Hitze unter gelegentlichem Wenden bissfest braten. Aus dem Öl heben und in eine flache Schüssel füllen. Salzen und pfeffern.

2. In die Pfanne 2 EL Essig gießen und mit dem Bratöl aufkochen lassen. Über die Zucchini gießen. Restliches Öl, Petersilie und Basilikum unter das Gemüse mischen. Zugedeckt 30 Minuten oder länger ziehen lassen, dabei ab und zu wenden.

3. Den Backofen auf 250 °C vorheizen. Die Brotscheiben auf den Rost legen, im Ofen in 4–5 Minuten knusprig werden lassen.

4. Die marinierten Zucchini mit Salz, Pfeffer und dem restlichen Essig abschmecken. Auf den Brotscheiben verteilen. Mit Kräuterblättchen und nach Belieben mit Blüten bestreut servieren.

[Tramezzini al tonno]

TRAMEZZINI
mit Thunfisch

EIN ECHTER KLASSIKER DER ITALIENISCHEN BROTZEITKULTUR. IDEAL ALS SNACK, ABER AUCH ALS STÄRKUNG FÜR EINEN AUSFLUG INS GRÜNE ODER ZUM BADEN.

Zutaten für 4 Portionen

2 Dosen (Abtropfgewicht je 130 g) Thunfischfilets natur (ohne Öl)

1 EL Kapern

2 EL gemischte zarte Kräuterblättchen (z. B. Basilikum, Minze, Petersilie, Thymianspitzen)

3 EL Mayonnaise light

1 EL Zitronensaft

Salz, schwarzer Pfeffer aus der Mühle

2 kleine Tomaten

1 Stück Salatgurke (80–100 g)

2 kleine Salatblätter (z. B. Lollo verde)

8 Scheiben Tramezzini-, Sandwich- oder Toastbrot

Zeitbedarf
- 20 Minuten

So geht's

1. Den Thunfisch abtropfen lassen und fein zerzupfen. Die Kapern hacken. Die Kräuterblättchen waschen und trockentupfen.

2. Thunfisch mit Mayonnaise, Kapern, Zitronensaft und 1 EL Kräuterblättchen vermischen. Die Masse mit Salz und Pfeffer würzen.

3. Die Tomaten und das Gurkenstück waschen und in dünne Scheiben schneiden. Salatblätter waschen, trocknen und in mundgerechte Stücke zupfen.

4. Die Hälfte der Brotscheiben mit Gurke belegen. Darauf erst Thunfischmasse, dann die übrigen Kräuter, die Salatblätter und die Tomaten verteilen. Salzen und pfeffern.

5. Die restlichen Brotscheiben darauflegen, leicht andrücken und die Tramezzini jeweils diagonal halbieren.

TYPISCHES TRAMEZZINIBROT ist ein schneeweißes, feinporiges italienisches Weizenbrot, mit Milch gebacken und ohne Rinde, das man für Sandwiche verwendet. Sie finden Tramezzinibrot in italienischen Feinkostläden oder auch in gut sortierten Supermärkten.

[Piadina alle melanzane]

GEFÜLLTE PIADINA
mit Auberginen

PIADINA, EINE ART GEFÜLLTES FLADENBROT, KOMMT
URSPRÜNGLICH AUS DER EMILIA-ROMAGNA. UNSER REZEPT IST
EINE SCHNELLE, MODERNISIERTE VERSION DIESES SNACKS.

Zutaten für 4 Portionen

Für die Minzecreme

5 Zweige frische Minze

½ TL Zucker

100 g Mascarpone

100 g Naturjoghurt

Salz

Für die Füllung

500 g schlanke Auberginen

200 g Tomaten

1 Zwiebel

1 Knoblauchzehe

½ frischer roter Peperoncino

4 EL Olivenöl

Außerdem

4 Piadina-Fladenbrötchen zum
Füllen (ersatzweise Pitta-Brötchen)

besonderes Werkzeug
- 1 Mörser
- 1 Toaster

Zeitbedarf
- 30 Minuten

So geht's

1. Für die Minzecreme die Minze abbrausen, die Blätter grob hacken. Mit dem Zucker im Mörser fein zerkleinern. Minze mit Mascarpone und Joghurt vermischen. Esslöffelweise noch so viel Wasser unterrühren, dass die Creme eine dickflüssige Konsistenz bekommt. Mit Salz abschmecken und zugedeckt kalt stellen.

2. Für die Füllung die Auberginen waschen, putzen, in Scheiben schneiden, diese vierteln. Tomaten waschen, vom Stielansatz befreien und klein würfeln. Zwiebel und Knoblauch schälen, in möglichst kleine Würfel schneiden. Peperoncino längs halbieren, entkernen, waschen, trockentupfen und quer in dünne Streifen schneiden.

3. Das Öl in einer Pfanne erhitzen, die Auberginen darin portionsweise bei starker Hitze 3–4 Minuten kräftig anbraten. Zwiebel, Knoblauch, Tomaten und Peperoncino zugeben. Zusammen bei mittlerer Hitze noch 3 Minuten garen. Mit Salz abschmecken.

4. Die Brötchen toasten. An der perforierten Markierung abschneiden. Brötchen mit je 1 TL Minzecreme und mit Auberginengemüse füllen. Übrige Minzecreme darüber verteilen oder getrennt dazu reichen.

WER KEINE Piadina-Fladenbrötchen oder Pitta-Brötchen bekommt, kann gut auf tellergroße vorgebackene Soft-Tortillas ausweichen, die dem traditionellen Piadina-Fladen recht ähnlich sind. Die Tortillas in einer Pfanne ohne Fett nacheinander auf jeder Seite jeweils 30 Sekunden erhitzen. Mit dem Auberginengemüse und der Minzecreme füllen.

[Trenette avvantagiae]

TRENETTE MIT PESTO
Bohnen & Kartoffeln

SOMMER UND BASILIKUM GEHÖREN ZUSAMMEN, NIE IST ES
AROMATISCHER – UND ALS PESTO IN KOMBINATION MIT PASTA,
BOHNEN UND KARTOFFELN EINE LIGURISCHE SPEZIALITÄT.

Zutaten für 4 Portionen

Für das Basilikum-Pesto

2 EL Pinienkerne

1–2 Knoblauchzehen

1 großer Bund Basilikum

Meersalz

60 g gereifter Parmesan oder
Pecorino (oder beide gemischt)

100–125 ml Olivenöl extra
vergine

schwarzer Pfeffer aus der Mühle

Außerdem

200 g zarte grüne Bohnen

Salz

200 g fest kochende Kartoffeln

300 g Trenette (ersatzweise
Bavette oder Linguine)

1 EL Butter

besonderes Werkzeug
▪ 1 Marmor-Mörser oder
  Pürierstab

Zeitbedarf
▪ 45 Minuten

So geht's

1. Für das Pesto die Pinienkerne in einer kleinen Pfanne ohne Fett anrösten, aber nicht bräunen. Aus der Pfanne nehmen und abkühlen lassen.

2. Den Knoblauch schälen, längs halbieren und gegebenenfalls den grünen Keim entfernen. Knoblauchhälften hacken. Die Pinienkerne hacken. Das Basilikum möglichst nicht waschen, die Blätter von den Stielen zupfen, einige Blätter zum Garnieren beiseitelegen, den Rest grob zerzupfen.

3. Knoblauch, Pinienkerne, zerzupftes Basilikum und 1 gute Prise Meersalz im Mörser [→a] zu einer dicken Paste zerreiben. Oder mit einem Pürierstab fein zerkleinern. In eine Schüssel füllen.

4. Den Käse fein reiben. Abwechselnd mit dem Öl unter die Basilikummischung rühren, sodass eine sämige Paste entsteht [→b]. Mit Meersalz und Pfeffer abschmecken.

5. Die Bohnen waschen, die Spitzen abschneiden. Bohnen in Stücke brechen oder schneiden und in Salzwasser im offenen Topf in 10–15 Minuten knackig garen [→c]. Bohnen abgießen, kalt abschrecken und abtropfen lassen.

6. Inzwischen die Kartoffeln schälen und klein würfeln. In einem großen Topf Salzwasser aufkochen, Nudeln und Kartoffeln darin etwa 10 Minuten garen, bis die Nudeln bissfest sind. Etwa eine ½ Tasse Kochwasser abnehmen, beiseitestellen. Nudeln samt Kartoffeln abgießen, kurz abtropfen lassen.

7. In einer großen vorgewärmten Servierschüssel die Nudel-Kartoffel-Mischung mit Bohnen, Butter, Basilikum-Pesto und etwa ½ Tasse Kochwasser vermischen [→d]. Die Pasta in tiefen vorgewärmten Tellern anrichten. Mit Basilikum garniert servieren.

VOM BASILIKUM-PESTO gleich eine größere Menge zubereiten – für den Vorrat. In Schraubgläser füllen, mit Öl bedecken, gut verschließen und im Kühlschrank aufbewahren. Länger hält sich Pesto, wenn man es in kleinen Portionen einfriert. Außer zu Pasta schmeckt Pesto in der Minestrone, zu Gnocchi, auf Crostini sowie als Würze für Fisch und Fleisch.

DAS IST
wirklich WICHTIG

[a] IM MÖRSER zubereitet, wird Basilikum-Pesto hocharomatisch. Zunächst Pinienkerne, Knoblauch, Basilikum und Salz im Mörser mit dem Stößel erst grob zerkleinern, dann in kreisenden Bewegungen zu einer dicken Paste zerreiben.

[b] BEIM PESTO kommt es auf die richtige Konsistenz an. Deshalb den frisch geriebenen Käse und das Öl abwechselnd und in kleinen Portionen unter die Paste rühren. Sie soll sämig sein. Zu viel Öl macht sie flüssig, zu viel Käse bröckelig.

[c] BOHNEN GAREN Damit sie ihre schöne grüne Farbe behalten, die Bohnen in sprudelnd kochendem Salzwasser offen, also ohne Deckel kochen. Danach abgießen, sofort eiskalt abschrecken und in einem Sieb abtropfen lassen.

[d] DIE PASTA MISCHEN, dafür zuerst die Nudel-Kartoffel-Mischung mit den Bohnen und der Butter vermengen. Dann das Basilikum-Pesto unterrühren. Zum Schluss esslöffelweise so viel von dem Kochwasser zufügen, dass die Pasta leicht feucht ist. Es können einige wenige Esslöffel Wasser genügen oder auch die halbe Tasse nötig sein.

[a]

[b]

[Frittata di maccheroni]

MAKKARONI-OMELETT
mit Zucchini

ES BRAUCHT NICHT VIEL, UM FAMILIE UND FREUNDE ZU VERWÖHNEN. WENN MAKKARONI ÜBERRASCHENDERWEISE ALS OMELETT AUF DEN TISCH KOMMEN, LANGEN ALLE ZU.

DAS IST *wirklich* WICHTIG

[a] OMELETT WENDEN Mit einer Palette zwischen Omelett und Pfannenrand fahren, um das Omelett zu lösen. Einen großen flachen Teller an den Pfannenrad halten, das Omelett darauf rutschen lassen. Mit einem zweiten Teller abdecken und alles zusammen umdrehen. Omelett mit der hellen Seite nach unten zurück in die Pfanne gleiten lassen.

Zutaten für 4 Portionen

400 g Makkaroni	
Salz	
1 Zwiebel	
1 Knoblauchzehe	
400 g kleine feste Zucchini	
150 g Möhren	
6 EL Olivenöl	
½ Bund glatte Petersilie	
1 TL Thymianblättchen	
50 g geriebener Parmesan	
4 Eier	
150 ml Milch	
schwarzer Pfeffer aus der Mühle	

Zeitbedarf
- 45 Minuten

So geht's

1. Die Makkaroni in reichlich kochendem Salzwasser bissfest garen. Abgießen und in einem Sieb gut abtropfen lassen.

2. Zwiebel und Knoblauch schälen, klein würfeln. Die Zucchini waschen, putzen und in kleine Würfel schneiden. Möhren schälen und grob raspeln.

3. In einer Pfanne 2 EL Öl erhitzen. Zucchini, Möhren, Zwiebel und Knoblauch darin bei kleiner Hitze 6 Minuten dünsten. Petersilie waschen, trockenschütteln, grob hacken. Mit dem Thymian unter das Gemüse mischen. Etwas abkühlen lassen.

4. In einer Schüssel Makkaroni, Gemüse und Parmesan vermengen. Die Eier mit Milch verquirlen, unterheben. Die Omelettmasse mit Salz und Pfeffer kräftig würzen.

5. In zwei beschichteten Pfannen (26 cm Ø) je 2 EL Öl erhitzen. Die Omelettmasse darin verteilen, glatt streichen und zugedeckt bei kleiner Hitze 5–7 Min. stocken lassen, bis die Unterseiten goldgelb sind. Omeletts mithilfe von zwei Tellern wenden [→a]. Die hellen Seiten ebenfalls goldgelb braten. Zum Servieren die Omeletts wie eine Torte in Stücke schneiden.

Dazu passt ein großer gemischter Salat.

[Spaghetti con sugo di seppie e piselli]

SPAGHETTI
mit Tintenfisch & Erbsen

ERBSEN ZU PALEN IST DER INBEGRIFF VON SOMMER. NEHMEN SIE SICH ZEIT DAFÜR UND FREUEN SIE SICH BEREITS BEIM ENTSCHOTEN AUF DIESES SCHMACKHAFTE PASTAGERICHT.

Zutaten für 4 Portionen

350 g frische grüne Erbsen in den Schoten

500 g küchenfertige Tintenfische [→a]

4 reife Tomaten

1 kleine Zwiebel

2 kleine frische Peperoncini

5 EL Olivenöl extra vergine

1 Dutzend frische Basilikumblätter

Salz, schwarzer Pfeffer aus der Mühle

300 ml trockener Weißwein

400 g Spaghetti

Zeitbedarf
▪ 35 Minuten

So geht's

1. Die Erbsen palen und verlesen. Körper und Fangarme der Tintenfische in Ringe bzw. Stücke schneiden. Tomaten häuten [→b]. Zwiebel schälen und fein würfeln. Peperoncini abbrausen und trockentupfen, ganz lassen.

2. In einer Pfanne die Zwiebel im heißen Öl andünsten. Peperoncini dazugeben, salzen und pfeffern. Einige Minuten dünsten, dann die Tintenfische zufügen und 5 Minuten unter ständigem Wenden anbraten. Mit dem Wein ablöschen, den Wein einkochen lassen.

3. Inzwischen die gehäuteten Tomaten würfeln und zu den Tintenfischen in die Pfanne geben. 10 Minuten köcheln lassen. Die Erbsen zufügen und etwa 5–7 Minuten mitköcheln, bis sie gar sind.

4. In der Zwischenzeit die Spaghetti in reichlich Salzwasser al dente kochen. Basilikumblätter waschen, trocknen und klein zupfen.

5. Peperoncini aus der Sauce entfernen. Die Sauce abschmecken und die Basilikumblätter untermischen.

6. Die Spaghetti abgießen, kurz abtropfen lassen und mit der Sauce vermischen. Auf vorgewärmten Tellern anrichten und servieren.

Dazu passt Rucolasalat (Rezept Seite 17) und knuspriges Weißbrot.

DAS IST *wirklich* WICHTIG

[a] BITTEN SIE IHREN FISCHHÄNDLER, die Tintenfische zu säubern und küchenfertig vorzubereiten. Das spart viel Zeit.

[b] TOMATEN HÄUTEN Dafür die Tomaten in kochendem Wasser kurz blanchieren, herausheben, kalt abschrecken. Den Stielansatz herausschneiden und mit einem kleinen Messer die Haut der Tomaten abziehen.

[Pasta al salmone]

PASTA
mit Lachs & Gemüse

NUDELN UND LACHS – SO WIE HIER VEREINT, SIND SIE WIE FÜREINANDER GESCHAFFEN. ZITRONIG FRISCH, DAZU KNACKIGES GEMÜSE, UND FERTIG IST DAS GUTE-LAUNE-ESSEN.

DAS IST *wirklich* WICHTIG

[a] DIE LACHSWÜRFEL in der Zitronensauce je nach Größe in 4–6 Minuten gar ziehen lassen. Die Sauce sollte dabei eine Temperatur um den Siedepunkt haben, auf keinen Fall stark kochen. Auf diese Weise sanft gegart, wird der Lachs wunderbar saftig.

Zutaten für 4 Portionen

300 g Kohlrabi oder Fenchelknolle

Salz

400 g Bio-Lachsfilet

schwarzer Pfeffer aus der Mühle

1 Bio-Zitrone

1 Schalotte

4 Stängel glatte Petersilie

400 g Rigatoni oder Penne

je 1 EL Olivenöl und Butter

200 ml Fischfond (Glas)

200 g Sahne

besonderes Werkzeug
▪ 1 Zitronenschalenreibe

Zeitbedarf
▪ 40 Minuten

So geht's

1. Kohlrabi schälen oder den Fenchel putzen. Kohlrabiblättchen oder zartes Fenchelgrün beiseitelegen. Gemüse in mundgerechte Stücke schneiden, in kochendem Salzwasser 3 Minuten blanchieren. Kalt abschrecken und abtropfen lassen.

2. Das Lachsfilet kurz abbrausen, würfeln, salzen und pfeffern. Die Zitrone heiß waschen, trockenreiben und 1 TL Schale fein abreiben. Zitrone halbieren, 1 Hälfte auspressen. Schalotte schälen, sehr fein würfeln. Petersilie waschen, trockenschütteln und fein hacken.

3. Die Nudeln in Salzwasser nach Packungsangabe bissfest kochen. Inzwischen Öl mit Butter erhitzen, die Schalotte darin andünsten. Petersilie und Zitronenschale untermischen, kurz mitgaren. Mit dem Fischfond und der Sahne aufgießen, aufkochen und bei starker Hitze in etwa 10 Minuten sämig einkochen lassen.

4. Lachswürfel und Gemüsestücke in die Sauce legen, ca. 5 Minuten darin ziehen lassen [→a]. Mit Salz, Pfeffer und etwas Zitronensaft abschmecken. Nudeln abgießen, abtropfen lassen und mit der Lachssauce mischen. Mit zerzupften Kohlrabiblättchen oder Fenchelgrün garnieren.

[Orechiette con cime di rapa]

ORECCHIETTE
mit Stängelkohl

DIE GEMÜSESPEZIALITÄT AUS SÜDITALIEN IST MIT UNSEREM STÄNGEL-
KOHL ENG VERWANDT. ER SCHMECKT ETWAS INTENSIVER ALS BROKKOLI.

Zutaten für 4 Portionen

800 g Cime di rapa (Stängelkohl; ersatzweise 500 g Brokkoli)

Salz

300 g Orecchiette (Öhrchennudeln)

2 Knoblauchzehen

1–2 getrocknete Peperoncini

4 EL Olivenöl

4 EL trockener Weißwein

6 EL Gemüsebrühe (Rezept-Variante S. 141)

besonderes Werkzeug
▪ 1 Mörser

Zeitbedarf
▪ 30 Minuten

So geht's

1. Cime di rapa waschen und abtropfen lassen. Zarte Blätter abzupfen und ganz lassen. Geschlossene Blüten abschneiden, in Röschen zerteilen. Dünne feste Stiele in mundgerechte Stücke schneiden [→a]. (Den Brokkoli in Röschen teilen, die Stiele schälen und klein würfeln.)

2. In einem Topf Salzwasser aufkochen. Die Stiele des Stängelkohls darin 3–4 Minuten blanchieren, Blütenknospen und Blätter zugeben, noch 2–3 Minuten mitgaren. (Brokkolistiele etwa 4 Minuten, die Röschen etwa 3 Minuten blanchieren.) Gemüse abgießen, kalt abschrecken und abtropfen lassen.

3. Die Nudeln in reichlich kochendem Salzwasser nach Packungsangabe bissfest kochen. Inzwischen die Knoblauchzehen schälen, klein würfeln. Peperocini im Mörser zerkleinern.

4. Das Öl in einer großen tiefen Pfanne erhitzen. Den Knoblauch darin langsam glasig dünsten. Gemüse und Peperoncini zufügen. Mit Wein und Brühe ablöschen, noch 3–4 Minuten köcheln lassen, bis das Gemüse gerade gar ist.

5. Die Orecchiette abgießen, kurz abtropfen lassen und gründlich unter das Gemüse mischen. Mit Salz abschmecken und sofort servieren.

DAS IST *wirklich* WICHTIG

[a] VOM CIME DI RAPA die sattgrünen zarten Blätter, die dünnen festen Stiele und die noch geschlossenen Blütenknospen verwenden. Welke und zähe Blätter, hohle oder gar holzige Stiele sowie bereits geöffnete Blüten aussortieren und wegwerfen.

GEMÜSE
& Hülsenfrüchte

Kein anderes Lebensmittel ist so bunt, so formenreich und lässt sich so vielfältig zubereiten wie frisches Gemüse. Vor allem die mediterranen Gemüsearten sorgen für kulinarische Begeisterung. Das gilt auch für Hülsenfrüchte wie Bohnen, Linsen und Kichererbsen, die in der italienischen Küche mit viel Fantasie verwendet werden.

GEMÜSE VON A–Z

ARTISCHOCKEN

Die unreifen Blüten einer Distelpflanze werden in Italien meist als junge zarte Exemplare gegessen. Die kleinen spitz geformten Sorten, oft mit violetter Färbung wie die *cimaroli*, können nach gründlichem Putzen mit Herz und Heu verzehrt werden. Ihr feines Aroma entwickelt sich besonders gut, wenn man sie in dünnen Scheiben brät.

AUBERGINEN

Früchte mit dunkelpurpurner Haut und klassischer Keulenform sind die gängigsten. Sie haben ein weißes Fruchtfleisch, dessen unverkennbares Aroma sich aber erst durch Garen, am besten durch Braten, Grillen oder Frittieren, erschließt. Auberginen nur reif und gegart essen. Unreif enthalten sie eine natürliche Substanz, die Darmprobleme verursachen kann. Das rohe watteartige Fruchtfleisch schmeckt nach nichts und fühlt sich im Mund unangenehm an.

BROKKOLI & ROMANESCO

Beide zählen zu den edelsten aller Kohlsorten. Brokkoli mit seiner sattgrünen Farbe wie auch der gelbgrüne Romanesco sind zwar mit dem Blumenkohl verwandt, schmecken aber nur dezent nach Kohl. Der Romanesco besticht außerdem durch seine bizarre Form. Beide Gemüsespezialitäten sind vielseitig in der Verwendung, vor allem fein in Salaten und als Beilage.

FENCHEL

Die knackige Knolle mit ihrem leichten Anisaroma ist in Italiens Küche schon lange zu Hause. Je nach Sorte ist Fenchel rundlich in der Form oder lang gestreckt. Man genießt das rohe Knollengemüse gerne im Salat, beliebter sind aber die Gerichte, für die der Fenchel gedünstet oder gebacken wird.

KNOBLAUCH

Obwohl in der italienischen Küche in unzähligen Rezepten und dort reichlich verwendet, wird Knoblauch im eigenen Land nur zwischen August und Februar in größeren Mengen geerntet. Junge, frische Knollen erkennt man an ihrer weißen, manchmal violett überhauchten Außenhaut. Und an ihren prallen saftigen Zehen, die jung deutlich milder schmecken als ausgereift.

PAPRIKASCHOTEN

Die Schoten sind am Anfang alle grün. Erst wenn sie reifen, werden sie gelb, orange oder rot. Grüne Paprikaschoten sind also noch nicht ganz reif, deshalb auch weniger süß im Geschmack. Es gibt rundlich-dicke Sorten, ebenso länglich-spitze. Fein zum Dünsten, Braten, Füllen und Grillen. Neben dem milden Gemüsepaprika *peperoni* gibt es noch die kleinen, aber extra-scharfen Gewürzpaprika *peperoncini*.

TOMATEN

Ohne sie wäre die italienische Küche schlichtweg aufgeschmissen, denn sie sind, weil so wunderbar wandlungsfähig, echte Allround-Talente. Es gibt unzählige Tomatensorten, und je näher der Sommer rückt, umso süßer und saftiger sind sie. Mehr über die beliebten *pomodori* auf den Seiten 76/77.

ZUCCHINI

Sie zählen zu den Stars unter den Sommergemüsen; es gibt sie in vielen Formen und Farben und in ebenso unzähligen Zubereitungen. Am weitesten verbreitet sind die länglichen dunkelgrünen Früchte, man findet aber auch cremig-weiße, hellgrüne und gelbe Exemplare. Beliebt sind auch die kugeligen Formen. Farben und Formen haben allerdings keinen Einfluss auf den Geschmack. Roh gegessen, haben junge kleine Zucchini ein leicht nussiges Aroma, ansonsten schmecken sie recht mild. Eine besondere sommerliche Spezialität sind Zucchiniblüten, die gefüllt (Rezept Seite 85) oder frittiert (Rezept Seite 111) auf den Tisch kommen.

HÜLSENFRÜCHTE

Die Italiener sind berühmt für ihren fantasievollen Umgang mit getrockneten Bohnenkernen, Linsen und Kichererbsen. Getrocknete grüne Erbsen dagegen werden allerdings so gut wie gar nicht verwendet. Hülsenfrüchte haben in der italienischen Küche ihren festen Platz: in Salaten, in Suppen, in der Pasta, in Schmorgerichten und in vielen anderen Zubereitungen.

BOHNEN

Sie sind wohl die Lieblinge unter den Hülsenfrüchten, denn sie werden recht häufig zubereitet. Am bekanntesten sind die gesprenkelten Borlotti, eine typisch italienische, nierenförmige Sorte, sowie die kleinen weißen Cannellini.

LINSEN

Nicht nur am Silvesterabend stehen Linsen als Glücksbringer auf dem Tisch, grüne wie braune Sorten sind auch eine häufige Zutat für – nicht nur – rustikale Gerichte. Gerne verwendet wird die Linsensorte *castellucio*.

KICHERERBSEN

Die *ceci* haben vor allem in den südlicheren Regionen Italiens ihre kulinarische Anhängerschaft. Sie sind dort außerordentlich beliebt und werden abwechslungsreich zubereitet.

[Risotto ai frutti di mare]

RISOTTO
mit Meeresfrüchten

WENN SIE NACH IHREN SOMMERFERIEN SEHNSUCHT NACH DEM MEER HABEN,
SO BEREITEN SIE FÜR SICH UND IHRE LIEBSTEN DIESEN RISOTTO ZU.

DAS IST *wirklich* WICHTIG

[a] LASSEN SIE SICH BERATEN Der Fischhändler Ihres Vertrauens weiß am besten, welche Meeresfrüchte er frisch vorrätig hat, und wird Ihnen eine geeignete Mischung für dieses Rezept gerne zusammenstellen. Oktopus, Sepia und Kalmar sollten Sie von ihm säubern und küchenfertig vorbereiten lassen.

Zutaten für 4 Portionen

600 g küchenfertige gemischte Meeresfrüchte (z. B. kleiner Oktopus, Kalmar, Sepia) **[→a]**

4 EL Olivenöl

200 ml trockener Weißwein

Salz, schwarzer Pfeffer aus der Mühle

1 ¼ l Fischfond (Glas)

1 Zwiebel

1 Knoblauchzehe

320 g Risotto-Reis

1 EL frisch gehackte glatte Petersilie

Zeitbedarf
▪ 35 Minuten

So geht's

1. Die Meeresfrüchte in einem Topf in wenig Olivenöl einige Minuten andünsten. Mit 100 ml Weißwein ablöschen, den Wein verdampfen lassen. Mit Salz und Pfeffer abschmecken und warm stellen.

2. Inzwischen den Fischfond in einem zweiten Topf zum Kochen bringen.

3. Zwiebel und Knoblauch schälen, fein würfeln und in einem dritten Topf im restlichen Olivenöl andünsten. Den Reis einstreuen und unter ständigem Rühren glasig werden lassen. Mit dem restlichen Weißwein ablöschen, den Wein verdampfen lassen.

4. Die heiße Brühe nach und nach hinzufügen, sodass der Reis immer gut bedeckt ist. Häufig rühren und den Reis auf diese Weise knapp 18–20 Minuten köcheln lassen.

5. Kurz bevor der Reis gar ist, die Meeresfrüchte unterheben. Risotto mit Petersilie bestreuen und sofort servieren.

[*Risotto ai carciofi*]

RISOTTO
mit Artischocken

DIESER RISOTTO IST IN DER ZUBEREITUNG ZWAR ETWAS AUFWENDIG, DOCH SEIN FEINER GESCHMACK MACHT ALLE MÜHE WETT.

Zutaten für 4 Portionen

6 kleine Artischocken

1 halbierte Zitrone

Salz

1 TL gekörnte Gemüsebrühe

2 Schalotten

80 g Butter

350 g Risotto-Reis (Arborio, Carnaroli oder Vialone)

175 ml Weißwein

schwarzer Pfeffer aus der Mühle

gehackte Petersilie zum Bestreuen

nach Belieben frisch geriebener Parmesan zum Servieren

Zeitbedarf
▪ 40 Minuten + 15 Minuten Garen

So geht's

1. Artischocken waschen. Den Stiel jeweils kurz hinter dem Blütenansatz abtrennen und den Boden sofort mit Zitronensaft einreiben, damit er sich nicht braun verfärbt. Die äußeren Hüllblätter entfernen. Die Artischocken knapp oberhalb ihres größten Durchmessers durchschneiden und das Heu der Artischockenböden mit einem Teelöffel herausschaben [→a]. Die Artischockenböden in reichlich Salzwasser, dem Sie etwas Zitronensaft zufügen, zugedeckt in etwa 12–15 Minuten weich garen. Artischocken herausheben. 1 ½ Liter des Artischocken-Kochwassers mit der gekörnten Gemüsebrühe aufkochen.

2. Schalotten schälen, fein würfeln und in einem zweiten Topf in der Hälfte der Butter glasig dünsten. Den Reis einstreuen und unter ständigem Rühren glasig werden lassen. Mit dem Weißwein ablöschen, den Wein verdampfen lassen.

3. Nach und nach so viel Artischockenbrühe hinzufügen, dass der Reis immer gut davon bedeckt ist. Häufig rühren und den Reis so 18–20 Minuten köcheln lassen.

4. Die Artischockenböden in Stücke schneiden. Kurz im Rest der Butter andünsten, dann vorsichtig unter den fertigen Risotto heben. Mit Salz und Pfeffer abschmecken, mit Petersilie bestreuen und sofort servieren. Nach Belieben Parmesan dazu reichen.

DAS IST *wirklich* WICHTIG

[a] ACHTEN SIE DARAUF, das Heu der Artischocken sorgfältig zu entfernen. Dabei aber behutsam vorgehen, damit die Artischockenböden nicht verletzt werden. Sie können bei Bedarf auch ein kleines Messer zu Hilfe nehmen.

DAS IST
wirklich
WICHTIG

[a] **SANFT GRILLEN** Zarter Fisch gart ziemlich rasch. Damit er nicht verbrennt, sollten Sie ihn grundsätzlich bei geringer Hitze grillen und mit größerem Abstand zur Glut als beispielsweise Fleisch. Die ganzen Fische vor dem Grillen mit Öl einpinseln, damit sie nicht an den Fischkörben, Grillschalen oder am Rost kleben bleiben.

[a]

[Triglia alla griglia con burro aromatizzato]

GEGRILLTE ROTBARBEN
mit Rucola-Butter

INNEN HERRLICH WÜRZIG UND AUSSEN SCHÖN KROSS, DAZU
WUNDERBAR LEICHT. FISCH IST DIE KULINARISCHE ENTDECKUNG
FÜR GOURMETGRILLER – WIE DIESE ROTBARBEN.

Zutaten für 4 Portionen

Für die Rucola-Butter

1 Bund Rucola

1 Bio-Zitrone

250 g weiche Butter

1 Prise Zucker

Salz, schwarzer Pfeffer aus
der Mühle

Für den Fisch

8 küchenfertige Rotbarben
(je 300 g; vom Fischhändler
vorbereiten lassen)

Salz, schwarzer Pfeffer aus
der Mühle

Olivenöl zum Einpinseln

2 Bio-Zitronen

besonderes Werkzeug
- 1 Zitronenschalenreibe
- 2 Alu-Grillschalen oder
  8 Fischkörbe
- Grill oder Grillpfanne

Zeitbedarf
- 30 Minuten + mind. 2 Stunden
  Kühlen + 10 Minuten Grillen

So geht's

1. Für die Butter den Rucola waschen, trockenschütteln und grobe Stiele entfernen. Einige Blätter in Frischhaltefolie wickeln, ins Gemüsefach des Kühlschranks legen. Restlichen Rucola fein hacken.

2. Die Zitrone heiß waschen, trockenreiben und die Schale fein abreiben. Zitrone halbieren und den Saft auspressen. Die weiche Butter mit gehacktem Rucola, der Zitronenschale, dem Zitronensaft und der Prise Zucker gründlich vermischen. Mit Salz und Pfeffer abschmecken. Butter zugedeckt für mindestens 2 Stunden (oder über Nacht) kalt stellen.

3. Die Rotbarben außen und innen waschen und trockentupfen. Innen leicht salzen und pfeffern. Jeweils 1 TL Rucola-Butter in jeden Fisch streichen. Bis zum Grillen zugedeckt kalt stellen.

4. Die Rotbarben außen mit etwas Öl einpinseln. Entweder in gut eingeölte Alu-Grillschalen oder in Fischkörbe legen. Mit etwas Abstand zur Glut auf jeder Seite 4–5 Minuten grillen [→a]. Alternativ können Sie die Rotbarben auch unter dem vorgeheizten Backofengrill oder in einer Grillpfanne auf dem Herd garen.

5. Zitronen heiß waschen, trockenreiben, in Spalten schneiden. 2–3 Minuten auf den Grillrost oder in die Grillpfanne legen.

6. Die gegrillten Rotbarben mit der restlichen Rucola-Butter, den beiseitegelegten Rucolablättern und den Zitronenspalten anrichten.

Dazu passt frisches knuspriges Weißbrot.

ROTBARBEN oder Rote Meerbarben kommen im gesamten Mittelmeer vor. Ihr Fleisch schmeckt delikat-aromatisch. Rotbarben werden frisch oder tiefgekühlt als ganze Fische angeboten. Frische Fische sollten eine feste Haut, klare Augen und feuchte Kiemen haben. Tiefgekühlte Rotbarben vor der Zubereitung langsam im Kühlschrank auftauen lassen.

[Conchiglie di San Giacomo alla griglia]

JAKOBSMUSCHELN
auf Spinatsalat

DIE GRÖSSTE UNTER DEN MUSCHELARTEN SCHMECKT GEGRILLT VORZÜGLICH. AUF SPINAT-SALAT SERVIERT, ERGIBT DAS EIN LEICHTES SOMMERLICHES ABENDESSEN.

DAS IST *wirklich* WICHTIG

[a] JAKOBSMUSCHELN sind lebend in den Schalen oder als bereits ausgelöstes Muschelfleisch erhältlich. Wenn Sie Jakobsmuscheln in den Schalen verwenden, rechnen Sie zum Auslösen etwas Zeit ein. Sollten Sie es eilig haben, fragen Sie Ihren Fischhändler nach dem fertig vorbereiteten Muschelfleisch.

[b] STATT AUF DEM GRILL, können Sie die Jakobsmuscheln auch in einer Grillpfanne garen. Das ist weniger zeitaufwendig, verleiht dem Muschelfleisch aber nicht das typische Grillaroma.

Zutaten für 4 Portionen

8 Jakobsmuscheln [→a]

3 EL abgekühlte zerlassene Butter

5 EL Olivenöl, Saft von 1 Zitrone

Salz, schwarzer Pfeffer aus der Mühle

1 EL Sesamsamen

300 g zarte junge Spinatblätter

8 Kirschtomaten

2 EL gehackte glatte Petersilie

2 EL Rotweinessig

besonderes Werkzeug
- Grill oder Grillpfanne

Zeitbedarf
- 15 Minuten + 5 Minuten Grillen

So geht's

1. Nicht ausgelöste Jakobsmuscheln jeweils mit der flachen Seite nach oben in die Hand nehmen. Ein stabiles Messer zwischen die Schalen schieben und den Schließmuskel durchschneiden. Die Schalen aufklappen, mit dem Messer unter das Muschelfleisch fahren, um den unteren Muskel zu durchtrennen. Das weiße Muskelfleisch aus der Schale heben, den Rest wegwerfen.

2. Das Muschelfleisch in eine große Schüssel geben und die abgekühlte zerlassene Butter, 2 EL Olivenöl und den Zitronensaft darübergeben. Mit Salz und Pfeffer würzen und alles sorgfältig vermengen. Kurz beiseitestellen.

3. Sesamsamen in einer Pfanne ohne Fett leicht rösten und abkühlen lassen. Den Spinat waschen, trocknen und verlesen. Harte Stiele entfernen. Kirschtomaten waschen, trockentupfen und halbieren. Muschelfleisch aus der Marinade nehmen und behutsam auf dem Grillrost platzieren [→b]. Bei starker Hitze 4–5 Minuten grillen, dabei einmal wenden.

4. Die rohen Spinatblätter auf Tellern anrichten und die Kirschtomaten darübergeben. Mit dem Sesam bestreuen. Petersilie, Essig und das restliche Öl in einer Schüssel verrühren und mit Salz und Pfeffer würzen. Den Salat mit dem Dressing beträufeln und mischen. Die Muscheln darauf anrichten und sofort servieren.

[Sarago al forno su caponata]

BRASSE AUS DEM OFEN
auf Auberginengemüse

DIE WÜRZIGE GEMÜSEMISCHUNG, DIE CAPONATA, KOMMT AUS SIZILIEN. DER FISCH OBEN-
AUF WIRD SO SAFTIG, WEIL ER IN DER GLEICHMÄSSIGEN OFENHITZE SANFT GART.

Zutaten für 4 Portionen

600 g kleine Auberginen, Salz

3 Stangen Sellerie

1 Zwiebel, 1 Knoblauchzehe

500 g Tomaten

1 EL Pinienkerne, 1 EL Rosinen

50 g entsteinte grüne Oliven

6 EL Olivenöl

1–2 EL kleine Kapern

2 TL Zucker, 6 EL Weinessig

schwarzer Pfeffer aus der Mühle

1 küchenfertige Brasse
(ca. 1,2 kg) [→a]

1 Bund Basilikum

Zeitbedarf
▪ 1 Stunde + 30 Minuten Garen

So geht's

1. Auberginen waschen, putzen und klein würfeln. In einer Schüssel mit 1–2 TL Salz vermengen, 30 Minuten ziehen lassen [→b].

2. Inzwischen Sellerie waschen, putzen und klein würfeln. Zwiebel und Knoblauch schälen, Zwiebel vierteln, quer in Streifen schneiden. Knoblauch fein würfeln. Tomaten häuten und klein würfeln.

3. Pinienkerne in einer Pfanne ohne Fett goldbraun rösten. Rosinen in warmem Wasser einweichen. Die Oliven vierteln.

4. Abgespülte Auberginen in einem breiten Schmortopf in etwa 3 EL heißem Öl in 5 Minuten rundum goldgelb braten. Herausheben und beiseitestellen. Sellerie, Zwiebel und Knoblauch im Topf in 2 EL Öl andünsten. Tomaten untermischen, kurz mitgaren.

5. Rosinen abtropfen lassen. Rosinen, Pinienkerne, Kapern und Auberginen in den Topf geben. Mit Zucker, 4 EL Essig, Salz und Pfeffer würzen. Gemüse in eine große ofenfeste Form füllen.

6. Den Backofen auf 200 °C vorheizen. Die Brasse rundum mit dem restlichen Öl einpinseln, salzen, pfeffern und mit 3–4 Basilikumstängeln füllen. Auf das Gemüse legen. Im Ofen auf der zweiten Schiene von unten 25–30 Minuten garen. Den fertigen Fisch zerlegen. Restliche Basilikumblättchen abzupfen, unter das Gemüse mischen. Salzen, pfeffern und mit übrigem Essig abschmecken.

DAS IST *wirklich* WICHTIG

[a] FÜR DIESES REZEPT eignet sich eine Gold- oder Zahnbrasse, die Sie beim Fischhändler vorbestellen sollten. Den küchenfertigen Fisch vor der Zubereitung waschen und trockentupfen.

[b] FETTARM BRATEN Auberginenwürfel mit Salz bestreuen und etwa 30 Minuten ziehen lassen. Danach kurz unter Wasser abspülen, mit Küchenpapier trockentupfen und behutsam ausdrücken. So wird den Auberginen Wasser entzogen. Jetzt werden sie beim Braten rasch braun und saugen nicht so viel Fett auf.

[a]

[b]

DAS IST *wirklich* WICHTIG

[a] STAUDENSELLERIE PUTZEN Die einzelnen Stangen voneinander lösen. Äußere dunkelgrüne und eventuell harte Stangen aussortieren. Von den inneren hellgrünen Stangen jeweils Blatt- und Wurzelende abschneiden. Zartes Selleriegrün beiseitelegen. Das gelbe „Herz" der Staude längs vierteln und im Ganzen verwenden.

[b] TINTENFISCHE BRATEN Öl in einer großen Pfanne sehr heiß werden lassen. Die vorbereiteten und trockengetupften Tintenfische darin unter gelegentlichem Rühren 3–4 Minuten braten, bis sie rundum leicht braun sind. Anschließend würzen.

[Calamaretti in padella]

TINTENFISCHE
aus der Pfanne

GROSSER ERFOLG MIT KLEINEN „FISCHEN". JE KLEINER DIE TINTEN-
FISCHE, DESTO ZARTER SIND SIE NÄMLICH. MIT GEMÜSE IN DER PFANNE
GEBRATEN, STEHEN SIE IM HANDUMDREHEN AUF DEM TISCH.

Zutaten für 4 Portionen

750 g küchenfertige kleine Tintenfische (z. B. Oktopus, Sepia oder Kalmar; frisch oder tiefgekühlt)

1 Zwiebel

1 Knoblauchzehe

1 kleine Stange Sellerie mit Grün (etwa 600 g)

200 g Möhren

4 EL Olivenöl

1 TL Fenchelsamen

1 TL frische Oreganoblättchen

Salz, schwarzer Pfeffer aus der Mühle

100 ml Fischfond (ersatzweise Gemüsebrühe)

1–2 EL Zitronensaft

besonderes Werkzeug
▪ 1 große hohe Pfanne

Zeitbedarf
▪ 35 Minuten + ggf. Auftauen der Tintenfische

So geht's

1. Tiefgekühlte Tintenfische im Kühlschrank auftauen lassen. Frische oder aufgetaute Tintenfische abbrausen, trockentupfen und eventuell kleiner schneiden.

2. Zwiebel und Knoblauch schälen und fein würfeln. Sellerie waschen und putzen [→a]. Zartes Selleriegrün beiseitelegen, die Selleriestangen schräg in dünne Scheiben schneiden. Möhren schälen und putzen. Je nach Dicke längs halbieren und schräg in dünne Scheiben schneiden.

3. In der Pfanne 2 EL Öl erhitzen, die Tintenfische darin unter Rühren ca. 3 Minuten braten [→b]. Fenchelsamen und Oregano untermischen, salzen und pfeffern. Aus der Pfanne nehmen und beiseitestellen.

4. Restliches Öl in die Pfanne geben. Zwiebel und Knoblauch darin glasig dünsten. Den Sellerie und die Möhren hinzufügen und etwa 3 Minuten unter Rühren braten. Tintenfische und Fischfond unter das Gemüse mischen und alles zugedeckt in 3 Minuten fertig garen.

5. Tintenfische mit Salz, Pfeffer und Zitronensaft abschmecken. Das Selleriegrün zerzupfen und darüberstreuen. Heiß servieren.

SEHR KLEINE TINTENFISCHE gibt es unter den Namen Moscardini oder Calamaretti schon küchenfertig zu kaufen, frisch wie tiefgekühlt. Diese Mini-Meeresfrüchte haben eine Garzeit von nur 3-4 Minuten. Sie sind immer aromatisch und weich, nie zäh. In Kombination mit Olivenöl und Gemüse sind sie ein kulinarisches Highlight.

KÄSE
italienische Tradition in Perfektion

Pikant, wenn er Vorspeisen und Salate würzt. Herzhaft, wenn er Pasta und Risotto abrundet. Zum Dahinschmelzen, wenn er aus dem Ofen kommt. Und köstlich, wenn er Desserts verfeinert. Käse ist vielseitig.

Hier sind die wichtigsten italienischen Käsesorten, die auch in unseren Rezepten vorkommen: woher sie stammen, wie sie schmecken und wofür sie sich eignen.

FRISCHKÄSE

MOZZARELLA

Ein Käse, so italienisch wie der schiefe Turm von Pisa. Wird traditionell in der Region Kampanien aus Büffelmilch hergestellt und ist an der geschützten Ursprungsbezeichnung (italienisch DOP) erkennbar: *Mozzarella di Bufala Campana*. Er ist samtig-weich, hat eine porzellanweiße Farbe und ein einzigartiges fein-würziges Aroma. Wird in Salzlake verpackt und auch so angeboten. Unbedingt im Kühlschrank aufbewahren. Mozzarella aus Kuhmilch hat eine festere Konsistenz und ist eher geschmacksneutral. Beide Mozzarella-Sorten eignen sich als Zutat für Vorspeisen und Salate, zum Überbacken von Pizza und Gratins.

MASCARPONE

Er ist vor allem als wichtige Zutat des beliebten Desserts *tiramisù* berühmt geworden. Seinen Namen hat er wahrscheinlich von der aus seiner ursprünglichen Heimat, der Lombardei, stammenden Dialektbezeichnung für Quark erhalten: *mascherpa*. Er ist die cremigste aller italienischen Käsespezialitäten. Er wird aus der Sahne von Kuh- oder manchmal auch Büffelmilch hergestellt und in Kunststoffbechern oder Gläsern verpackt verkauft. Mascarpone unbedingt im Kühlschrank aufbewahren. Er ist unverzichtbar für Desserts und verfeinert Saucen, Pasta und Risotto.

RICOTTA

Ein Frischkäse aus Molke, in der Konsistenz cremig und leicht krümelig, im Geschmack mild. Ricotta schmilzt nicht. Er eignet sich bestens für Pastagerichte und Süßes. Ausführliche Informationen zum Ricotta finden Sie auf den Seiten 116/117.

WEICH- UND SCHNITTKÄSE

GORGONZOLA

Einer der berühmtesten Edelpilzkäse der Welt. Der norditalienische Kuhmilchkäse verdankt sein einzigartiges Aroma den Blauschimmeladern, die den Käselaib im Innern durchziehen. Gorgonzola gibt es traditionell in zwei Geschmacksvarianten: *dolce* (sahnig-mild) und *piccante* (pikant-kräftig). Schon pur eine Delikatesse, aber auch bestens geeignet zum Überbacken, für Saucen, Salate, Pasta und mehr. Gorgonzola ist nach der gleichnamigen Stadt in der Lombardei benannt.

FONTINA

Der herkunftsgeschützte Schnittkäse aus dem italienischen Aosta-Tal wird aus Kuh-Rohmilch hergestellt. Sein weiß- bis strohfarbener Laib hat kleine Löcher. Sein Geschmack: würzig mit gleichzeitig leicht süßlichem Aroma. Er ist hervorragend unter anderem zum Überbacken und für Pasta und Risotto geeignet, da er sehr gut schmilzt. Fontina ist darüber hinaus unverzichtbarer Bestandteil der italienischen *fonduta* (Käsesauce, auch Käsefondue).

PROVOLONE

Der ursprünglich aus Süditalien stammende Käse kommt rund, oval oder birnenförmig und in eine Kordel eingebunden auf den Markt. Frisch, gereift oder auch geräuchert ist sein Geschmack mild, pikant bis scharf-aromatisch. Provolone hat einen kompakten Teig mit nur wenigen Löchern. Reifer Käse sollte im Kühlschrank aufbewahrt werden. Geeignet zum Überbacken, zum Reiben und natürlich auch zum puren Genuss.

HARTKÄSE

PARMIGIANO-REGGIANO

Er ist der einzige italienische Hartkäse, der sich offiziell Parmesan nennen darf. Das würzige Original gehört neben Mozzarella zum beliebtesten Käse Italiens. Der Käse mit geschützter Ursprungsbezeichnung (italienisch DOP) wird nur aus Milch bestimmter Regionen zwischen den Städten Parma und Bologna und nach festgelegten Standards auf handwerkliche Weise erzeugt. Er reift zwischen 12 und 24 Monaten und darüber hinaus. Sein Geschmack: vollmundig, würzig, kräftig. Passt hervorragend pur zu Wein, zu Salat und Gemüse, in der Suppe, zu Pasta, Risotto und Polenta, ebenso zu Fleisch, Fisch und sogar zu frischem Obst.

GRANA PADANO

Der Hartkäse aus der fruchtbaren Po-Ebene mit geschützter Ursprungsbezeichnung (italienisch DOP) hat eine tausendjährige Geschichte. Er wird aus teilentrahmter Rohmilch nach speziellen Richtlinien hergestellt und reift in drei Stufen (9–16 Monate, über 16 Monate und über 20 Monate). Je nach Reifegrad hat er eine helle bis strohgelbe Farbe, eine feinkörnige Struktur und schmeckt von zart-aromatisch bis delikat-würzig. Passt hervorragend pur zu Wein, zu Salat und Gemüse, in der Suppe, zu Pasta, Risotto und Polenta, ebenso zu Fleisch, Fisch und frischem Obst.

PECORINO

Einer der ältesten Käse der Welt: Schafkäse aus Mittelitalien, Sizilien und Sardinien. Junger Pecorino mit 6 Monaten Reifezeit und mittelalter mit 8 Monaten Reifezeit lassen sich noch schneiden. Der Käse wird mit zunehmender Reife und kräftigerem Geschmack als Hart- und Reibekäse verwendet. Gut in Suppen und Saucen, zu Pasta, Risotto und vielem mehr.

[Costolette di agnello alla lavanda]

LAMMKOTELETTS
mit Lavendel

IDEAL ZUM GRILLEN: ZARTE LAMMKOTELETTS HABEN IN EINER MARINADE AUS KRÄUTERN, LAVENDELBLÜTEN, HONIG UND ÖL VIEL AROMA AUFGENOMMEN.

Zutaten für 4 Portionen

Für die Marinade

6 Zweige frischer Lavendel mit Blüten

4 Zweige frischer Oregano

2 EL rosa Pfefferbeeren

1–2 Knoblauchzehen

100 ml Olivenöl

2 EL Zitronensaft

2 EL flüssiger aromatischer Honig (z. B. Lavendel- oder Thymianhonig)

Außerdem

8–12 Lammkoteletts

Salz

nach Belieben Lavendelblüten zum Garnieren

Zeitbedarf

▪ 30 Minuten + 5 Stunden Marinieren

So geht's

1. Für die Marinade Lavendel und Oregano behutsam waschen und trockenschütteln. Lavendelblüten und Lavendelblätter abzupfen. Oreganoblättchen abstreifen. Die Pfefferbeeren zerdrücken. Knoblauch samt Schale mit der Breitseite eines Messers zerquetschen.

2. Die vorbereiteten Zutaten in einer flachen Schale mit Olivenöl, Zitronensaft und Honig gründlich vermischen.

3. Die Lammkoteletts mit einem feuchten Tuch abreiben, um eventuell vorhandene Knochensplitter zu entfernen. Koteletts in der Marinade mehrmals wenden. Dann in der Marinade zugedeckt mindestens 5 Stunden im Kühlschrank marinieren, dabei öfter wenden.

4. Outdoor-Grill, Backofengrill oder eine Grillpfanne anheizen. Die Lammkoteletts aus der Marinade nehmen, kurz abtropfen lassen und von jeder Seite etwa 4 Minuten garen. Erst danach salzen und heiß, nach Belieben mit Lavendelblüten garniert, servieren.

Dazu frisches Weißbrot und einen Salat servieren.

[Costolette alle acciughe]

KALBSKOTELETTS
mit Sardellen-Sauce

EIN SCHÖNES SAFTIGES KOTELETT IST ETWAS WUNDERBARES UND NICHT GANZ SO SCHNELL GEGESSEN WIE EIN SCHNITZEL. DER GENUSS HÄLT ETWAS LÄNGER AN.

Zutaten für 4 Portionen

1 Knoblauchzehe

2 in Öl eingelegte Sardellenfilets

25 g Butter

2 EL gehackte glatte Petersilie

3 EL Pflanzenöl

4 Kalbskoteletts (aus dem Rücken)

Mehl zum Wenden

Salz, schwarzer Pfeffer aus der Mühle

Zeitbedarf

▪ 25 Minuten

So geht's

1. Knoblauch schälen und grob würfeln. Sardellenfilets hacken. In einem kleinen Topf bei mittlerer Hitze den Knoblauch in der Butter anschwitzen. Auf sehr niedrige Hitze herunterschalten, die gehackten Sardellen hinzufügen und unter ständigem Rühren mit einem Holzlöffel garen. Die Sardellen dabei mit dem Löffel zerdrücken, bis sie die Konsistenz einer Paste annehmen. Petersilie unterrühren und den Topf von der Kochstelle nehmen.

2. Öl bei mittlerer Temperatur in einer Pfanne erhitzen. Die Koteletts in Mehl wenden, überschüssiges Mehl abschütteln, und in das heiße Öl legen. Auf kleinste Hitze herunterschalten und die Koteletts etwa 20 Minuten braten, dabei zwei- bis dreimal wenden, damit sie gleichmäßig garen. Die Koteletts sind gar, wenn das Fleisch rosa ist. Aus der Pfanne nehmen und auf einem Teller mit Salz und Pfeffer würzen.

3. Auf mittlere Hitze hochschalten, 2–3 EL Wasser in die Pfanne gießen und den Bratensatz loskochen. Die Koteletts zurück in die Pfanne legen und sofort mit der Sardellen-Sauce übergießen. Die Koteletts ein- bis zweimal wenden, zusammen mit der Sauce auf einer vorgewärmten Platte anrichten und sofort servieren.

Dazu gibt es Zuckerschoten mit Tomaten (Rezept Seite 110) oder frittierte Tomaten (Rezept Seite 112) und Focaccia.

[Bistecca fiorentina]

T-BONE-STEAK
florentinisch

KEINE MARINADE UND KEIN ÖL, BEVOR DAS FLEISCH AUF DEN ROST KOMMT. SCHNÖRKELLOS UND EINFACH: DAS GEHEIMNIS DER KLASSISCHEN BISTECCA FIORENTINA.

Zutaten für 4 Portionen

2 T-Bone-Steaks (je 4 cm dick)

grob gemahlene oder im Mörser zerstoßene schwarze Pfefferkörner

grobes Meersalz

Olivenöl extra vergine

besonderes Werkzeug

- Holzkohlegrill oder Feuerstelle mit Rost

Zeitbedarf

- 20 Minuten + Vorbereitungszeit für die Glut

So geht's

1. Mit Holzkohle eine sehr heiße Glut entfachen.

2. Die Steaks auf beiden Seiten mit Pfeffer einreiben.

3. Fleisch auf den Rost legen und möglichst nah an der heißen Glut auf jeder Seite 4–6 Minuten grillen. Keinesfalls länger als 6 Minuten pro Seite! Nach dem Wenden die gegrillte Seite mit grobem Meersalz bestreuen und mit einigen Tropfen Olivenöl extra vergine beträufeln.

4. Wenn die Steaks fertig sind, auch die zweite Seite salzen und mit Olivenöl beträufeln. Dann sofort servieren.

Dazu gibt es einen herzhaften gemischten Salat und knuspriges Weißbrot.

BISTECCA FIORENTINA ist ein Klassiker aus der Toskana, ein T-Bone-Steak vom Chianina-Rind. Der Geschmack des speziellen toskanischen Rinds und die besondere Zubereitung machen dieses Steak zu einem außergewöhnlichen Genuss. Ein T-Bone-Steak mit Knochen ist üblicherweise 800 bis 1200 Gramm schwer und reicht für zwei Personen.

[Bistecca ripiena]

RINDERHÜFTSTEAK
gefüllt

EN SAFTIGES STEAK, MAL ANDERS SERVIERT. IN DER RINDFLEISCHTASCHE VERSTECKT SICH EINE KNACKIGE GEMÜSEFÜLLUNG MIT FEINER WÜRZE.

Zutaten für 4 Portionen

4 in Öl eingelegte getrocknete Tomaten

1 gelbe Paprikaschote

2 Frühlingszwiebeln

2 Scheiben Rinderhüfte (je 300 g, ca. 2 cm dick)

2 TL scharfer Senf

1 TL Aceto balsamico

schwarzer Pfeffer aus der Mühle

2 EL Olivenöl

grobes Meersalz

besonderes Werkzeug

- Zahnstocher

Zeitbedarf

- 45 Minuten

So geht's

1. Die Tomaten in einem kleinen Sieb abtropfen lassen, dabei das Öl auffangen.

2. Paprikaschote vierteln, Stielansatz, Samen und Trennwände entfernen. Paprikaviertel waschen, trockentupfen und quer in ½ cm breite Streifen schneiden. Frühlingszwiebeln putzen, waschen und jeweils in 4 Stücke schneiden. Abgetropfte Tomaten in feine Streifen schneiden.

3. Fleischscheiben trockentupfen, jeweils quer halbieren. Senf, aufgefangenes Tomatenöl, Essig und etwas Pfeffer verrühren, die Fleischscheiben auf einer Seite damit bestreichen.

4. Tomaten, Paprikaschote und Frühlingszwiebel gleichmäßig auf den Fleischscheiben verteilen, das Fleisch zu Taschen zusammenklappen und mit Zahnstochern verschließen.

5. Rindfleischtaschen rundum mit Olivenöl bepinseln. Outdoor-Grill, Backofengrill oder eine Grillpfanne anheizen. Die Fleischtaschen darauf von jeder Seite 8–10 Minuten grillen.

6. Vor dem Servieren die gefüllten Hüftsteaks noch etwa 5 Minuten ruhen lassen. Erst danach mit Meersalz und nach Belieben noch mit etwas Pfeffer bestreuen.

Dazu passt frische Ciabatta.

[Vitello in umido con verdure]

KALBSBRATEN
mit Sommergemüse

AUCH IM SOMMER MACHT SICH EIN SO FEINER BRATEN
AUSGEZEICHNET. ZUSAMMEN MIT DEM GEMÜSE ERHALTEN
SIE EINE LEICHTE UND BEKÖMMLICHE HAUPTMAHLZEIT.

Zutaten für 4 Portionen

Für das Gemüse

1 große rote Paprikaschote

1 Zwiebel

2 Möhren

1 Stange Sellerie

2 mittelgroße Zucchini

Für den Braten

1 kg Kalbsnuss

Salz, schwarzer Pfeffer aus
der Mühle

4 Knoblauchzehen

1 Zweig frischer Rosmarin

3 EL Olivenöl

Außerdem

500 ml Fleischbrühe

Zeitbedarf
- 20 Minuten + 2 Stunden
  Schmoren

So geht's

1. Für das Gemüse die Paprikaschote unter den heißen Backofengrill legen, bis ihre Haut stellenweise bräunt und Blasen wirft. Paprikaschote in eine Schüssel geben, mit Frischhaltefolie abdecken und 10–15 Minuten ausdampfen lassen.

2. Inzwischen das restliche Gemüse putzen und vorbereiten. Zwiebel schälen und in dicke Scheiben schneiden. Möhren waschen, schälen, in mundgerechte Stücke schneiden. Selleriestange und Zucchini waschen, putzen und ebenfalls in Stücke schneiden.

3. Die Haut der Paprikaschote mit einem kleinen Messer abziehen. Paprikaschote behutsam längs halbieren, Stielansatz, Trennwände und Samen entfernen. Das Fruchtfleisch in Stücke schneiden. Den Backofen auf 150 °C vorheizen.

4. Das Fleisch gegebenenfalls parieren, anschließend rundum salzen und pfeffern. Knoblauch schälen. Rosmarin waschen und gut trockenschütteln. In einer Pfanne das Öl erhitzen und das Fleisch darin zusammen mit den ganzen Knoblauchzehen und dem Rosmarinzweig kräftig anbraten.

5. Den Braten herausheben und mit dem vorbereiteten Gemüse in einen Bräter geben. Knoblauch und Rosmarin wegwerfen. Die Brühe angießen, den Bräter mit Alufolie abdecken und Fleisch und Gemüse etwa 2 Stunden im vorgeheizten Ofen schmoren lassen. In dieser Zeit das Fleisch zwei- bis dreimal wenden.

6. Den fertig gegarten Kalbsbraten tranchieren, mit dem Gemüse auf Tellern anrichten und servieren.

Dazu passt ein Tomatensalat und knusprige Ciabatta.

DIE KALBSNUSS ist neben Oberschale, Hüfte und Unterschale eines der vier mageren Teilstücke der Keule. Das feinfaserige Fleisch eignet sich vorzüglich für einen Braten. Aufgrund ihrer Form wird die Nuss auch Kugel genannt.

[Taccole e pomodori]

ZUCKERSCHOTEN
mit Tomaten

ZUCKERSCHOTEN, DIESES EDLE UND FEINE GEMÜSE, SOLLTEN MÖGLICHST UNVERFÄLSCHT ZUBEREITET WERDEN. MIT TOMATEN ERGIBT SICH EINE SCHMACKHAFTE KOMBINATION.

Zutaten für 4 Portionen

700 g Zuckerschoten

1 Knoblauchzehe

1 kleine Zwiebel

3 EL Olivenöl extra vergine

150 g Tomaten

Salz, schwarzer Pfeffer aus der Mühle

Minzeblättchen zum Garnieren

Zeitbedarf
- 30 Minuten

So geht's

1. Zuckerschoten waschen, putzen und im offenen Topf 4–5 Minuten in Salzwasser bissfest garen. Abgießen, kalt abschrecken und abtropfen lassen.

2. Inzwischen Knoblauch und Zwiebel schälen. Zwiebel in dünne Ringe schneiden. Das Öl in einer Pfanne erhitzen. Zwiebelringe und ganze Knoblauchzehe darin bei niedriger Temperatur unter gelegentlichem Rühren 5 Minuten andünsten. Zuckerschoten hinzufügen, die Hitze erhöhen und kurz mitdünsten. Pfanne vom Herd ziehen. Knoblauch entfernen.

3. Tomaten blanchieren, abschrecken, häuten. Die Früchte halbieren, entkernen und in Würfel schneiden. Zu den Zuckerschoten in die Pfanne geben, durchheben, mit Salz und Pfeffer würzen. Das Gemüse bei kleiner Hitze 3–5 Minuten garen. Nochmals mit Salz und Pfeffer abschmecken, in eine vorgewärmte Servierschüssel füllen, mit Minze garnieren und servieren.

[Melanzane al forno]

AUBERGINEN
aus dem Ofen

DIE ÜBERBACKENEN AUBERGINEN PUNKTEN GLEICH DREIMAL: MIT EINER FÄCHEROPTIK, MIT IHREM WÜRZIGEN AROMA UND MIT IHRER SCHNELLEN ZUBEREITUNGSZEIT.

Zutaten für 4 Portionen

2 reife Auberginen (je ca. 400 g)

6 EL Olivenöl

Salz, schwarzer Pfeffer aus der Mühle

1 kleine rote Paprikaschote

3 Zweige Thymian

50 g frisch geriebener Grana Padano oder Parmesan

besonderes Werkzeug
- Alufolie

Zeitbedarf
- 30 Minuten

So geht's

1. Den Backofen auf 200 °C vorheizen. Die Auberginen waschen, putzen, dabei den Stielansatz mit den Blattkelchen entfernen. Für die Fächeroptik die Früchte zuerst der Länge nach halbieren und auf die Schnittflächen legen. Dann jeweils die runden Seiten längs im Abstand von etwa 1–1 ½ cm einschneiden, sodass die Scheiben am schmalen Stielende noch zusammenhängen.

2. Ein Backblech mit Alufolie auslegen und leicht einölen. Die Auberginenhälften fächerartig auf das Blech legen. Sofort mit dem übrigen Öl bestreichen, leicht salzen und pfeffern.

3. Die Paprikaschote längs halbieren, Stielansatz, Samen und Trennwände entfernen. Die Hälften waschen, trockentupfen und in möglichst kleine Würfel schneiden. Thymian waschen und trockenschütteln, von 1–2 Zweigen etwa 2 TL Blättchen abstreifen.

4. Paprikawürfel, Thymianblättchen und Käse vermengen, gleichmäßig über die Auberginenfächer streuen. Im vorgeheizten Ofen insgesamt 15–20 Minuten überbacken, dabei in den letzten 5 Minuten die Temperatur auf höchste Stufe schalten. Die Auberginenfächer mit dem restlichen Thymian garniert servieren.

MIT ROHEN TOMATEN schmeckt dieses Gericht ebenfalls sehr gut. Dafür die ungeschälten Tomaten würfeln, entkernen und mit den fertig gegarten Zuckerschoten in eine Servierschüssel geben. Mit Salz und Pfeffer abschmecken und mit Minzeblättchen garniert sofort servieren.

REIFE AUBERGINEN haben eine leicht matte Haut. Die Früchte sind prall, geben aber auf Fingerdruck etwas nach.

[Fiori di zucchine fritti]

ZUCCHINIBLÜTEN
goldgelb frittiert

DIE GELBEN BLÜTEN SIND DIE ZARTESTE VERSUCHUNG,
DIE GEMÜSEGÄRTEN UND -MÄRKTE IM SOMMER ZU BIETEN
HABEN. UND KNUSPRIGER KANN MAN SIE KAUM SERVIEREN.

Zutaten für 4 Portionen

Für den Ausbackteig

2 Eier

60 g Mehl

60 g Speisestärke

150 ml Milch

etwas Mineralwasser

weißer Pfeffer aus der Mühle

frisch geriebene Muskatnuss

Salz

Außerdem

16 makellose Zucchiniblüten

1-1 ½ l Pflanzenöl zum Frittieren

grobes Meersalz zum Bestreuen

besonderes Werkzeug
- 1 Handrührgerät mit Rührbesen
- 1 Fritteuse oder hoher Topf

Zeitbedarf
- 30 Minuten

So geht's

1. Für den Ausbackteig die Eier trennen. In einer Schüssel Mehl mit Stärke, Eigelb und Milch verrühren. Noch so viel Mineralwasser untermischen, dass ein glatter Teig entsteht. Mit etwas Pfeffer und Muskat würzen. Eiweiß mit 1 Prise Salz steif schlagen, unter den Teig heben. Kurz quellen lassen.

2. Inzwischen die Zucchiniblüten vorbereiten. Bei Blüten mit noch anhängender Zucchini, die Blüten schräg vom Fruchtansatz schneiden. (Die Zucchini am besten roh für einen Salat verwenden.) Zucchiniblüten sehr behutsam unter kaltem Wasser waschen und trockentupfen. Oder nur mit einem feinen Pinsel innen und außen leicht abstauben. Die Blütenblätter vorsichtig auseinanderbiegen und den Blütenstempel mit den Staubgefäßen im Innern der Blüte abknipsen oder abschneiden.

3. Zum Ausbacken reichlich Öl in der Fritteuse oder in dem hohen Topf auf 170 °C erhitzen. Zucchiniblüten durch den Backteig ziehen, kurz abtropfen lassen und portionsweise in etwa 3 Minuten im heißen Öl goldbraun frittieren, dabei öfter wenden. Die Blüten mit einem Schaumlöffel herausheben und auf mehreren Lagen Küchenpapier kurz abtropfen lassen.

4. Ausgebackene Zucchiniblüten mit etwas Meersalz bestreuen und ganz frisch genießen.

Frittierte Zucchiniblüten passen als Beilage zu Fisch und kurz gebratenem Fleisch. Ein kulinarisches Aha-Erlebnis sind sie zu Spaghetti pur, also die Pasta nur mit Olivenöl und frisch geriebenem Hartkäse gewürzt.

Die Variante

Als Dessert
Süße Blüten als Dessert sind in Italien längst ein Klassiker. Dafür den Ausbackteig ohne Pfeffer und Muskatnuss zubereiten. Die vorbereiteten Zucchiniblüten wie im Rezept links beschrieben in den Teig tauchen und goldbraun frittieren. Zum Servieren mit gesiebtem Puderzucker leicht bestäuben und nach Belieben mit Himbeerpüree und frischen Himbeeren anrichten.

[Pomodori fritti]

TOMATEN
paniert & frittiert

AUSSEN SCHÖN KNUSPRIG UND INNEN NOCH GANZ SAFTIG – DAS MULTITALENT TOMATE
EIGNET SICH AUCH HERVORRAGEND ZUM FRITTIEREN.

TOMATEN LOCKER WENDEN, PANADE NICHT ANDRÜCKEN. SO WIRD'S KNUSPRIG.

Zutaten für 4 Portionen

2–3 reife, aber schnittfeste runde Tomaten

Semmelbrösel zum Panieren

2 Eier

Mehl zum Panieren

Pflanzenöl

Salz

2 EL gehackte glatte Petersilie

Zeitbedarf
▪ 40 Minuten

So geht's

1. Die Tomaten waschen, trocknen und quer in ca. 1 cm dicke Scheiben schneiden. Blütenansätze vorsichtig herausschneiden und wegwerfen. Kerne behutsam entfernen, ohne die Scheiben zu zerdrücken.

2. Semmelbrösel in einer Pfanne ohne Fett leicht rösten, abkühlen lassen. Die Eier in einem Suppenteller verquirlen.

3. Die Tomatenscheiben auf einem Teller in Mehl wenden, in die Eimasse tauchen, überschüssiges Ei abtropfen lassen, anschließend in den Semmelbröseln wenden.

4. In einen Topf 2 ½ cm hoch Öl füllen. Das Öl bei hoher Temperatur erhitzen. Die Tomaten portionsweise auf beiden Seiten im heißen Öl ausbacken, dabei darauf achten, dass die Panade nicht zu dunkel wird.

5. Die gebräunten Tomatenscheiben mit einem Schaumlöffel herausheben und auf Küchenpapier abtropfen lassen. Mit Salz und Petersilie bestreuen und sehr heiß servieren.

Schmecken als Beilage zusammen mit einem Rucolasalat (Rezept Seite 17) ausgezeichnet zu der Bistecca fiorentina (Rezept Seite 107) oder den Kalbskoteletts (Rezept Seite 106)

[Cime di rapa con mollica fritta]

STÄNGELKOHL
mit Brotbrösel

EINE NICHT ALLTÄGLICHE BEILAGE ZU BRATEN ODER GEGRILLTEM FLEISCH. ALSO UNBEDINGT ZUGREIFEN, WENN ES BEI IHREM GEMÜSEHÄNDLER CIME DI RAPA GIBT.

Zutaten für 4 Portionen

1 kg Cime di rapa (Stängelkohl; ersatzweise 650 g Brokkoli)

Salz

2 Scheiben Weißbrot vom Vortag

1 Zwiebel

3 EL Olivenöl

1 EL gemahlene Mandeln

1 EL Butter

weißer Pfeffer aus der Mühle

etwas Zitronensaft

Zeitbedarf
▪ 30 Minuten

So geht's

1. Cime di rapa waschen und abtropfen lassen. Zarte Blätter abzupfen, aber ganz lassen. Geschlossene Blüten abschneiden, in Röschen zerteilen. Dünne feste Stiele in mundgerechte Stücke schneiden. Welke und zähe Blätter, hohle oder gar holzige Stiele sowie bereits geöffnete Blüten aussortieren und wegwerfen. (Den Brokkoli in Röschen teilen, die Stiele schälen und klein würfeln.)

2. In einem Topf Salzwasser aufkochen. Die Stiele darin 4 Minuten blanchieren, Blütenknospen und Blätter zugeben, noch 2–3 Minuten mitgaren. (Den Brokkoli 4–6 Minuten blanchieren.) Gemüse abgießen, kalt abschrecken und abtropfen lassen.

3. Die Brotscheiben entrinden, das Brot in kleine Stücke zupfen. Die Zwiebel schälen und sehr fein würfeln. 2 EL Öl in einer Pfanne erhitzen, die Zwiebel darin bei schwacher Hitze weich dünsten, ohne dass sie Farbe annimmt. Brotstückchen und Mandeln untermischen und hellgelb braten. Zwiebel-Brot-Mischung aus der Pfanne nehmen, warm stellen.

4. Restliches Öl und die Butter in die Pfanne geben, Cime di rapa (oder Brokkoli) darin 3–5 Minuten unter gelegentlichem Rühren dünsten, bis die Stiele bissfest sind. Das Gemüse mit Salz, Pfeffer und Zitronensaft abschmecken. Mit der Zwiebel-Brot-Mischung bestreut servieren.

[Granita al basilico]

BASILIKUM-SORBET
mit Joghurt

EIN EIS-DESSERT MIT BASILIKUMGESCHMACK? ABER JA DOCH! IHRE
ZUNGE WIRD STAUNEN. UNSER CREMIGES SORBET IST NICHT SO SÜSS
UND DESHALB AN WARMEN SOMMERTAGEN SCHÖN ERFRISCHEND.

Zutaten für 4 Portionen

1 Bio-Limette

200 g Zucker

15 g Basilikumblätter (von etwa 2 Töpfen)

300 g Naturjoghurt (3,5 % Fett)

1 Prise Salz

besonderes Werkzeuge
- 1 Zitronenschalenreibe
- 1 feines Sieb
- 1 Eismaschine oder flache Edelstahlschüssel

Zeitbedarf
- 30 Minuten + 20 Minuten Gefrieren in der Eismaschine oder 4 Stunden Gefrieren im Tiefkühler

So geht's

1. Für den Zuckersirup die Limette heiß waschen, trockenreiben und die Schale fein abreiben. Limette halbieren, 1 Hälfte auspressen.

2. Zucker mit 200 ml Wasser und der abgeriebenen Limettenschale in einem Topf verrühren und aufkochen. Auf die Hälfte der Menge zu einem Sirup einkochen [→a]. Abkühlen lassen.

3. Basilikum möglichst nicht waschen, die Blätter von den Stielen zupfen. Einige schöne Blätter zum Garnieren beiseitelegen, den Rest mit dem Zuckersirup fein pürieren. Joghurt durch das feine Sieb in die Basilikummasse streichen und unterrühren. Mit 1 Prise Salz und etwas Limettensaft abschmecken.

4. Die Masse in einer Eismaschine gefrieren lassen [→b]. Oder in eine Metallschüssel füllen und mindestens 4 Stunden im Tiefkühler gefrieren lassen, dabei mehrmals kräftig durchrühren, damit die Eismasse gleichmäßig gefriert und cremig wird.

5. Zum Servieren das Sorbet etwas antauen lassen. Zu Kugeln oder Nocken formen [→c] und mit den übrigen Basilikumblättern anrichten. Sofort genießen.

WER ES ÜPPIGER MAG, kann zum Basilikum-Sorbet noch ein paar ausgestochene und mit Honig beträufelte Melonenkugeln servieren. Oder das Sorbet auf einen Spiegel aus Fruchtpüree setzen, zum Beispiel von Erdbeeren, Himbeeren, Aprikosen oder Zuckermelone.

DAS IST *wirklich* WICHTIG

[a] ZUCKERSIRUP KOCHEN Den Zucker mit Wasser und Limettenschale in einem kleinen Topf unter Rühren aufkochen. Dann bei mittlerer Hitze auf die Hälfte einkochen lassen. Es soll ein hellgelber Sirup entstehen.

[b] MASSE GEFRIEREN LASSEN In einer Eismaschine gefriert die Masse in etwa 20 Minuten schön cremig. Wer keine Maschine hat, füllt die Masse am besten in eine flache Edelstahlschüssel. Während des Gefrierens im Tiefkühler etwa jede Stunde mit einem Schneebesen kräftig durchrühren, damit das Sorbet cremig wird.

[b]

[c] SORBET FORMEN Die gefrorene Masse entweder mit einem Eisportionierer zu Kugeln oder mit zwei Esslöffeln zu Nocken formen. Dabei den Eisportionierer oder die Löffel vorher, aber auch zwischendurch in Wasser tauchen.

WITZIG SERVIERT: SORBET-KUGELN IN KNUSPRIGE EISWAFFELN FÜLLEN.

RICOTTA
wichtige Basis der italienischen Küche

DER FETTARME FRISCHKÄSE KOMMT IN DER ITALIENISCHEN KÜCHE HÄUFIG ZUM EIN-
SATZ. ER WIRD AUS MOLKE HERGESTELLT, DIE BEI DER KÄSEPRODUKTION ANFÄLLT.
SEIN NAME WEIST DARAUF HIN, DASS DIE KÄSEMOLKE NOCH EINMAL AUFGEKOCHT WIRD.

In Italien gibt es Ricotta in unterschiedlichsten Sorten und Rezepturen, in der Regel wird er frisch verwendet. Ricotta-Fans hierzulande müssen sich meist mit der in Kunststoffbechern abgepackten Variante aus dem Supermarkt begnügen, doch seine wahre Delikatesse und seinen vorzüglichen Geschmack entfaltet er nur als Frischware.
Fragen Sie in Ihrem Käsefachgeschäft oder im italienischen Lebensmittelladen nach frischem Ricotta – es lohnt sich unbedingt!

HERSTELLUNG
Ricotta wird aus der Molke von Kuh-, Schaf- und seltener auch von Büffelmilch hergestellt, die bei der Herstellung von Mozzarella, Provolone und vor allem von Pecorino anfällt. Die Molke lässt man unter Zugabe von wenig Milch und etwas Säure bei großer Hitze gerinnen. Dabei wird im Gegensatz zu anderen Käsesorten nicht Casein, sondern hauptsächlich das Molke-Eiweiß Albumin ausgefällt. Die so entstandene Käsemasse wird erneut erhitzt, dadurch trennt sich die Flüssigkeit vom Käse, anschließend wird der frische Ricotta abgeschöpft und zum Abtropfen in spezielle Körbchen – traditionell Binsenkörbchen – gegeben. Das verleiht ihm übrigens sein typisches Muster.

RICOTTA-SORTEN
Ricotta wird ungesalzen *(dolce)* und gesalzen *(salata)* angeboten. Die Behandlung mit Salz war früher vor allem der längeren Haltbarkeit des Frischkäses geschuldet. Gesalzener Ricotta wird heute noch nach traditionellem Rezept hergestellt und überwiegend als sehr pikanter Reibkäse verwendet.
Geräucherter Ricotta *(affumicata)* ist ebenfalls aus dem Gedanken des Haltbarmachens heraus entstanden. Heute wird er als Spezialität gehandelt. Zusammen mit etwas Honig bildet er einen äußerst schmackhaften Abschluss einer Mahlzeit.
Ricotta lässt sich sowohl für süße als auch für salzige Gerichte verwenden. Desserts auf Basis von Ricotta finden Sie auf der nachfolgenden Doppelseite und auf Seite 121. Als Füllung kommt er in den Cannelloni auf Seite 40 zum Einsatz, und selbst gemachten Gnocchi verhilft Ricotta im Rezept auf Seite 152 zu neuer Form.
Probieren Sie die verschiedenen Verwendungsarten von Ricotta aus. Sie werden sehen, Ricotta ist ausgesprochen wandelbar, vielseitig und bekömmlich.

DAS IST
wirklich WICHTIG

GOLDGELB SOLL DER ZUCKER IN DER PFANNE MIT DEN APRIKOSEN KARAMELLISIEREN.

[a]

[a] APRIKOSEN KARAMELLISIEREN

Die Butter in einer großen Pfanne aufschäumen lassen. Aprikosenhälften darin 1 Minute rundum dünsten. Zucker gleichmäßig darüberstreuen, schmelzen lassen und die Früchte unter gelegentlichem Wenden in 2–3 Minuten leicht karamellisieren lassen, dabei die Pfanne mehrmals rütteln.

[Crema di Ricotta con albicocche e menta]

RICOTTA-CREME
mit Aprikosen & Minze

EIN DESSERT ZUM VERWÖHNEN! ODER KANN JEMAND DEM DUO
VON ERFRISCHENDER RICOTTA-CREME UND KARAMELLISIERTEN
APRIKOSEN WIDERSTEHEN?

Zutaten für 4 Portionen

4 große reife Aprikosen

2–3 Zweige Minze

75 g Amarettini
(kleine Mandelkekse)

500 g Ricotta (ungesalzen/dolce)

2 TL flüssiger aromatischer
Honig

2 EL Zitronensaft

3–5 EL Milch

3 EL Butter

3 EL Zucker

Zeitbedarf
▪ 25 Minuten

So geht's

1. Die Aprikosen waschen und trockentupfen oder die Haut abziehen. Dafür die Früchte für ½ Minute in kochendes Wasser legen. Herausheben, kalt abschrecken und häuten. Aprikosen halbieren und entsteinen.

2. Minze waschen und trockenschütteln. 2 EL Minzeblättchen abzupfen und in feine Streifen schneiden. Restliche Minze zum Garnieren beiseitelegen.

3. Amarettini grob zerbröseln. Den Ricotta mit Minzestreifen, Honig, 1 EL Zitronensaft und Amarettini vermischen. So viel Milch unterrühren, dass die Masse dickcremig ist. Bis zum Anrichten kalt stellen.

4. Die Butter in einer Pfanne zerlassen. Aprikosenhälften darin 1 Minute andünsten. Den Zucker darüberstreuen, schmelzen lassen und die Aprikosen unter Wenden 2–3 Minuten karamellisieren [➔a]. Vom Herd nehmen und mit dem restlichen Zitronensaft beträufeln.

5. Kalte Ricotta-Creme in Bechergläser verteilen. Die Aprikosenhälften noch warm auf die Creme setzen, den Karamell aus der Pfanne darüberträufeln. Das Dessert mit der restlichen Minze garnieren und servieren.

APRIKOSEN sind ein edler Sommergenuss, da es sie nur wenige Wochen gibt. Am besten die heimische Ernte abwarten, so hat man die Chance, dass die Früchte am Baum ausgereift sind. Denn nur dann entwickeln sie ihren typischen Duft, sind herrlich aromatisch und super saftig. Erhitzt entwickeln Aprikosen einen besonders intensiven fruchtigen Geschmack.

[Panna cotta con salsa ai lamponi]

PANNA COTTA
mit Himbeersauce

ALLERERSTE SAHNE, DIESES DESSERT! UND ZUR ÜBER-RASCHUNG IHRER GÄSTE IST DIE FEINE HIMBEERSAUCE MIT EINEM SCHUSS CAMPARI ABGESCHMECKT.

Zutaten für 4 Portionen

Für die Panna cotta

1 Vanilleschote

500 g Sahne

50 g Zucker

2 Blatt weiße Gelatine

Für die Sauce

300 g frische Himbeeren

50–70 g Puderzucker

1 TL Zitronensaft

3–5 EL Campari

Zitronenmelisse und Puderzucker zum Garnieren

besonderes Werkzeug
- 4 Timbale- oder andere Portionsförmchen (je 150 ml Inhalt)

Zeitbedarf
- 30 Minuten + 4 Stunden Kühlen

So geht's

1. Für die Panna cotta die Vanilleschote längs halbieren, das Mark mit einem spitzen Messer herauskratzen. Die Sahne mit Vanillemark, Vanilleschote und Zucker langsam aufkochen. Bei kleiner Hitze ca. 15 Minuten leicht köcheln lassen.

2. Die Gelatineblätter in kaltem Wasser 5 Minuten einweichen. Die Portionsförmchen mit kaltem Wasser ausspülen.

3. Sahne vom Herd ziehen, die Vanilleschote entfernen. Gelatine leicht ausdrücken, in der heißen Flüssigkeit unter Rühren vollständig auflösen. Sahne in die Förmchen füllen und abkühlen lassen. Dann die Panna cotta zum Festwerden für mindestens 4 Stunden (oder über Nacht) in den Kühlschrank stellen.

4. Für die Sauce die Himbeeren verlesen und putzen, aber möglichst nicht waschen. Einige schöne Beeren beiseitelegen. Die restlichen Beeren in einer Schüssel mit 50 g Puderzucker vermischen, 30 Minuten ziehen lassen. Beeren durch ein feine Sieb in eine zweite Schüssel streichen. Mit Zitronensaft, restlichem Puderzucker und Campari mild oder kräftig abschmecken.

5. Zum Servieren die Förmchen mit der Sahnecreme kurz in heißes Wasser tauchen und die Panna cotta auf Teller stürzen. Mit der Himbeer-Campari-Sauce umgießen, mit den ganzen Himbeeren, Zitronenmelisse und Puderzucker garnieren.

[Semifreddo ai lamponi]

HALBGEFRORENES
mit Himbeeren

DIE HIMBEERE, KÖNIGIN UNTER DEN SOMMERBEEREN, SCHMECKT AUCH ALS SEMIFREDDO AUSGEZEICHNET.

Zutaten für 4 Portionen

4 Eier

170 g Zucker

170 g frische Himbeeren

500 g Sahne

besonderes Werkzeug
- 1 hitzebeständige Schüssel

Zeitbedarf
- 30 Minuten + 4 Stunden Gefrieren + 2 Stunden Antauen

So geht's

1. Eier und Zucker in der hitzebeständigen Schüssel im heißen Wasserbad so lange rühren, bis die Masse eindickt. Die Schüssel aus dem Wasserbad nehmen und die Eiermasse kalt rühren.

2. Die Himbeeren verlesen und putzen, aber möglichst nicht waschen. In einer flachen Form mit einer Gabel zerdrücken. Die Sahne steif schlagen. Eiermasse und zerdrückte Himbeeren unter die Sahne ziehen.

3. Eine Kastenform mit Frischhaltefolie auskleiden, mit der Eismasse füllen und die Oberfläche glatt streichen. Die Form für mindestens 3–4 Stunden ins Gefrierfach stellen.

4. Das Semifreddo etwa 2 Stunden vor dem Servieren aus dem Gefrierfach nehmen und im Kühlschrank antauen lassen. Zum Anrichten das Semifreddo aus der Form stürzen, die Folie entfernen. Semifreddo in Scheiben schneiden und sofort servieren.

WER EINE SEHR FESTE KONSISTENZ der Sahnecreme haben möchte, der nimmt ein Gelatineblatt mehr.

[Crema di Ricotta al caffè]

RICOTTA-CREME
mit Kaffee

EIN DESSERT VON DER ART EINES CAFFÉ FREDDO. ETWAS REICHHALTIGER, ABER GENAUSO ERFRISCHEND.

Zutaten für 4 Portionen

450 g Ricotta

100 g Zucker

3 EL brauner Rum

100 ml sehr starker kalter Espresso

2 Nespole oder 2 große reife Aprikosen

12 Espresso- oder Kaffeebohnen

Zeitbedarf
- 15 Minuten + 8 Stunden Kühlen

So geht's

1. Ricotta und Zucker cremig rühren, dann Rum und Espresso gleichmäßig unterrühren.

2. Die Ricotta-Kaffee-Creme in einzelne Glasschalen oder Bechergläser füllen und mindestens 8 Stunden oder über Nacht in den Kühlschrank stellen.

3. Kurz vor dem Servieren, die Nespole schälen, halbieren, entsteinen und achteln. Oder die Aprikosen waschen, trockentupfen, halbieren, entsteinen und achteln.

4. Die Dessertschalen oder Gläser aus dem Kühlschrank nehmen und die Ricotta-Kaffee-Creme mit den Früchten und den Kaffeebohnen dekorieren. Sofort servieren.

NESPOLE, so heißen auf Italienisch die Früchte der Japanischen Mispel, die heute im gesamten Mittelmeerraum kultiviert werden. Man kennt sie auch unter dem Namen Loquat. Sie haben einen fein säuerlichen, frischen Geschmack, der an Äpfel erinnert. Fragen Sie Ihren Obsthändler nach diesem interessanten Steinobst.

[Torta alla pesca]

PFIRSICHKUCHEN
mit Amaretto

DIESER KUCHEN IST EIN GEDICHT! NUTZEN SIE DIE PFIRSICHSAISON, UM DIE FRISCHEN FRÜCHTE AUCH AUF DIESE WEISE EINMAL ZU GENIESSEN.

Zutaten für 12 Stücke

200 g Amaretti (Mandelkekse)

100 g fertiger Hefekuchen

50 g Butter

4 Eier

50 g Zucker

4 mittelgroße frische Pfirsiche (ersatzweise aus der Dose)

100 g Pfirsichkonfitüre

Puderzucker

Amaretto (Mandellikör)

Außerdem

Butter oder Margerine für die Form

Mehl für die Form

besonderes Werkzeug
- 1 Springform von 26 cm Ø
- 1 Mörser oder Küchenmaschine

Zeitbedarf
- 20 Minuten + 30 Minuten Backen + Abkühlen

So geht's

1. Die Springform mit Butter oder Margarine einfetten, leicht mit Mehl bestäuben und bis zur weiteren Verwendung ins Gefrierfach stellen.

2. Amaretti im Mörser oder in der Küchenmaschine nicht zu fein zerstoßen bzw. hacken. Hefekuchen in kleine Stück zupfen und mit den Amaretti vermischen. Die Butter in einem Topf bei schwacher Hitze zerlassen.

3. Die Eier trennen. Flüssige Butter, Eigelbe und Zucker mit den Amaretti-Kuchen-Bröseln vermengen.

4. Pfirsiche waschen, trocknen, entsteinen und mit der Haut in ca. 1 ½ cm große Stücke schneiden (Pfirsichhälften aus der Dose gut abtropfen lassen, trockentupfen und ebenfalls in Stücke schneiden). Die Pfirsichstücke unter die Amarettimasse heben, dann die Pfirsichkonfitüre untermischen.

5. Backofen auf 180 °C vorheizen. Eiweiße steif schlagen und vorsichtig unter die Kuchenmasse heben. Die Form aus dem Gefrierfach nehmen, die Masse einfüllen und glatt streichen. Im vorgeheizten Ofen 30 Minuten backen.

6. Den Pfirsichkuchen in der Form vollständig abkühlen lassen. Zum Servieren in Stücke schneiden, mit Puderzucker bestäuben und nach Geschmack mit Amaretto beträufeln.

IM KÜHLSCHRANK hält sich der Kuchen mehrere Tage. Er sollte aber nicht kalt, sondern bei Zimmertemperatur serviert werden.

DAS IST *wirklich* WICHTIG

[a] MÜRBETEIG KNETEN Dieser Teig liebt es kühl, deshalb Butter und Eier direkt aus dem Kühlschrank verwenden. Und die Hände vorm Kneten unter kaltes Wasser halten. Zuerst die Zutaten auf einer Arbeitsfläche mit einer Palette oder einem breiten Messer gründlich durchhacken. Dann mit kühlen Händen möglichst schnell zu einem glatten und geschmeidigen Teig verkneten. Anschließend ausgiebig kalt stellen. So wird der Teig später wunderbar mürbe.

[b] TEIGGITTER AUFLEGEN Ein Drittel des Mürbeteigs auf einer leicht bemehlten Arbeitsfläche dünn zu einem Rechteck ausrollen. Mit einem Teigrädchen oder Messer daraus knapp 1 cm breite Streifen schneiden. Diese gitterförmig auf Kirschbelag und Teigrand legen. Streifen am Teigrand leicht andrücken.

[Crostata di visciole]

KIRSCH-TÖRTCHEN
schön knusprig

FÜR KIRSCHENFANS SIND DIE KNUSPRIGEN TÖRTCHEN EINFACH
DER SOMMERHIT. DENN AM BESTEN SCHMECKEN SIE NUN MAL
MIT FRISCHEN FRÜCHTEN – MÖGLICHST MIT SAUERKIRSCHEN.

Zutaten für 4 Stück

Für den Belag

600 g Sauerkirschen (alternativ Süßkirschen)

1 Stück Schale von 1 Bio-Zitrone

50–60 g Zucker

2 Päckchen Bourbon-Vanillezucker

1 Prise gemahlene Gewürznelken

2 EL Amaretto (Mandellikör)

2 TL Speisestärke

Für den Teig

100 g kalte Butter + Butter für die Förmchen

170 g Mehl + Mehl zum Arbeiten

30 g fein gemahlene Mandeln

60 g Zucker

1 Prise Salz

1 Ei (Größe S)

1 EL Weißwein

Zum Bestreichen

1 Ei

1 EL Milch

besonderes Werkzeug
- Kirschentsteiner
- 4 runde Tarte-Förmchen mit glattem Rand (ca. 10 cm Ø, 3–4 cm hoch)

Zeitbedarf
- 1 Stunde + 1 Stunde Kühlen + 30 Minuten Backen

So geht's

1. Für den Belag die Kirschen waschen, abtropfen lassen und von den Stielen zupfen. Kirschen entsteinen. Kirschen mit Zitronenschale, 50 g Zucker, Vanillezucker, Gewürznelken, Amaretto und 3 EL Wasser in einem Topf verrühren. Langsam erhitzen und bei kleiner Hitze 6–8 Minuten leicht kochen lassen, dabei gelegentlich umrühren.

2. Zitronenschale aus dem Kirschkompott nehmen. Speisestärke mit 3 EL Wasser anrühren. Zu den Kirschen geben und einmal aufkochen. Kompott mit übrigem Zucker abschmecken und völlig auskühlen lassen.

3. Für den Mandel-Mürbeteig [→a] die Butter klein würfeln. Mehl mit Mandeln, Zucker und Salz vermischen. Ei, Butter und Wein oder Wasser dazugeben. Alles rasch zu einem glatten Teig verkneten. Zu einer Kugel formen, in Frischhaltefolie wickeln und für mindestens 1 Stunde in den Kühlschrank legen.

4. Tarte-Förmchen mit Butter einfetten. Den Teig dritteln. ⅓ des Teigs kalt stellen, ⅔ auf der leicht bemehlten Arbeitsfläche 2–3 mm dünn ausrollen. Den Boden und einen etwa 3 cm hohen Rand der Förmchen mit dem Teig auslegen. Die Ränder begradigen. Die Teigböden mit einer Gabel mehrmals einstechen. 10 Minuten kalt stellen.

5. Inzwischen den Backofen auf 180 °C vorheizen. Das Ei trennen. Eigelb mit Milch verrühren. Eiweiß mit einer Gabel kurz aufschlagen.

6. Übrigen Teig auf einer leicht bemehlten Arbeitsfläche dünn ausrollen. Mit einem Teigrädchen oder Messer in kapp 1 cm breite Streifen schneiden.

7. Die Teigböden mit Eiweiß bepinseln. Kirschkompott in die Formen verteilen und glatt streichen. Die Teigstreifen gitterförmig daraufllegen [→b]. Teigstreifen und Teigränder mit der Eiermilch bestreichen. Die Törtchen im Ofen auf der zweiten Schiene von unten in etwa 30 Minuten goldbraun und knusprig backen.

8. Kirsch-Törtchen aus dem Ofen nehmen und auskühlen lassen. Zum Servieren behutsam aus den Formen lösen, nach Belieben mit einem Hauch Puderzucker bestäuben.

CROSTATA DI VISCIOLE – so heißt diese Spezialität mit Sauerkirschen in Italien. Anstatt in einer großen Kuchenform wird sie hier in Portionsförmchen gebacken. Crostata ist der italienische Begriff für Kuchen aus knusprigem Mürbeteig. Und das Teiggitter gibt es traditionell nur, wenn frische Früchte verwendet werden: außer Kirschen auch Aprikosen, Pfirsiche oder Pflaumen.

HERBST
verführerisch

LEUCHTEND ORANGE KÜRBISSE, DER WARME DUFT GERÖSTETER MARONEN, EDLES WIE TRÜFFEL UND STEINPILZE, DAZU MUSCHELN, FEIGEN UND TRAUBEN – ITALIENS HERBST-KÜCHE VERWÖHNT MIT BUNTER FÜLLE UND ÜPPIGER VIELFALT.

OLIVEN & OLIVENÖL

Glücksfälle für Genießer

Oliven, sagt man, sind die Perlen des Südens, und ihr Öl wird als flüssiges Gold bezeichnet. Denn es veredelt Gerichte von pikant bis süß, von rustikal bis fein. In Italien und in anderen Mittelmeerländern gilt Olivenöl als Lebenselixier, das gleichermaßen für Genuss und Wohlbefinden steht.

TAFELOLIVEN

Zum Aperitivo, zum Knabbern, im Salat sowie in herzhaften Vorspeisen und Hauptgerichten – Oliven bringen Abwechslung und Geschmack. Normalerweise geht Frische über alles, bei Oliven ist das allerdings anders. Wer glaubt, direkt vom Baum seien sie das Geschmackserlebnis schlechthin, der wird im wahrsten Sinne des Wortes bitter enttäuscht. Denn frische Oliven enthalten eine Substanz, die die Steinfrüchte bitter und ungenießbar macht.

Erst durch spezielle Behandlungen, wie beispielsweise das Einlegen in Salzwasser, verlieren sie diesen Bitterstoff und werden essbar.
Ob pur, würzig eingelegt oder gefüllt: Tafel- oder Speiseoliven gibt es in unzähligen Varianten. Generell gilt: Grüne Oliven, also unreif geerntete, schmecken etwas herber und weniger fruchtig als reife schwarze.

OLIVENÖL

Beim Olivenöl ist es fast so wie mit Wein: Man sollte das Wichtigste darüber wissen und viel probieren, bis man für seinen Geschmack das richtige Öl findet.

ERNTE & PRODUKTION

Die Herstellung eines guten Öls ist arbeitsaufwendig und teuer, die Ausbeute recht mager: Rund 5 Kilo Oliven werden für etwa 1 Liter Olivenöl gebraucht. Für ein gutes Öl pflücken die Arbeiter die Oliven optimalerweise per Hand oder holen sie vorsichtig mit einem Abstreifer von den Bäumen und bringen sie innerhalb weniger Stunden in die Ölmühle.
Dort werden sie von Blättern und Zweigen befreit, gewaschen und verlesen. Anschließend samt Stein zu einem dicken Brei zermahlen und gepresst. Heraus kommt ein Öl-Wasser-Gemisch, das nun in einer Zentrifuge getrennt

wird. Abschließende Arbeitsschritte sind Filtern, Abfüllen und Etikettieren. Je tiefer die Temperatur bei dem wichtigen Prozess des Pressens bleibt und je geringer der Kontakt mit Sauerstoff während der Produktion ist, umso besser die Öl-Qualität.

DIE QUALITÄTSSTUFEN

Nach EU-Norm gibt es drei Güteklassen, die aufgrund chemischer Grenzwerte vergeben werden. Die höchste darf sich *Natives Olivenöl extra* nennen. Auf Italienisch heißt sie *olio d'oliva extra vergine* (aufs *extra* kommt es hier besonders an). Ein naturreines, sanft gepresstes Öl, das höchste Qualität verspricht. Als Maßstab wird der Gehalt an freien Fettsäuren, das sind unerwünschte Begleitstoffe, genommen. Hier dürfen es weniger als 0,8 Gramm pro 100 Gramm Öl sein. Je niedriger der Fettsäuregehalt, umso besser schmeckt das Öl. Außerdem: Die Temperatur beim Pressen darf 27 °C nicht übersteigen. *Natives Olivenöl extra* ist fehlerfrei in Geschmack, in Geruch und Farbe.

In der Küche: *Natives Olivenöl extra* ist für alle Zubereitungen bis maximal 180 °C geeignet (auch Braten, Schmoren und Frittieren), ohne dass seine wertvollen Eigenschaften verloren gehen. Der edle Geschmack kommt besonders gut bei kalten Speisen und Salaten zur Geltung, etwa bei Carpaccio, Blattsalaten, mariniertem Gemüse, Saucen oder Pesto. Und natürlich zum Beträufeln der Gerichte bei Tisch.

Natives Olivenöl oder *olio d'oliva vergine* (also ohne *extra*) darf bis zu maximal 2 Prozent, d.h. 2 Gramm pro 100 Gramm Öl freie Fettsäuren enthalten. Kleine Fehler in Geruch, Geschmack oder in der Farbe sind legal. Bei dieser und der vorher genannten Güteklasse sind Wärmebehandlung, Lösungsmittel und Raffination des Öls verboten.

In der Küche: Es kann wie das native Olivenöl extra für kalte sowie warme und schonend zubereitete Speisen verwendet werden. Beide Öle dürfen beim Erhitzen nie rauchen.

Mit *Olivenöl* oder *olio d'oliva* wird Öl gekennzeichnet, das nicht den geforderten Qualitätsansprüchen für native Olivenöle entspricht. Es wird chemisch raffiniert, also geschmacksneutral gemacht, und dann mit etwas (mindestens 1 Prozent!) nativem Öl als Aromabringer verschnitten.

In der Küche: Dieses Öl hat nicht mehr den typischen Olivenölgeschmack, es ist eher mild-neutral. Da es hoch erhitzbar ist (bis 220 °C), sollte man es am besten zum scharfen Anbraten und Frittieren verwenden.

SO FINDEN SIE GUTES ÖL

Die offizielle Qualitätsbezeichnung sagt kaum etwas darüber aus, ob ein Öl hochwertig ist und Ihnen schmeckt. Der Preis ist auch nur ein grober Anhaltspunkt, wobei wirklich hochwertige Öle nicht billig sein können. Da hilft nur ein Blick aufs Etikett, denn gute Öle kommen von guten Produzenten, die ihre Flaschen detailliert deklarieren. Und noch etwas hilft: probieren!

DER BLICK AUFS ETIKETT

Der Name des Produzenten ist eine der wichtigsten Angaben auf dem Etikett. Auf Italienisch heißt es oft *prodotto e conzezionato de* (hergestellt und verpackt von) oder *prodotto e imbottigliato da* (hergestellt und abgefüllt von). Das Wörtchen *da* ist hier wichtig – sonst bedeutet der Satz, dass das Öl nur abgefüllt wurde; unklar aber bleibt, von wem. Zurückhaltung ist angesagt, wenn weder Produzentenname noch Adresse bzw. Ort der Abfüllung angegeben sind, dafür aber Fantasienamen. Die Angabe der Region ist ebenso informativ wie die Angabe der EU-geschützten Ursprungsregion. Schon

etliche der guten Produzenten geben zudem die Olivensorte (italienisch: *cultivar*) und den Erntejahrgang an. Eine nur grobe Orientierung über die Frische des Öls bietet das Mindesthaltbarkeitsdatum (MHD), das auf dem Etikett gesetzlich vorgeschrieben ist. In der Regel werden 18 Monate nach der Olivenernte angegeben.

DIE GESCHMACKSVIELFALT

Die Aromen eines Olivenöls hängen weniger stark von der Gegend ab als von der Olivensorte, ihrer Reife bei der Ernte und der Sorgfalt bei der Herstellung. Dennoch kann man bei allen italienischen Anbaugebieten ein typisches Geschmacksprofil erkennen.
Ein gutes Olivenöl ist frisch und fruchtig. Eine gewisse Schärfe oder sogar ein leichtes Kratzen im Rachen ist oft typisch, Öl darf auch Bittertöne haben. Je früher die Oliven geerntet werden (am Mittelmeer ab Oktober), desto schärfer schmeckt das Öl im Abgang.

PROBIEREN, PROBIEREN!

Am einfachsten wäre es, in ein gut sortiertes Feinkostgeschäft zu gehen und dort so lange italienische Olivenöle zu probieren, bis man seine persönlichen Favoriten entdeckt hat.
Auf diese Weise findet man leicht heraus, ob einem die pikant kräftigen Öle besser schmecken oder die dezenten milden Varianten.

AUFBEWAHREN

Für die Aufbewahrung gilt: kühl und dunkel. Ungeöffnet hält sich Olivenöl bis 18 Monate nach der Ernte, geöffnet etwa drei Monate. Im Kühlschrank kann das Öl dicklich werden und ausflocken. Das beeinträchtigt aber weder Geschmack noch Qualität.

[Insalata di radicchio con gorgonzola e noci]

RADICCHIOSALAT
mit Gorgonzola & Walnüssen

RADICCHIO UND GORGONZOLA SIND EINE SEHR REIZVOLLE KOMBINATION. DAS LEICHT
BITTERE DES RADICCHIOS PASST ZUR HERBEN SÜSSE DES GORGONZOLAS.

Zutaten für 4 Portionen

300 g Radicchio di Treviso
tardivo oder precoce

150 g Gorgonzola

2 EL Walnusskerne

Salz, schwarzer Pfeffer aus
der Mühle

2 EL Aceto balsamico

4 EL Olivenöl extra vergine

Zeitbedarf
- 15 Minuten

So geht's

1. Den Radicchio putzen, waschen, trocknen und in mundgerechte
   Stücke zupfen. Auf vier tiefen Tellern anrichten.

2. Den Gorgonzola in kleine Würfel schneiden, die Walnusskerne in
   gleichmäßige Stücke brechen.

3. Salz, Pfeffer, Essig und Öl zu einem Dressing aufschlagen und
   über den Salat träufeln.

4. Den Gorgonzola und die Walnusskerne auf die Teller verteilen
   und den Salat sofort servieren.

Dazu reichen Sie frische knusprige Ciabatta.

GORGONZOLA ist der bekannteste Edelpilzkäse aus dem Norden Italiens.
Der cremig weiche Käse ist im Geschmack mild (dolce) oder pikant (piccante) erhältlich. Für diesen Salat sollten Sie die milde Variante wählen.

[Insalata di songino e bresaola]

FELDSALAT
mit Bresaola

DER NUSSIGE GESCHMACK DES FELDSALATS ERGÄNZT
SICH WUNDERBAR MIT DER BRESAOLA.

Zutaten für 4 Portionen

150 g Feldsalat

100 g Bresaola in dünnen
Scheiben

3 EL geröstete Pinienkerne

getrocknete schwarze Oliven

1 ganz frisches Eigelb

3 EL Aceto balsamico

100 ml Olivenöl

Salz, schwarzer Pfeffer aus
der Mühle

Zeitbedarf
▪ 25 Minuten

So geht's

1. Den Feldsalat putzen, gründlich waschen [→a] und trocknen.
   Vier Teller damit auslegen.

2. Bresaola, geröstete Pinienkerne und schwarze Oliven über den
   Salat verteilen.

3. Eigelb, Essig und Öl in einer Schüssel verrühren. Mit Salz und
   Pfeffer würzen. Die Sauce in eine Sauciere füllen und separat
   zum Salat servieren.

DAS IST *wirklich* WICHTIG

[a] DAS WASCHEN DES FELDSALATS ist
aufwendig, da die Blättchen oft sehr san-
dig und erdig sind. Nehmen Sie sich genügend Zeit dafür. Ihre Zähne werden es
Ihnen danken.

FELDSALAT ist in der kalten Jahreszeit ein wichtiger Vitaminspender.
Er hat einen hohen Gehalt an Vitamin C, an Eisen und an Beta-Carotin.

DAS IST *wirklich* WICHTIG

ZUTATEN VOM BESTEN Ein Carpaccio braucht nur wenige Zutaten, aber die müssen von allerbester Qualität und absolut frisch sein. Und: Je dünner die Scheiben von Fleisch und Pilzen sind, je besser für den Geschmack! Nichts wird verdeckt, alle Aromen kommen pur wie selten auf die Zunge.

[a] STEINPILZE PUTZEN Pilze nicht waschen, weil sie sonst an Aroma verlieren. Besser mit einem speziellen Pilzpinsel sorgfältig säubern.

[b] FLEISCH PARIEREN Von der Rinderhüfte gegebenenfalls Häute und Sehnen mit einem scharfen Messer abschneiden.

[c] CARPACCIO SCHNEIDEN Fleisch in hauchdünne Scheiben schneiden. Danach jede Scheibe mit der Messerklinge behutsam flach streichen.

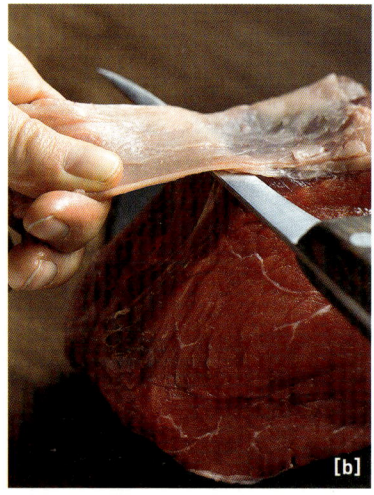
[b]

[c]

[Carpaccio di carne con porcini]

RINDER-CARPACCIO
mit Steinpilzen

TRADITIONALISTEN BESTEHEN AUF DAS ORIGINAL: RINDFLEISCH! FILET ODER HÜFTE? DIE HÜFTE HAT EINEN FESTEREN BISS UND EINEN AROMATISCHEREN GESCHMACK.

Zutaten für 4 Portionen

250 g Rinderhüfte

½ Bund Rucola

150 g frische Steinpilze

4 EL mildes Olivenöl

2 Prisen feines Meersalz

schwarzer Pfeffer aus der Mühle

Saft von 1 Zitrone

50 g Parmesan am Stück

besonderes Werkzeug
- 1 Aufschnittmaschine oder 1 scharfes Messer
- 1 Pilzpinsel

Zeitbedarf
- 20 Minuten

So geht's

1. Die Rinderhüfte bis zur Zubereitung mindestens 2 Stunden in den Kühlschrank stellen. Vier Vorspeiseteller leicht vorkühlen.

2. Rucola putzen, waschen und trocknen. Grobe Stiele abschneiden. Rucolablätter in Streifen schneiden. Die Steinpilze mit dem Pinsel gut säubern [→a] und mit einem Trüffel- oder Gemüsehobel längs in dünne Scheiben hoben.

3. Die Rinderhüfte, falls nötig, parieren [→b]. Das Fleisch mit der Aufschnittmaschine mit dem glatten Schneidblatt oder einem scharfen Messer in etwa 3 mm dicke Scheiben schneiden [→c]. Die Scheiben danach einzeln mit der Messerklinge mehr flach streichen als flach drücken.

4. Die Vorspeiseteller dünn mit Öl bepinseln, mit etwas Salz und Pfeffer bestreuen. Fleischscheiben und Steinpilze darauf anrichten. Nochmals salzen und pfeffern. Mit Zitronensaft und Olivenöl beträufeln. Parmesan mit dem Hobel über das Carpaccio verteilen. Sofort servieren.

Dazu ungesalzenes italienisches Weißbrot servieren.

Die Varianten

Lamm-Carpaccio
Ein Edel-Imbiss aus hauchdünnen Scheiben von Lammlende und roher Roter Bete. Als verbindendes Element eine leichte Sauce aus Crème fraîche, Walnussöl, Salz, Pfeffer und Zitronensaft. Mit Dillspitzen und Gurkenwürfelchen bestreuen.

Fisch-Carpaccio
Dafür kann man im Grunde jeden edlen Seefisch nehmen, zum Beispiel Lachs, Schwertfisch oder Wolfsbarsch. Fischfilet in hauchdünne Scheiben schneiden und glatt streichen. Mit Kräuterblättchen, Limettensaft, Olivenöl, Salz und Pfeffer zubereiten.

CARPACCIO Erfunden hat das hauchzarte Essvergnügen Giuseppe Cipriani, der 1931 in Venedig „Harry's Bar" gründete. Die Bar wurde weltberühmt, die Vorspeise auch: hauchdünne Rinderfiletscheiben mit einem Dressing aus Mayonnaise mit Cognac und Worcestersauce. Seine neue Kreation nannte Cipriani nach dem großen venezianischen Maler Carpaccio.

[Insalata di lenticchie con mozzarella]

KLEINER LINSENSALAT
auf Mozzarella

ES MÜSSEN NICHT IMMER TOMATE UND BASILIKUM SEIN, MOZZARELLA IST AUCH FÜR ANDERES OFFEN. HIER WIRD ER ZUR GAUMENFREUDE MIT EINEM KLEINEN LINSENSALAT.

DAS IST *wirklich* WICHTIG

[a] DIE LINSEN auf jeden Fall getrennt kochen, denn je nach Sorte und Alter haben sie unterschiedliche Garzeiten. Für den Salat sollen die Linsen weich sein, aber auch schön in Form bleiben, also nicht zerfallen.

Zutaten für 4 Portionen

je 50 g kleine grüne und braune Linsen

1 Möhre

1 rote Zwiebel

250 g Büffel-Mozzarella

1 Bund Schnittlauch

4 EL Olivenöl

2–3 EL Weißweinessig

1–2 TL Feigensenf (aus der Feinkostabteilung)

Salz, weißer Pfeffer aus der Mühle

Zeitbedarf
▪ 35 Minuten

So geht's

1. Die Linsen verlesen, in einem Sieb abbrausen und abtropfen lassen. Linsen getrennt in kochendem Wasser nach Packungsangabe garen, bis sie weich sind, aber nicht zerfallen [→a]. In einem Sieb kalt abschrecken und gut abtropfen lassen.

2. Möhre und Zwiebel schälen, in möglichst kleine Würfel schneiden. Mozzarella in 8 gleich dicke Scheiben teilen. Schnittlauch waschen, trockenschütteln und in Röllchen schneiden.

3. Möhre und Zwiebel in einer Pfanne in heißem Öl anbraten. Mit 2 EL Essig ablöschen, von der Kochstelle nehmen. 1 TL Feigensenf und ¾ der Schnittlauchröllchen einrühren. Die Linsen dazugeben und untermischen. Salat mit Salz, Pfeffer, restlichem Essig und übrigem Feigensenf abschmecken.

4. Mozzarellascheiben auf kleinen Tellern anrichten. Den Linsensalat darauf verteilen. Mit den restlichenSchnittlauchröllchen garniert servieren.

[Insalata di barbabietole]

SALAT MIT ROTER BETE
aus dem Ofen

DIESER SALAT BESTICHT DURCH SEINE EINFACHHEIT UND SEIN INTENSIVES SÜSS-
LICHES AROMA. DAS ERREICHEN SIE, WENN SIE DIE ROTEN BETEN IM OFEN GAREN.

Zutaten für 4 Portionen

4–6 frische Rote Beten

50 g Möhren

50 g Staudensellerie

2 EL Butter

Salz, schwarzer Pfeffer aus
der Mühle

Olivenöl extra vergine

Rotweinessig

Zeitbedarf
- 30 Minuten + 1–1 ½ Stunden
  Garen im Ofen

So geht's

1. Den Backofen auf 200 °C vorheizen. Blätter der Roten Beten an
   der Stielbasis abschneiden, Wurzelenden kappen. Die Rüben in
   kaltem Wasser waschen und in Backpapier wickeln. Die Papier-
   ränder mehrmals falten, um das Paket fest zu verschließen.

2. Die Pakete auf einem Backblech in den oberen Teil des Ofens
   schieben. Je nach Größe die Roten Beten in 1–1 ½ Stunden weich
   garen. Mit einer Gabel die Garprobe machen.

3. In der Zwischenzeit Möhren und Sellerie waschen, putzen und
   in 5 mm große Würfel schneiden. In einer Pfanne mit der Butter
   bei mittlerer Hitze 10 Minuten dünsten. Mit Salz und Pfeffer abschmecken.

4. Die noch warmen Rüben schälen und in dünne Scheiben schneiden. Kurz vor dem Servieren mit Salz, reichlich Olivenöl und etwas Essig anmachen und mit den Möhren- und Selleriewürfeln
   garnieren.

SIE KÖNNEN DIESEN SALAT auch mit fertig gekochten Roten Beten zubereiten. Doch der Aufwand, die Rüben im Ofen zu garen, lohnt sich wegen
des unvergleichlichen Geschmacks sehr.

RADICCHIO
kaufen, lagern & zubereiten

Radicchio gehört zur Gattung der Zichoriengewächse. Mittlerweile haben die roten knackigen Salate auch bei uns Einzug gehalten und erfreuen sich immer größerer Beliebtheit. Man unterscheidet die folgenden fünf Radicchio-Sorten:

Der **Radicchio di Chioggia,** benannt nach einer kleinen Stadt in Venetien, ist die auch außerhalb Italiens am meisten angebaute Sorte. Sie wurde nach dem Zweiten Weltkrieg eingeführt, ist leicht zu kultivieren, aber kulinarisch am wenigsten interessant. Der Kopf ist fest und rund, die Blätter sind dunkelrot mit weißen Rippen. Er eignet sich am besten für Salate.

Der **Radicchio rosso di Verona** ist rund und seine Farbe changiert von dunkelviolett bis leuchtend pink. Das Innere des Salatkopfes ist hell, seine Rippen sind zart. Er weist ein angenehmes bitteres Aroma auf und macht sich ausgezeichnet in einfachen Salaten, die nur mit Olivenöl, Zitronensaft, Salz und Pfeffer angemacht werden.

Der **Radicchio variegato di Castelfranco,** benannt nach einem Städtchen in der Provinz Treviso, ähnelt einem locker gewachsenen Kohl. Das Blatt ist hellgelb mit weinroter Sprenkelung. Er ist ab Oktober im Handel und der mildeste von allen Sorten. Er wird in erster Linie als Salat genossen.

Der **Radicchio rosso precoce di Treviso** – er wird oft nur als Treviso bezeichnet – besteht aus lockeren, länglichen, spitz zulaufenden rot marmorierten Blättern. Er wird schon im September geerntet. Er ist nicht so bitter wie die anderen Sorten, weshalb man ihn nicht nur als Salat, sondern in Risotti, Pastasaucen und als Gemüse serviert.

Der **Radicchio rosso tardivo di Treviso** ist der echte und ursprüngliche Radicchio. Er wird in Treviso und in den Nachbarprovinzen angebaut. In dieser Gegend sind die klimatischen Bedingungen und die Qualität des Wassers optimal. Er hat lange, lockere und schmale Blätter, deren Spitzen sich nach innen rollen. Die breiten Rippen sind leuchtend weiß, die Ränder dunkelrot. Der Tardivo di Treviso eignet sich hervorragend für Salate, er schmeckt aber auch gebraten, gebacken, gegrillt oder im Risotto ausgezeichnet.

GESCHÜTZTE URSPRUNGS-BEZEICHNUNG

Alle fünf genannten Radicchio-Sorten tragen die Ursprungsbezeichnung IGP (Indicazione Geografica Protetta), was ihre geografische Herkunft garantiert. Radicchio mit runden Köpfen kann aus ganz Italien stammen.

PRODUKTION & ERNTE

Außer für Radicchio di Chioggia ist die Radicchio-Produktion sehr arbeits- und zeitintensiv. Um den typischen Geschmack und die typische Färbung zu erhalten, muss der Radicchio gebleicht werden. Andernfalls wäre er bitter und unansehnlich.

Der Radicchio rosso di Verona und der Radicchio variegato di Castelfranco werden bereits auf dem Feld gebleicht, indem sie mit Erde, Stroh oder schwarzer Folie abgedeckt werden. Sie sind deshalb gleich nach der Ernte fertig für den Verkauf.

Der Rosso tardivo di Treviso und der Rosso precoce di Treviso hingegen werden erst nach der Ernte einer Bleichung unterzogen. Dies ist ein langwieriger Arbeitsprozess mit vielen Zwischenschritten, vom Entfernen der äußeren Blätter über das Lagern der Wurzeln in fließendem Wasser und wiederum in der Erde bis hin zum fertigen Ausreifen im Wasser. Der letzte Arbeitsschritt, das Ausreifen im Wasser, wird erst kurz bevor der Radicchio in den Verkauf gelangt vorgenommen.

EINKAUF

Radicchio ist in guten italienischen Fachgeschäften, Gemüsehandlungen und auf den Wochenmärkten erhältlich. Gegen Ende des Jahres schmeckt Radicchio am mildesten, im Sommer hingegen am bittersten. Wenn Sie keinen echten Radicchio auftreiben können, dann verwenden sie Chicorée oder den italienischen Cicorino rosso.

LAGERUNG

Wenn Sie Radicchio kühl und lichtgeschützt aufbewahren, bleibt er mindestens eine Woche frisch.

ZUBEREITUNG

Waschen Sie den Radicchio di Treviso unter fließendem Wasser Blatt für Blatt und schneiden Sie ihn erst nach dem Waschen – so bleiben die Vitamine besser erhalten. Die festen und runden Köpfe des Radicchio di Chioggia sind weniger empfindlich. Wenn Sie es nicht allzu bitter mögen, können Sie die runden Köpfe auch halbieren, schräg in feine Streifen schneiden und erst dann waschen. Der Radicchio wird dadurch etwas milder.

WÜRZIGE WURZELN

Die Wurzeln des Radicchio rosso precoce di Treviso und des tardivo di Treviso können mitverarbeitet werden, vor allem wenn der Radicchio gebraten oder gegrillt wird. Sie schmecken noch etwas würziger als die Blätter.

DAS IST *wirklich* WICHTIG

[a] GENUG PLATZ HABEN müssen die Radicchiohälften in der Pfanne oder im Bräter, damit Ihre Schnittflächen komplett den Boden mit dem heißen Öl berühren. Denn nur dann bilden sich die gewünschten Röst- und Geschmacksstoffe. Unterstützen können Sie diesen Vorgang, indem Sie die Hälften mit einem Pfannenwender jeweils kurz an den Boden drücken.

[b] SCHÖN HEISS Die Radicchiohälften sofort nach dem Einlegen in Pfanne oder Bräter und dem Andrücken in den vorgeheizten Ofen schieben, damit keine Hitze verloren geht. Und der Radicchio knackig geschmort auf die vorgewärmten Teller kommt.

[c] SCHÖN DÜNN So sollten die Käsespäne sein. Dafür am besten einen Trüffelhobel oder einen sehr scharfen Sparschäler benutzen.

[d] SCHÖN LOCKER Damit die Vorspeise so wunderbar aussieht wie sie schmeckt, ist es wichtig, Radicchio, Bresaola oder Schinken und Käse möglichst locker miteinander anzurichten. Der grob geschrotete Pfeffer gibt dann noch den letzten optischen Kick.

[c]

[d]

[Radicchio stufato all'aceto balsamico tradizionale]

GESCHMORTER RADICCHIO
mit gereiftem Balsamico

DER SANFT BITTERE TON DES RADICCHIO VERBINDET SICH
AUFS KÖSTLICHSTE MIT DER LEICHTEN SÜSSE DES GEREIFTEN
BALSAMICO. BRESAOLA UND KÄSE ERGÄNZEN DIE AROMEN.

Zutaten für 4 Portionen

6 kleine längliche Radicchio-Köpfe

6 EL Olivenöl

1 Prise Salz

1 Prise Zucker

3 EL gereifter Aceto balsamico

100 g Bresaola oder San-Daniele-Schinken

80 g Parmesan oder Grana Padano am Stück

schwarzer Pfeffer aus der Mühle

besonderes Werkzeug
- 1 Trüffelhobel oder scharfer Sparschäler

Zeitbedarf
- 20 Minuten

So geht's

1. Den Backofen auf 180 °C vorheizen. Radicchio putzen, waschen, trocknen und die Köpfe längs halbieren.

2. In einem großen Bräter oder einer großen ofenfesten Pfanne 3 EL Olivenöl erhitzen. Die Radicchiohälften jeweils mit der Schnittfläche nach unten nebeneinander hineinlegen. Mit einem Bratenwender leicht andrücken [→a].

3. Mit Salz und Zucker bestreuen und mit dem Essig ablöschen. Bräter oder Pfanne sofort in den heißen Ofen stellen [→b] und den Radicchio darin etwa 8 Minuten schmoren lassen.

4. Geschmorten Radicchio auf vorgewärmten Tellern mit Bresaola oder Schinken anrichten. Mit der entstandenen Schmorflüssigkeit und mit dem restlichen Olivenöl beträufeln. Den Käse in möglichst dünnen Spänen darüberhobeln [→c]. Alles mit grob geschrotetem Pfeffer bestreuen [→d]. Sofort servieren.

Dazu schmeckt am besten italienisches Weißbrot.

Die Variante

Mit Eiern & Speck
Macht aus der leichten Vorspeise einen sättigenden Snack. Dafür den Radicchio wie beschrieben schmoren. In der Zwischenzeit 4 Eier in 5–6 Minuten wachsweich kochen. Kalt abschrecken, pellen und behutsam längs halbieren. Radicchio mit 200 g Südtiroler Speck in dünnen Scheiben und den Eierhälften auf vorgewärmten Tellern anrichten. Mit Öl beträufeln und mit grobem schwarzem Pfeffer übermahlen.

GEREIFTER ACETO BALSAMICO trägt den Zusatz *tradizionale*. Dabei unterscheidet man eine (über) 12-jährige und eine 25-jährige Reifung in Holzfässern. Bei letzterer darf auf dem Etikett auch noch *extravecchio* stehen. Ansonsten gilt: Hochwertiger Aceto balsamico besteht nur aus Traubenmost, industriell erzeugter Balsamico-Essig dagegen hauptsächlich aus Weinessig, dem Farbstoffe beigegeben wurden.

[Zuppa di vino altoatesino]

SÜDTIROLER WEINSUPPE
klassisch

DIESE SUPPE WÄRMT MAGEN UND SEELE GLEICHERMASSEN. VORAUSGESETZT,
DER WEIN IST VON GUTER QUALITÄT, ALSO FRUCHTIG UND MIT ANGENEHMER SÄURE.

Zutaten für 4 Portionen

2 Scheiben Weißbrot vom Vortag

2 EL Butter

gemahlener Zimt

250 ml kräftige Fleischbrühe

150 ml trockener Weißwein
guter Qualität (z. B. Weiß-
burgunder oder Silvaner)

3 Eigelb

100 g Sahne

Salz

frisch geriebene Muskatnuss

2 EL Schnittlauchröllchen

Werkzeug
▪ 1 flacher breiter Topf mit
schwerem Boden

Zeitbedarf
▪ 20 Minuten

So geht's

1. Für die Croûtons das Weißbrot entrinden und in kleine Würfel
schneiden. Butter in einer Pfanne zerlassen, die Brotwürfel darin unter mehrmaligem Wenden goldgelb und knusprig braten.
Sofort aus der Pfanne nehmen [→a], auf Küchenpapier abtropfen
und auskühlen lassen. Mit einem Hauch Zimt bestäuben.

2. Die Fleischbrühe mit dem Wein in dem breiten Topf aufkochen.
Von der Kochstelle nehmen. Eigelbe mit der Sahne verquirlen.
Unter Rühren langsam in die Flüssigkeit gießen [→b].

3. Die Suppe bei kleiner bis mittlerer Hitze unter ständigem Schlagen mit einem Schneebesen dick und schaumig werden lassen,
dabei aber auf keinen Fall zum Kochen bringen, weil sonst das
Eigelb gerinnt und ausflockt [→c].

4. Weinsuppe mit Salz, Muskatnuss und 1 Prise Zimt abschmecken. Zum Servieren in Teller füllen und den Schaum gleichmäßig verteilen. Die Suppe mit den Croûtons und den Schnittlauchröllchen bestreut servieren.

Die Varianten

Rustikal
Die Zubereitung bleibt
gleich. Aber anstelle von
Weißbrot 2 Scheiben kräftiges Bauernbrot vom Vortag
nehmen. Die Brotwürfel
dann zusammen mit 1 TL
gehackten frischen Majoran-
blättchen in Butter knusprig
braten. Und als Wein einen
aromaintensiven Gewürz-
traminer verwenden. Wie
die beschriebene Suppe wird
auch diese zum Servieren
mit Schnittlauchröllchen bestreut.

Prickelnd
Schaumwein wie Spumante,
Prosecco oder Sekt ist hier
die Zutat, die ein luftig-leich-
tes Geschmackserlebnis
verspricht. Wie beim Wein
gilt auch beim Schaumwein:
gute Qualität wählen! Zubereitet wird die Suppe wie die
Weinsuppe. Aber: anstelle
der Fleischbrühe möglichst
Kalbsfond verwenden, von
den Brotwürfeln nur die halbe Menge rösten und die
Suppe statt mit Schnittlauch
mit zarten Petersilienblättchen bestreuen.

DICKSCHAUMIG UND CREMIG – SO SOLLTE DIE KONSISTENZ DES KLASSIKERS AUS SÜDTIROL SEIN.

DAS IST
wirklich
WICHTIG

[a] BROTWÜRFEL goldgelb und knusprig braten. Dann sofort aus der Pfanne nehmen, damit sie sich nicht mit Fett vollsaugen.

[b] HEISSE FLÜSSIGKEIT von der Kochstelle nehmen. Die Ei-Sahne-Mischung unter Rühren langsam einfließen lassen.

[c] WICHTIGSTER TEIL der Zubereitung ist das Mischen und Aufschlagen der Flüssigkeit mit der Ei-Sahne-Mischung. Dabei sind Beobachtung und Fingerspitzengefühl gefragt: Die Suppe muss einerseits gerade heiß genug ist, um zu binden und schön cremig zu werden, darf aber andererseits nicht zu heiß sein, da sonst das Eigelb gerinnt.

[c]

[a]

[b]

[Zuppa di zucca]

KÜRBISSUPPE
mit Marsala

STIMMUNGSAUFHELLEND, WÄRMEND UND NAHRHAFT.
EINE KÜRBISSUPPE IST IN DER KALTEN JAHRESZEIT
IMMER EINE GUTE WAHL.

Zutaten für 4 Portionen

1 kg gelber Speisekürbis

½ l Fleischbrühe

1 Zwiebel

4 EL Butter

100 ml Marsala

4 Scheiben Weißbrot

Salz, schwarzer Pfeffer
aus der Mühle

3 EL Sahne

nach Belieben geriebener
Käse zum Servieren

besonderes Werkzeug
▪ 1 Passiergerät

Zeitbedarf
▪ 15 Minuten + 20 Minuten
Garen

So geht's

1. Den Kürbis schälen, von
   Kernen und faserigem
   Fruchtfleisch befreien,
   in Würfel schneiden. Das
   Kürbisfleisch in einem
   mittelgroßen Topf in der
   Fleischbrühe weich ko-
   chen. Durch das Passiergerät treiben.

2. Die Zwiebel schälen, fein
   würfeln und in 2 EL Butter
   anschwitzen. Das Kürbispüree dazugeben, 10 Minuten bei mittlerer Hitze
   köcheln lassen, dann den
   Marsala zufügen und
   10 Minuten weitergaren.

3. Das Brot entrinden, klein
   würfeln und in einer Pfanne in der restlichen Butter
   goldgelb rösten.

4. Die Suppe kräftig mit Salz
   und Pfeffer abschmecken
   und mit der Sahne verfeinern. Mit den gerösteten
   Brotwürfeln und nach Belieben mit geriebenem
   Käse servieren.

[Zuppa di marroni]

MARONENSUPPE
unkompliziert

MIT DIESEM REZEPT KOMMEN AUCH DIE MARO-
NEN-LIEBHABER AUF IHRE RECHNUNG, DIE KEINE
SCHLECKERMÄULER SIND.

Zutaten für 4 Portionen

700 g Esskastanien
(Maronen)

1 kleine Zwiebel

1 Stück (ca. 4 cm)
frischer Ingwer

1–2 EL Olivenöl

1 l heiße Gemüsebrühe
(Rezept-Variante S. 141)

Salz, schwarzer Pfeffer aus
der Mühle

Zeitbedarf
▪ 30 Minuten

So geht's

1. Kastanien waschen, an
   den Kanten zur Spitze hin
   einschneiden. In einer
   Pfanne mit etwas Wasser
   zugedeckt braten, bis die
   Schale aufspringt. Noch
   heiß schälen und die braunen Häutchen entfernen.

2. Zwiebel und Ingwer schälen, separat fein hacken.
   Zuerst die Zwiebel im Öl
   glasig dünsten, dann den
   Ingwer zufügen und weitere 3–4 Minuten dünsten.

3. Kastanien dazugeben, unter Wenden 2 Minuten mitdünsten. Die Brühe zugießen und aufkochen.

4. Die Suppe 15 Minuten bei
   kleiner Hitze köcheln lassen, anschließend mit dem
   Pürierstab pürieren. Mit
   Salz und Pfeffer abschmecken und servieren.

FRISCHE MARONEN Achten Sie beim Einkauf darauf, dass die Maronen glänzend und prall sind. Schrumpelige Exemplare sind nicht
mehr frisch, und Löcher in den Maronen deuten auf Würmer hin.

[Minestrone di ceci]

KICHERERBSENSUPPE
mit Fenchel

KICHERERBSEN UND FENCHELKNOLLEN – SIE GLAUBEN
NICHT, WIE GUT DAS SCHMECKT. DIE GEMÜSESUPPE GEWINNT
ZUSÄTZLICH DURCH EIN OLIVENÖL MIT KRÄFTIGEM AROMA.

Zutaten für 4 Portionen

200 g getrocknete Kichererbsen

2 Fenchelknollen

1 Knoblauchzehe

1 Bund glatte Petersilie

6 EL kräftiges Olivenöl

1 ¼ l kräftige Gemüsebrühe
(am besten selbst gemacht,
Rezept siehe rechts)

Salz, schwarzer Pfeffer aus
der Mühle

4 Scheiben Weißbrot vom Vortag

50 g frisch geriebener Pecorino
oder Parmesan

Zeitbedarf
- 70 Minuten + 12 Stunden
  Einweichen

So geht's

1. Die getrockneten Kichererbsen in einem Topf mit 1 ½ l kaltem
Wasser bedecken und 12 Stunden (oder über Nacht) einweichen.
Im Einweichwasser aufkochen und 30–40 Minuten garen, bis sie
weich sind. In ein Sieb abgießen, abbrausen und abtropfen lassen.

2. Fenchelknollen waschen und putzen, das zarte Grün beiseite
legen. Die Knollen vierteln und in Streifen schneiden.

3. Den Knoblauch schälen, klein würfeln. Petersilie waschen, tro-
ckenschutteln, die Blatter abzupfen und hacken. In einem Suppentopf 3 EL Öl erhitzen, Fenchel, Knoblauch und Petersilie darin unter Rühren 2 Minuten dünsten. Gemüsebrühe zugießen und
die Suppe 10 Minuten köcheln lassen.

4. Kichererbsen dazugeben, mit Salz und Pfeffer würzen und alles
weitere 10 Minuten sanft kochen lassen. Inzwischen das Brot
entrinden, in Dreiecke schneiden und in einer großen Pfanne
von beiden Seiten goldgelb rösten. Das Fenchelgrün hacken.
Die Suppe abschmecken.

5. Brotecken in tiefe Teller verteilen. Die Minestrone darauf schöp-
fen und mit Fenchelgrün bestreuen. Bei Tisch die Suppe mit
dem restlichen Olivenöl beträufeln und mit Käse bestreuen.

Die Variante

Minestrone mit Wirsing
50 g Speck und 1 Zwiebel
klein würfeln. Beides in 2 EL
Butter anbraten. 200 g Möhren schälen, putzen und in
Scheiben schneiden. Kurz
mitbraten. Mit 1 ¼ l Fleischbrühe ablöschen, 10 Minuten
köcheln lassen. 300 g jungen
Wirsing waschen, putzen, in
kurze Streifen schneiden. In
die Suppe geben, 10–15 Minuten garen. Minestrone mit
Salz, Pfeffer und Muskatnuss
abschmecken.

Selbst gekochte Gemüse-
brühe
Als optimale Basis (nicht
nur) für Ministrone und für
gut 1 ¼ Liter: 1 ungeschälte
Zwiebel halbieren, die
Schnittflächen anrösten. Mit
750 g zerkleinertem Gemüse
(beispielsweise Möhren, Sellerie, Lauch, Tomaten, Pe-
tersilienwurzel, Fenchel) in
einen Suppentopf geben.
5 Stängel Petersilie, 6 Pfefferkörner, 2 Lorbeerblätter,
1 Prise Salz und 1 ½ l Wasser zufügen. Alles 1 Stunde
leise köcheln lassen. Brühe
durch ein feines Sieb gießen,
das Gemüse nur sanft aus-
drücken. (Übrige Brühe ge-
gegebenenfalls einfrieren.)

GETROCKNETE KICHERERBSEN brauchen reichlich Zeit zum Einweichen und dann noch etwa 30–40 Minuten zum
Garen. Sie sind daher nichts für spontane Kochideen. Wenn man sich aber die Zeit nimmt, verwöhnen sie uns mit
ihrem nussigen Aroma – das bei den vorgekochten Kichererbsen aus der Dose nicht so ausgeprägt ist.

[Crostini alla crema di fagioli]

CROSTINI
mit Bohnencreme

WIE AUS WENIGEN ZUTATEN IN KÜRZESTER ZEIT ETWAS
BESONDERES WIRD, DAS IST DER ZAUBER DES EINFACHEN.
UNENTBEHRLICH DABEI: BESTES OLIVENÖL!

Zutaten für 4 Portionen

- 1 Dose (400 g) kleine weiße Bohnen (z.B. Cannellini)
- 1 kleine Zwiebel
- 1 Knoblauchzehe
- 4–5 EL kräftiges Olivenöl extra vergine
- 2 EL Zitronensaft
- 3 Stängel glatte Petersilie
- Salz
- weißer und schwarzer Pfeffer aus der Mühle
- 4 Scheiben italienisches Weißbrot
- etwas Olivenöl zum Beträufeln

Zeitbedarf
- 20 Minuten

So geht's

1. Die Bohnen aus der Dose in ein Sieb gießen, kurz mit kaltem Wasser abbrausen und gut abtropfen lassen.

2. Zwiebel und Knoblauch schälen, beide fein würfeln und in 2 EL Öl bei mittlerer Hitze glasig und weich dünsten. Die Bohnen mit dem Zwiebel-Knoblauch-Mix und 1 EL Zitronensaft sehr fein pürieren.

3. Die Petersilie waschen, trockenschütteln und die Blättchen sehr fein hacken. Unter das Bohnenpüree mischen. Dann so viel vom restlichen Öl unterrühren, bis es cremig ist. Mit Salz, Pfeffer und dem restlichen Zitronensaft abschmecken.

4. Brotscheiben toasten oder in einer Pfanne knusprig rösten. Je nach Größe halbieren oder dritteln. Mit der Bohnencreme bestreichen. Mit grob geschrotetem schwarzem Pfeffer bestreuen und zum Schluss noch mit ein paar Tropfen Öl beträufeln.

[Crostini fichi]

CROSTINI
mit Feigen

SO LEBT MAN GERNE VON DER HAND IN DEN MUND,
DENN FEINER KANN EIN KÄSEBROT KAUM WERDEN –
UND RAFFINIERTER IM GESCHMACK AUCH NICHT.

Zutaten für 4 Portionen

- 8 dünne Scheiben Stangenweißbrot
- 4 reife blaue Feigen
- 150 g Taleggio (italienischer Weichkäse; ersatzweise Fontina)
- 80 g Feigensenf (aus der Feinkostabteilung)
- schwarzer Pfeffer aus der Mühle

Zeitbedarf
- 15 Minuten

So geht's

1. Den Backofengrill vorheizen. Die Brotscheiben auf ein Backblech legen und unter dem Grill von beiden Seiten goldgelb rösten.

2. Die Feigen waschen und trockentupfen. Der Länge nach in insgesamt 16 Scheiben schneiden. Auf die gerösteten Brote verteilen.

3. Taleggio in 8 Scheiben oder Stücke schneiden und auf die Feigen legen. Die Brote unter dem Backofengrill gratinieren, bis der Käse anfängt zu schmelzen. Aus dem Ofen nehmen.

4. Je einen Klecks Feigensenf auf den Käse geben. Crostini mit etwas grobem Pfeffer übermahlen und sofort servieren.

DIE KLEINEN BROTE sind ideale Begleiter zum Aperitivo, mit dem man in Italien genussvoll in den Feierabend startet.

[Bruschette ai funghi]

BRUSCHETTA
mit Waldpilzen

UNGLAUBLICH AROMATISCH WIRD DIESER SNACK, WENN SIE
STEINPILZE VERWENDEN. DIE SIND ZWAR ETWAS TEURER, ABER
FÜR DIESEN UNVERGLEICHLICHEN GESCHMACK LOHNT ES SICH.

Zutaten für 4 Portionen

250 g frische Steinpilze oder
Pfifferlinge (oder beide gemischt)

1 Knoblauchzehe

½ Bund Petersilie

1 Stück Bio-Zitronenschale

1 EL Pinienkerne

4 EL Olivenöl

4 große Scheiben italienisches
Weißbrot

Salz, schwarzer Pfeffer aus
der Mühle

Cayennepfeffer

besonderes Werkzeug
▪ Pilzpinsel

Zeitbedarf
▪ 25 Minuten

So geht's

1. Die Pilze am besten mit einem Pilzpinsel säubern, in Streifen schneiden. Knoblauch schälen und fein würfeln. Die Petersilie waschen, trockenschütteln; die Blätter fein hacken. Zitronenschale in möglichst feine kurze Streifen schneiden.

2. Die Pinienkerne in einer großen Pfanne ohne Fett goldgelb rösten. Herausnehmen und beiseitestellen. 3 EL Öl in der Pfanne erhitzen, die Pilze darin anbraten. Knoblauch und die halbe Menge Petersilie einrühren, 2 Minuten mitbraten.

3. Die Brotscheiben halbieren und knusprig toasten. Übriges Öl und die gerösteten Pinienkerne unter die Pilze mischen. Mit Salz, Pfeffer und einem Hauch Cayennepfeffer abschmecken.

4. Die Pilze auf den Brothälften verteilen. Die restliche Petersilie mit der Zitronenschale mischen. Bruschette damit bestreuen und sofort warm servieren.

GETROCKNERE STEINPILZE eignen sich ebenso gut, müssen aber vorher eingeweicht werden.
Für diese Bruschette 40 g Trockenpilze in ½ Liter lauwarmem Wasser 30 Minuten quellen lassen.
Abtropfen lassen und dabei das Einweichwasser auffangen. Pilze mit Knoblauch und Petersilie
anbraten. Mit 150 ml durchgesiebtem Pilz-Einweichwasser 10 Minuten garen.

DIE BEDEUTUNG VON BROT
in Italien

EINER DER GRUNDPFEILER DER ITALIENISCHEN KÜCHE IST BROT. ES DARF BEI EINER ITALIENISCHEN MAHLZEIT NIE FEHLEN. BROT BEGLEITET DAS ESSEN VOM ANFANG BIS ZUM ENDE – BIS DIE SAUCE VOM HAUPTGANG AUFGETUNKT IST.

Schon die Römer wussten ein schmackhaftes Brot zu schätzen. Wie bei vielen anderen Lebensmitteln kamen jedoch am Anfang nur die höheren Schichten der Gesellschaft in seinen Genuss. Erst nach und nach setzte sich Brot auch bei der ärmeren Bevölkerung durch. Den Bäckern im Römischen Reich wurde eine Reihe von Privilegien zugestanden, der römische Kaiser Aurelian machte sie sogar zu Staatsbeamten.

Auch wenn Brot heute kein exklusives Lebensmittel mehr ist und Bäcker keine Sonderstellung mehr einnehmen, ist es ein unverzichtbarer Bestandteil der italienischen Esskultur geblieben. Ein Stück frisches Brot gehört zu einer gelungenen Mahlzeit. Das zeigt sich auch an den Öffnungszeiten der Bäckereien: Am Sonntagmorgen wird Brot verkauft, denn für den *pranzo della domenica* will niemand auf ofenfrisches Brot verzichten.

So unterschiedlich die Regionen Italiens sind, so unterschiedlich sind auch die Brotsorten. Für viele Brote wird Weizenmehl und Hefe verwendet, angereichert werden sie durch die Zugabe von Kräutern, Gewürzen und Gemüse. Man denke nur an das kräftige, salzlose Brot aus der Toskana, an die *piadine* der Romagna, an die knusprigen *ciabatte* aus Venetien, an die schmackhaften *focaccie* aus

Ligurien, an die *mantovane* aus der Lombardei, an nahrhafte apulische Olivenbrote oder an das sardische *pan carasau*. Und an viele weitere köstliche Weißbrote in allen möglichen Formen und Größen.

Altbackenes Brot findet sich in vielen traditionellen italienischen Speisen, da es stets ein preiswertes und sehr nahrhaftes Basisprodukt war. Und jeder Brotrest wird wiederverwertet. Wie etwa bei der *panzanella*, dem Brotsalat: Altbackenes Brot wird mit Wasser leicht befeuchtet, man fügt Knoblauch, Sardellen, Kapern, Olivenöl, Tomaten und Gurken hinzu und macht den Salat mit Salz, Pfeffer, Olivenöl und Essig an. Panzanella ist in ganz Mittelitalien sehr verbreitet und wird am besten, wenn ein gutes Landbrot verwendet wird, etwa aus der Toskana oder den Abruzzen. Oder auch die *acquacotta*, die toskanische Bauernsuppe, die hauptsächlich aus altbackenem Brot, Wasser, Zwiebeln, Tomaten und Olivenöl besteht. Ein einfaches, aber köstliches Gericht. Bei den Süßspeisen ist es die traditionelle *torta di pane*, die aus altbackenem Brot, Sultaninen, Pinienkernen und Schokolade hergestellt wird. Sie ist äußerst schmackhaft und lange haltbar. Das Rezept dazu finden Sie auf Seite 231.

[Crespelle]

GEFÜLLTE PFANNKUCHEN

schön würzig

FREUEN SIE SICH AUF INNERE WERTE UND MACHEN SIE SICH
AUF GENUSS GEFASST. DAS DUO AUS SANFTER CRESPELLA UND
WÜRZIGER FÜLLUNG ÜBERRASCHT DEN GAUMEN.

Zutaten für 4 Portionen

Für die Pfannkuchen

70 g Mehl

Salz

70 ml Milch

1 Ei

1 EL flüssige Butter

30 g Butter zum Backen

Für die Füllung

250 g Fenchelknolle

2 EL Olivenöl

¼ TL Fenchelsamen

½ TL grobes Meersalz

schwarzer Pfeffer aus der Mühle

1 Fleischtomate (200 g)

100–150 g Salsicce (rohe italienische Bratwürste; ersatzweise
andere rohe Bratwürste)

1 Zwiebel

Werkzeug
▪ 1 kleine beschichtete Pfanne
  (18–20 cm Ø)

Zeitbedarf
▪ 45 Minuten

So geht's

1. Für die Crespelle in einer Schüssel Mehl, 1 Prise Salz, Milch, Ei und flüssige Butter zu einem glatten Teig verquirlen. Den Pfannkuchenteig 20–30 Minuten ruhen lassen [→a].

2. Inzwischen für die Füllung die Fenchelknolle waschen und putzen, das zarte Fenchelgrün beiseitelegen. Die Knolle vierteln, den Strunk herausschneiden. Viertel quer in möglichst feine Streifen schneiden. 1 EL Öl in einer großen Pfanne erhitzen, die Fenchelstreifen darin bei mittlerer Hitze 5 Minuten braten.

3. Fenchelsamen und Meersalz fein zerstoßen (z. B. in einem Mörser). Fenchel mit dem Gewürz-Mix und Pfeffer abschmecken. Aus der Pfanne nehmen und beiseitestellen.

4. Die Tomate waschen, quer halbieren und den Stielansatz herausschneiden. Tomatenhälften entkernen und würfeln. Würste häuten und in 1 cm dicke Scheiben schneiden. Zwiebel schälen und fein würfeln. 1 EL Öl in der Pfanne erhitzen. Die Wurstscheiben darin 4–5 Minuten braten. Zwiebelwürfel zufügen, weitere 3 Minuten braten. Tomatenwürfel untermischen und alles noch weitere 4 Minuten dünsten. Fenchel unterheben und heiß werden lassen. Das Wurstragout mit Salz abschmecken.

5. In der kleinen beschichteten Pfanne [→b] bei mittlerer Hitze in etwas heißer Butter nacheinander 4 dünne, goldgelbe Pfannkuchen backen. Auf Küchenpapier entfetten. Fertige Pfannkuchen auf einen Teller stapeln und im Backofen bei 80 °C warm halten [→c].

6. Das Fenchelgrün hacken. Die Crespelle füllen, dazu auf je eine Pfannkuchenhälfte jeweils ¼ vom Ragout und etwas Fenchelgrün geben. Die andere Pfannkuchenhälfte darüberschlagen [→d]. Sofort servieren.

DAS IST *wirklich* WICHTIG

[a] DEN PFANNKUCHENTEIG bei Zimmertemperatur 30 Minuten quellen lassen, das nimmt ihm den mehligen Geschmack.

[b] DIE CRESPELLE gelingen dünn und goldgelb am besten in einer kleinen beschichleten Pfanne. Darin etwas Butter erhitzen. Ein Viertel vom Teig hineingießen, Pfanne drehen, bis der Boden dünn mit Teig bedeckt ist. Bei mittlerer Hitze etwa 1 Minute backen, bis die Unterseite goldgelb ist. Wenden und die zweite Seite backen. Insgesamt 4 kleine Pfannkuchen zubereiten.

[c] FERTIGE CRESPELLE übereinander auf einen Teller stapeln und im Backofen heiß halten.

[d] ZUM SERVIEREN ein Viertel der Füllung auf je eine Pfannkuchenhälfte geben. Die andere Hälfte darüberschlagen.

[b]

[Risotto alla zucca con petto d'anatra]

KÜRBIS-RISOTTO
mit Entenbrust

ALL'ONDA SOLL DER RISOTTO SEIN, ALSO WEICH WIE EINE WELLE DURCH DEN TOPF SCHWAPPEN. FÜR SCHLEMMER IST DIESE KONSISTENZ DAS HÖCHSTE!

[a]

DAS IST *wirklich* WICHTIG

[a] VERWENDEN SIE italienischen Rundkornreis wie Arborio, Vialone Nano oder Carnaroli. Die Kürbis-Reis-Masse mit heißer Brühe bedecken und unter ständigem Rühren köcheln lassen, bis die Brühe fast aufgesogen ist. Den Vorgang wiederholen, bis der Reis gar ist.

Zutaten für 4 Portionen

400 g Hokkaido-Kürbis
2 Schalotten
4 EL Butter
700 ml heiße Gemüsebrühe (Rezept-Variante S. 141), Salz
1 Entenbrustfilet (etwa 300 g)
schwarzer Pfeffer aus der Mühle
200 g Risotto-Reis [→a]
100 ml trockener Weißwein
50 g Fontina-Käse
1 EL Petersilienblättchen
2–3 EL Zitronensaft
frisch geriebene Muskatnuss

Zeitbedarf
- 70 Minuten

So geht's

1. Den Kürbis waschen und vierteln. Von Kernen und faserigem Fruchtfleisch befreien und mit der Schale klein würfeln. Schalotten schälen, würfeln. In einem breiten Topf 3 EL Butter erhitzen. Kürbis und Schalotten darin andünsten. Mit 250 ml Gemüsebrühe aufgießen, aufkochen, salzen und zugedeckt 15 Minuten köcheln.

2. Inzwischen die Haut der Entenbrust rautenförmig einschneiden, dabei aber nicht ins Fleisch schneiden. Das Fleisch salzen und pfeffern. In einer heißen Pfanne ohne Fettzugabe zuerst auf der Hautseite bei mittlerer Hitze 8 Minuten braten. Wenden und nochmals 8 Minuten braten. Im Backofen bei 80 °C warm halten.

3. Vom gegarten Kürbis ⅓ herausheben und beiseitestellen. Restlichen Kürbis fein pürieren. Den Reis untermischen, Wein zugießen, den Risotto salzen und bei kleiner bis mittlerer Hitze unter Rühren etwa 20 Minuten garen, dabei nach und nach die übrige Brühe zugießen, bis die Konsistenz dickflüssig bis cremig ist.

4. Kurz vor Ende der Garzeit den restlichen Kürbis unterheben. Den Käse entrinden, klein würfeln und mit der übrigen Butter und der Petersilie unter den Risotto mischen. Mit Salz, Pfeffer, Zitronensaft und etwas Muskatnuss abschmecken. Risotto noch 3–4 Minuten zugedeckt ziehen lassen. Die Entenbrust in dünne Scheiben schneiden, mit dem Risotto anrichten.

[Risotto al tartufo bianco]

RISOTTO
mit weißen Trüffeln

EIN WAHRLICH KÖNIGLICHES GERICHT, EDEL UND NOBEL, ZUBEREITET
MIT DEM ARISTOKRATISCHSTEN ALLER PILZE: DER WEISSEN TRÜFFEL.

[a]

Zutaten für 4 Portionen

1 ½ l Fleischbrühe
1 Zwiebel, 1 Knoblauchzehe
50 g Butter
350 g Risotto-Reis (Vialone oder Carnaroli)
175 ml Weißwein
50 g frisch geriebener Parmesan
2 EL fein gehackte glatte Petersilie + Petersilienblätter
Salz, schwarzer Pfeffer aus der Mühle
25 g weiße Trüffeln [→a]

besonderes Werkzeug
▪ 1 Trüffelhobel

Zeitbedarf
▪ 30 Minuten

So geht's

1. Die Fleischbrühe in einem Topf zum Kochen bringen.

2. Inzwischen Zwiebel und Knoblauch schälen, fein würfeln. In einem mittelgroßen Topf die Butter zerlassen, Zwiebel und Knoblauch darin andünsten. Den Reis zugeben und unter ständigem Rühren glasig werden lassen. Mit dem Weißwein ablöschen, verdampfen lassen.

3. Nach und nach immer so viel heiße Brühe zufügen, dass der Reis gut davon bedeckt ist. Häufig umrühren und den Reis auf diese Weise knapp 18–20 Minuten köcheln lassen, bis die Körner weich, aber noch bissfest sind.

4. Den Topf vom Herd nehmen, den Parmesan und die Petersilie untermischen, mit Salz und Pfeffer abschmecken. Den Risotto in vorgewärmten Tellern anrichten und die Trüffel darüberhobeln. Mit Petersilienblättern garnieren und sofort servieren.

NEBEN DER TEUREN WEISSEN TRÜFFEL aus dem piemontesischen Alba, deren Aroma zwischen November und Februar am intensivsten ist, gibt es von Frühjahr bis in den Sommer hinein den preiswerteren Bianchetto (Märztrüffel) aus Italien.

DAS IST *wirklich* WICHTIG

[a] TRÜFFELN MÖGLICHST FRISCH VERARBEITEN, da sie leicht schimmeln. Falls Sie sie trotzdem für kurze Zeit aufbewahren müssen, so umhüllen Sie sie mit Küchenpapier oder geben sie in ein Glas mit Reiskörnern. Vor der Verarbeitung reinigen Sie die Trüffel mit einer Bürste unter fließendem Wasser, die harte Schale entfernen Sie am besten mit einem Messer.

DAS IST
wirklich
WICHTIG

[a] FÜR DIE POLENTA einen möglichst hohen Topf (gegen das Spritzen) mit einem schweren Boden (gegen das Ansetzen) nehmen. Maisgrieß mit einem Schneebesen langsam einrühren. Bilden sich an der Oberfläche Blasen, sofort die Hitze reduzieren und den Topf kurz vom Herd nehmen. Dann bei kleiner Hitze unter häufigem Rühren mit einem Rührlöffel (alle 4–5 Minuten) etwa 45 Minuten garen.

[b] POLENTA FORMEN Den fertigen Polentabrei auf ein großes, mit kaltem Wasser befeuchtetes Schneidbrett geben. Mit Hilfe einer Palette, die Sie ab und zu in kaltes Wasser tauchen, zu einer eckigen Fläche von etwa 2 cm Höhe ausstreichen. Polenta mit Frischhaltefolie abdecken und zum Auskühlen und Festwerden für mindestens 30 Minuten in den Kühlschrank stellen. Die Polenta lässt sich gut schon am Vortag zubereiten, zur Platte formen und über Nacht kalt stellen.

[c] POLENTA SCHNEIDEN Die feste Masse mit einem langen Messer in gleichmäßig große Quadrate schneiden. Dabei das Messer immer wieder mal kalt abspülen. Wer mag, kann die Quadrate dann noch diagonal halbieren, sodass Dreiecke entstehen. Anschließend die Polentastücke vor dem Braten behutsam in Mehl wenden.

[d] PILZE BRATEN Die Pilze so lange unter gelegentlichem Rühren anbraten, bis die Flüssigkeit, die sich dabei bildet, völlig verdampft ist. Dann noch weiter braten, bis die Pilze einen leichten bräunlichen Rand haben. Erst dann kommt ihr Aroma so richtig zur Geltung. Anschließend die übrigen Zutaten kurz mitbraten und die Pilze kräftig abschmecken.

[Polenta fritta croccante con funghi]

POLENTA-ECKEN
mit Pilzen

EINE VERFÜHRERISCHE ART, DEN HERBST ZU GENIESSEN:
KNUSPRIG GEBRATENE POLENTA MIT HERRLICH WÜRZIGEN
PILZEN. RUSTIKAL UND RAFFINIERT ZUGLEICH.

Zutaten für 4 Portionen

Für die Polenta-Ecken

400 ml Gemüsebrühe
(Rezept-Variante S. 141)

400 ml Milch

Salz

125 g Polenta (Maisgrieß)

1 EL Butter

1 Eigelb

Salz, weißer Pfeffer aus
der Mühle

frisch geriebene Muskatnuss

Mehl zum Wenden

Olivenöl zum Braten

Für die Pilze

250 g Tomaten

1 Knoblauchzehe

400 g frische gemischte Pilze

je 1 EL Butter und Olivenöl

½ TL Thymianblättchen

Salz, weißer Pfeffer aus der
Mühle

1–2 EL Zitronensaft

1 EL Petersilienblättchen

Thymian zum Garnieren

besonderes Werkzeug
▪ Teigschaber oder Palette

Zeitbedarf
▪ 1 Stunde + 30 Minuten Kühlen

So geht's

1. Für die Polenta die Brühe mit der Milch und ½ TL Salz in einem hohen Topf [→a] zum Kochen bringen. Maisgrieß mit einem Schneebesen langsam einrühren. Wenn sich an der Oberfläche Blasen bilden, sofort die Hitze reduzieren und den Topf kurz vom Herd nehmen. Dann die Polenta bei kleiner Hitze unter häufigem Rühren (alle 4–5 Minuten) etwa 45 Minuten köcheln lassen. Sie ist fertig, wenn sie die Konsistenz von lockerem Kartoffelpüree hat und sich zum Schluss vom Topfboden löst.

2. Butter und Eigelb unter den Maisbrei rühren. Mit Salz, Pfeffer und Muskatnuss würzen. Ein großes Schneidbrett anfeuchten. Polentabrei darauf geben, mit einem angefeuchteten Teigschaber oder einer Palette etwa 2 cm dick verstreichen. Mit Frischhaltefolie abdecken, im Kühlschrank in etwa 30 Minuten fest werden lassen [→b].

3. Für die Pilze die Tomaten mit kochendem Wasser überbrühen, kalt abschrecken, häuten, halbieren und entkernen. Tomaten in Spalten schneiden. Knoblauch schälen, fein würfeln. Die Pilze putzen, in Scheiben oder Stücke schneiden.

4. Die feste Polenta mit einem Messer in Quadrate oder Dreiecke schneiden [→c]. In Mehl wenden. In einer großen beschichteten Pfanne Öl erhitzen, Polentastücke darin auf beiden Seiten goldgelb und knusprig braten. Auf Küchenpapier abtropfen lassen und im Backofen bei 80° C warm halten.

5. In einer zweiten Pfanne Butter und Öl erhitzen und die Pilze darin anbraten [→d]. Knoblauch und Thymian zufügen, kurz mitbraten. Tomaten unterrühren und heiß werden lassen. Alles mit Salz, Pfeffer und Zitronensaft abschmecken, dann die Petersilie unterheben. Pilze mit den Polenta-Ecken anrichten und mit Thymian garnieren.

DAS BESTE am Polenta-Kochen, sagen die Eingeweihten, sei diese leckere dünne Kruste, die sich während des Garens am Topfboden bildet. Die Kruste mit einer Palette herauskratzen, die „Polenta-Chips" auf einem Teller mit etwas frisch geriebenem Parmesan bestreuen, mit ein paar Tropfen bestem Olivenöl beträufeln und genüsslich knabbern.

Die Varianten

Überbackene Polenta
Die Polenta-Dreiecke (ohne zu braten) und das Pilz-Topping wie im Rezept beschrieben zubereiten. Den Backofen auf 200 °C vorheizen. Eine ofenfeste rechteckige Form einfetten. Polentastücke und Pilzmasse dachziegelartig in die Form schichten. Mit 2 EL frisch geriebenem Parmesan bestreuen und mit 1 EL Butter in kleinen Flöckchen belegen. In der Mitte des Ofens 10–15 Minuten überbacken.

Alla Pancetta
Die Polenta-Ecken wie im Rezept beschrieben zubereiten, formen und braten. 2 kleine Zwiebeln in dünne Ringe schneiden. 100 g Pancetta in Streifen schneiden. 1 EL Olivenöl in einer Pfanne erhitzen. Zwiebeln, Pancetta und 1 TL gehackten Rosmarin darin braten, bis alles leicht gebräunt ist. Mit den Polenta-Ecken anrichten.

[Gnocchetti di ricotta ai porcini]

GNOCCHETTI
mit Steinpilzen

HIER WERDEN GNOCCHI EINMAL NICHT NUR AUF DER BASIS VON KARTOFFELN ZUBEREITET, SONDERN IN ERSTER LINIE MIT RICOTTA.

Zutaten für 4 Portionen

500 g frischer Ricotta

100 g Parmesan

2 mittelgroße gegarte mehlige Kartoffeln

400 g frische Steinpilze

3 Eigelb

130 g Weizenmehl + Mehl zum Arbeiten

Salz

50 g Butter

1 EL gehackte glatte Petersilie

frisch geriebener Parmesan zum Bestreuen

besonderes Werkzeug
- 1 Kartoffelpresse

Zeitbedarf
- 45 Minuten

So geht's

1. Ricotta abtropfen lassen. Den Parmesan reiben. Die gekochten Kartoffeln pellen und durch eine Kartoffelpresse drücken. Die Pilze säubern, putzen und in Scheiben schneiden.

2. Ricotta in einer großen Schüssel mit Parmesan, Kartoffeln, Eigelben, Mehl und 1 Prise Salz zu einem glatten Teig verarbeiten. Mehl auf eine Arbeitsfläche streuen. Für die Gnocchetti kleine Teigstücke abtrennen und zu Kugeln formen. Beim Formen die Hände immer wieder mit Mehl bestäuben, damit der Teig nicht kleben bleibt. Inzwischen in einem großen Topf Wasser zum Kochen bringen und salzen.

3. Gnocchetti portionsweise im siedenden Salzwasser ziehen lassen und mit einem Schaumlöffel herausnehmen, sobald sie an der Oberfläche schwimmen. Gut abtropfen lassen.

4. Die Butter in einer Pfanne erhitzen. Pilze und Petersilie hineingeben und leicht sautieren, bei Bedarf weitere Butter hinzufügen.

5. Die Gnocchetti auf vier vorgewärmte Teller verteilen, die Steinpilze darübergeben. Mit Parmesan bestreuen und sofort servieren.

[Tagliatelle ai cantarelli]

BANDNUDELN
mit Pfifferlingen

EIN HIGHLIGHT FÜR PASTA-FANS, DIESE KOMBINATION AUS BREITEN BANDNUDELN, EDLEN PFIFFERLINGEN, DER SCHAUMIGEN SAUCE UND DEM WÜRZIGEN KNUSPERSPECK.

Zutaten für 4 Portionen

250 g frische Pfifferlinge

1 Schalotte

2 EL Butter

150 g Sahne

150 ml Kalbsfond (Glas; ersatzweise Instant-Fleischbrühe)

400 g Tagliatelle (Bandnudeln)

Salz

8 Scheiben Südtiroler Speck

weißer Pfeffer aus der Mühle

1 EL gehackte Petersilie + Petersilie zum Garnieren

Zeitbedarf
- 30 Minuten

So geht's

1. Die Pfifferlinge putzen, mit einem feuchten Küchenpapier behutsam abreiben. In Stücke schneiden. Die Schalotte schälen und fein würfeln.

2. Butter in einem flachen Topf erhitzen, Pilze darin anbraten. Herausnehmen und warm stellen. Schalotte im Bratfett andünsten. Mit Sahne und Fond ablöschen und sämig einkochen lassen.

3. Inzwischen die Bandnudeln in reichlich kochendem Salzwasser nach Packungsangabe bissfest garen. Speckscheiben quer dritteln und in einer großen Pfanne ohne Fett knusprig ausbraten.

4. Die Sauce mit Salz und Pfeffer abschmecken, Petersilie einrühren und alles mit dem Pürierstab schaumig aufschlagen.

5. Nudeln abgießen, kurz abtropfen lassen. Mit Sauce und Pfifferlingen in tiefen Tellern anrichten. Den Speck darüber verteilen und mit Petersilie garniert servieren.

REHERL, EIERSCHWAMMERL, Dotterpilz – er hat viele Namen, aber im Geschmack ist er einzigartig: der Pfifferling. Beim Einkauf auf kleinere, feste und möglichst trockene Exemplare achten. Da die Pilze sehr empfindlich sind, niemals in Plastik-, sondern in Papiertüten aufbewahren und möglichst bald verarbeiten.

[Gnocchi di zucca al timo]

KÜRBIS-GNOCCHI
mit Thymian

DAS WÜRZIGE AROMA DES THYMIANS GEHT HIER MIT DER LEICHTEN SÜSSE DES KÜRBISFLEISCHS EINE SEHR GELUNGENE GESCHMACKSKOMBINATION EIN.

Zutaten für 4 Portionen

1 kg Speisekürbis

2 EL Olivenöl

200 g Mehl + Mehl zum Arbeiten

1 Eigelb

Salz, schwarzer Pfeffer aus der Mühle

Für die Sauce

100 ml Olivenöl

2 EL Thymianblättchen

Außerdem

Butter für die Form

zum Servieren frisch geriebener Parmesan und Thymianblättchen

besonderes Werkzeug
- 1 Passiergerät

Zeitbedarf
- 70 Minuten + 55 Minuten Backen

So geht's

1. Backofen auf 200 °C vorheizen. Den Kürbis schälen, von Kernen und faserigem Fruchtfleisch befreien, in Würfel schneiden. Die Kürbiswürfel in einer mit Butter gefetteten Auflaufform im vorgeheizten Ofen 45–55 Minuten backen, bis sie weich sind. Noch heiß durch das Passiergerät treiben.

2. Kürbispüree in einen großen Topf geben, das Öl zufügen und bei mäßiger Hitze unter Rühren ausdampfen lassen, bis das Püree trocken ist. Topf von der Herdplatte ziehen. Mehl und Eigelb kräftig unter das Püree rühren, anschließend 5 Minuten auf der ausgeschalteten Herdplatte unter Rühren abbrennen. Mit Salz und Pfeffer abschmecken.

3. Den Teig auf einer bemehlten Arbeitsfläche zu Rollen von ca. 3 cm Ø formen, in 2–3 cm lange Stücke schneiden und mit einer bemehlten Gabel das typische Gnocchi-Muster eindrücken. In einem zweiten großen Topf reichlich Wasser zum Kochen bringen und salzen.

4. Für die Sauce Olivenöl mit Thymian in einer großen Pfanne erwärmen, 15 Minuten bei kleiner Hitze ziehen lassen.

5. Gnocchi portionsweise im siedenden Salzwasser ziehen lassen und mit einem Schaumlöffel herausnehmen, sobald sie an der Oberfläche schwimmen. Gut abtropfen lassen, in die Sauce geben und warm werden lassen.

6. Gnocchi auf vorgewärmten Tellern anrichten, mit Parmesan und Thymian bestreuen und sofort servieren.

DAS SCHÄLEN von Kürbissen ist nicht immer einfach und erfordert eine gewisse Vorsicht. Erntefrischen Kürbis können Sie problemlos mit einem Kartoffelschäler schälen. Einen älteren, sprich härteren Kürbis sollten Sie zuerst mit einem großen Messer in Stücke zerteilen, entkernen und dann schälen. Sehr harte Exemplare schieben Sie vorher am besten für 40–60 Minuten bei 200 °C in den Backofen.

DAS IST *wirklich* WICHTIG

[a] **VERWENDEN SIE** möglichst frische Rote Bete. Mit vorgegarten aus dem Supermarkt werden die Ravioli weniger saftig.

[b] **DIE SCHALE** darf beim Putzen nicht verletzt werden, da die Roten Beten sonst ausbluten. Deshalb Blätter und Stängel behutsam abdrehen oder abschneiden, den Wurzelansatz aber noch intakt lassen. Er wird nach dem Garen entfernt.

[Ravioli alla barbabietola]

RAVIOLI
mit Rote-Bete-Füllung

DIESE UNGEWOHNTE RAVIOLI-FÜLLUNG GEHT AUF ZEITEN ZURÜCK,
ALS MAN AUF EINFACHE UND NAHRHAFTE ZUTATEN ZURÜCKGREIFEN
MUSSTE. DER MOHN, FEST VERANKERT IN DER KÜCHENTRADITION
NORDOSTITALIENS, VERLEIHT DEM GERICHT EINE BESONDERE NOTE.

Zutaten für 4 Portionen

Für die Füllung

200 g frische Rote Bete [→a]

1 EL Butter

Salz, schwarzer Pfeffer aus
der Mühle

80 g Ricotta

2 Eier

2 EL Semmelbrösel oder
nach Bedarf

Für den Teig

125 g selbst gemachter Pastateig (Rezept S. 37)

Außerdem

Mehl zum Arbeiten

40 g Butter

Blaumohn nach Geschmack

zum Servieren frisch geriebener
Parmesan

besonderes Werkzeug
- 1 Teigrädchen

Zeitbedarf
- 2 Stunden (inkl. Herstellung
  des Pastateigs)

So geht's

1. Für die Füllung die Rote Bete putzen [→b] und gründlich waschen, anschließend in der Schale im Dampfkochtopf in 20–30 Minuten oder in kochendem Wasser in 45–60 Minuten weich garen. Abgießen und auskühlen lassen. Den Wurzelansatz abschneiden, die Rote Bete schälen (tragen Sie dabei Handschuhe, da die Knollen stark färben).

2. Rote Bete auf einer groben Küchenreibe raspeln. Butter in einem mittelgroßen Topf zerlassen und die Rote Bete darin schwenken. Salzen, pfeffern und vom Herd nehmen.

3. In eine Schüssel umfüllen und mit dem Ricotta vermengen. Eier unterrühren, dann so viele Semmelbrösel untermischen, bis eine homogene Masse entsteht. Da die Semmelbrösel noch aufquellen, die Masse zwischendurch 10 Minuten ruhen lassen.

4. Den Pastateig auf einer bemehlten Arbeitsfläche dünn ausrollen. Mit einem Teigrädchen Streifen von 10 cm Breite abschneiden. Kleine Portionen der Füllung in Abständen von 5 cm auf jeden Streifen setzen, die Teigränder mit etwas Wasser bepinseln. Eine Längskante über die Füllung falten und auf die andere legen. Mit dem Teigrädchen entlang der Kante und der beiden Enden des Teigschlauchs fahren, sodass er gut verschlossen ist. Mit dem Rädchen die einzelnen Ravioli abtrennen, die Ränder festdrücken. Die Quadrate auf sauberen, trockenen Tüchern ausbreiten.

5. Die Ravioli in leicht kochendes Salzwasser geben. Wenn sie an die Oberfläche steigen, noch ca. 2 Minuten ziehen lassen, dann mit einem Schaumlöffel herausnehmen und abtropfen lassen.

6. Inzwischen die Butter zerlassen, nach Geschmack Mohn einstreuen. Ravioli in vorgewärmten Tellern anrichten, mit der Mohn-Butter übergießen und mit geriebenem Parmesan bestreuen. Sofort servieren.

ROHER BLAUMOHN sollte vor dem Verzehr in einem Sieb unter fließendem Wasser gewaschen werden, um mögliche Verunreinigungen mit Morphinen zu entfernen. Die gewaschenen Mohnsamen lassen sich anschließend im warmen Backofen leicht wieder trocknen. Ist die Packung einmal geöffnet, werden die Samen wegen ihres hohen Ölgehalts schnell ranzig. Tiefgefroren halten sie sich mehrere Monate.

[Cozze all'aglio e prezzemolo]

MIESMUSCHELN
mit Knoblauch & Petersilie

KOCHEN SIE MIT IHREN LIEBSTEN EINEN GROSSEN TOPF
MIESMUSCHELN, ÖFFNEN SIE EINE FLASCHE FRUCHTIGEN
WEISSWEIN UND DENKEN SIE ANS MEER.

Zutaten für 4 Portionen

2 kg frische Miesmuscheln

100 ml Olivenöl

1 kleine Zwiebel

3 Knoblauchzehen

1 Handvoll glatte Petersilie

1 Glas trockener Weißwein

1 TL ganze Pfefferkörner

16 kleine Scheiben Weißbrot

Petersilienblättchen zum
Servieren

besonderes Werkzeug
▪ 1 Mörser

Zeitbedarf
▪ 35 Minuten + 15 Minuten Garen

So geht's

1. Die Miesmuscheln in einem Sieb unter fließendem Wasser abbrausen und kräftig abbürsten. Die Bärte entfernen und die Muscheln nochmals abspülen. Beschädigte oder bereits geöffnete Muscheln [→a] aussortieren und wegwerfen.

2. Das Olivenöl in einem großen Topf langsam erhitzen. Zwiebel und 2 Knoblauchzehen schälen, fein würfeln und im Öl andünsten. Petersilie waschen, trockenschütteln, klein hacken und dazugeben. Mit dem Weißwein ablöschen. Die Pfefferkörner im Mörser zerstoßen und den Fond damit würzen. Den Wein einkochen lassen, dann die Miesmuscheln in den Topf geben, den Topf gut verschließen und die Muscheln 10–15 Minuten garen, bis sie sich geöffnet haben. Den Topf in dieser Zeit ab und zu kräftig rütteln.

3. Die restliche Knoblauchzehe halbieren und die Weißbrotscheiben damit einreiben.

4. Die Miesmuscheln abgießen, dabei den Sud auffangen. Ungeöffnete Muscheln aussortieren und wegwerfen. Den Sud durch ein Sieb streichen. Die Muscheln in Suppenschalen anrichten, mit dem Sud übergießen und mit Petersilienblättchen dekorieren. Die Brotscheiben dazu servieren.

FRISCHE MIESMUSCHELN haben von September bis März Saison. Sie sind aber auch – häufig als bereits ausgelöstes Muschelfleisch – tiefgekühlt erhältlich. Gefrorenes Muschelfleisch vor der Zubereitung im Kühlschrank auftauen.

DAS IST
wirklich
WICHTIG

[a]

[a] ACHTEN SIE SEHR GENAU darauf, dass Sie keine geöffne-ten, also verdorbenen Muscheln im Sud mitkochen. Das könnte im schlimmsten Fall zu einer Lebensmittelvergiftung führen. Muscheln, die sich nach dem Garen nicht geöffnet haben, dür-fen ebenfalls nicht verzehrt werden.

[Branzino al finocchio]

SEEBARSCH
mit Fenchel

DAS TYPISCH ANISARTIGE AROMA DES FENCHELS VERLEIHT DIESEM FISCHGERICHT
EINE MEDITERRANE LEICHTIGKEIT, DIE AN EINE MEERESBRISE ERINNERT.

DAS IST *wirklich* WICHTIG

[a] AUF EMPFEHLUNG des WWF (World Wide Fund for Nature) sollten Wolfsbarsch oder Dorade möglichst aus Bio-Zucht stammmen.

[b] LASSEN SIE den frisch geschnittenen Fenchel nicht zu lange liegen, da er sich schnell verfärbt.

Zutaten für 4 Portionen

4 Seebarschfilets mit Haut
(z. B. Wolfsbarsch, Dorade) **[→a]**

2 große Fenchelknollen

4 EL Olivenöl extra vergine

Salz, schwarzer Pfeffer aus der Mühle

Zeitbedarf
▪ 30 Minuten

So geht's

1. Die Fischfilets unter kaltem Wasser abspülen und mit Küchenpapier trockentupfen.

2. Die Fenchelknollen putzen und waschen, das fedrige Grün beiseitelegen, die Knollen in 1 cm dicke Scheiben schneiden **[→b]**.

3. In einer großen Pfanne 2 EL Olivenöl erhitzen, die Fenchelscheiben hineingeben, mit 100 ml Wasser übergießen, salzen und auf mittlere Stufe schalten. Zugedeckt ca. 10 Minuten dünsten.

4. Den Deckel abnehmen und die Hitze erhöhen, damit alle Flüssigkeit verdampfen kann. Die Fenchelscheiben mehrmals wenden, bis sie auf beiden Seiten goldgelb sind. Auf mittlere Stufe zurückschalten, den Fenchel beiseiteschieben und warm halten.

5. Die Fischfilets mit der Hautseite nach unten in die Pfanne geben und großzügig mit Salz und Pfeffer bestreuen. Mit etwas von dem restlichen Öl begießen und zugedeckt 5 Minuten garen. Den Fisch vorsichtig wenden, nochmals mit Öl begießen und zugedeckt etwa 5 Minuten weitergaren.

6. Den Fenchel auf einer vorgewärmten Platte anrichten, die Fischfilets darauflegen, mit der Flüssigkeit aus der Pfanne begießen und mit etwas Fenchelgrün garnieren. Sofort servieren.

[Filetto di merluzzo al prosciutto di Parma]

SEELACHSFILET
im Parmaschinken-Mantel

SIEHT SEHR APPETITLICH AUS, HAT EIN WÜRZIGES AROMA, UND DER FISCH BLEIBT WUNDERBAR SAFTIG. SO KÖDERT MAN HEUTE FEINSCHMECKER!

Zutaten für 4 Portionen

1 kg Lauch

1 Knoblauchzehe

50 g Butter

3 EL trockener Wermut

300 ml Gemüsebrühe (Rezept-Variante S. 141)

Salz, weißer Pfeffer aus der Mühle

4 Seelachsfilets (je etwa 150 g)

8 dünne Scheiben Parmaschinken

2 EL Öl

2 TL Basilikum-Pesto (Rezept S. 88/89 oder fertig gekauftes bester Qualität)

Zeitbedarf
▪ 40 Minuten

So geht's

1. Den Lauch putzen, dabei die harten äußeren Blätter entfernen. Weiße und hellgrüne Teile schräg in 1 cm dicke Scheiben schneiden, waschen und gut abtropfen lassen. Knoblauch schälen, fein würfeln.

2. Butter in einem breiten Topf erhitzen, den Knoblauch darin farblos andünsten. Lauch zugeben, 1 Minute mitdünsten. Mit Wermut und Brühe ablöschen. Lauch bei mittlerer Hitze 10 Minuten zugedeckt garen. Mit Salz und Pfeffer abschmecken, warm halten.

3. Den Backofen auf 180 °C vorheizen. Die Fischfilets kalt abbrausen, trockentupfen, pfeffern. Jedes Fischfilet mit 2 Scheiben Schinken umwickeln [→a]. Das Öl in einer großen Pfanne erhitzen, die Filets darin bei großer Hitze von jeder Seite anbraten. Auf ein gefettetes Blech legen und im vorgeheizten Ofen in 6–8 Minuten fertig garen.

4. Fischfilets und Lauchgemüse auf vorgewärmten Tellern anrichten, mit Basilikum-Pesto beträufeln und sofort servieren.

DER ALASKA-SEELACHS ist laut WWF eine gute Wahl, weil seine Bestände noch nicht überfischt sind. Kulinarisch punktet der Alaska-Seelachs durch sein festes Fleisch und seinen pikanten Geschmack.

DAS IST *wirklich* WICHTIG

[a] DER SCHINKENMANTEL ist für das Fischfilet gleichzeitig Schutz und Würze. Damit das Fleisch zart und saftig bleibt, den umhüllten Fisch nur kurz anbraten und in der gleichmäßigen Wärme des Backofens fertig garen.

DAS IST• *wirklich* WICHTIG

[a] GRANATAPFELKERNE AUSLÖSEN
Halbieren Sie die Granatäpfel quer
mit einem scharfen Messer. Halten
Sie die Fruchthälften über eine
Schüssel und klopfen Sie mit einem
Löffelrücken leicht darauf. Die Kerne
fallen so relativ leicht heraus.

[b] IMMER GENÜGEND FLÜSSIGKEIT
sollte die Babypute haben. Achten Sie
darauf, dass Sie das Fleisch regelmäßig mit Bratenfond begießen, damit es
nicht austrocknet.

[Tacchino alla melagrana]

TRUTHAHN
mit Granatapfel

DAS AROMA DES GRANATAPFELS VERLEIHT DIESEM GERICHT
RAFFINESSE UND ZEUGT VON NAHÖSTLICHEN EINFLÜSSEN.

Zutaten für 6–8 Portionen

1 küchenfertige Babypute (3 kg; beim Metzger vorbestellen)

grobkörniges Salz

5–6 Salbeiblätter

15 dünne Scheiben Bauchspeck

1 Glas Granatapfelsaft (fertig gekauft)

ausgelöste Kerne von 2 reifen Granatäpfeln [→a]

besonderes Werkzeug
- Küchengarn
- 1 Bratspieß
- Backofen mit Grillmotor
- 1 Saftpfanne (Fettpfanne)

Zeitbedarf
- 30 Minuten + ca. 3 Stunden Grillen

So geht's

1. Die Pute sorgfältig waschen und trockentupfen. Die Bauchhöhle großzügig mit grobkörnigem Salz einreiben, dann die Salbeiblätter hineingeben. Mit Küchengarn zunähen. Die Pute mit Speckscheiben umwickeln, bridieren, dabei auch den Speck festbinden, und den Vogel auf den Bratspieß stecken.

2. Langsam unter dem Grill im Ofen garen. In der Saftpfanne den Fleischsaft auffangen und das Fleisch regelmäßig damit begießen, damit es nicht austrocknet [→b]. Während der etwa 3-stündigen Garzeit ab und zu mit dem Granatapfelsaft bepinseln. Die Pute ist gar, wenn beim Einstechen in die fleischigste Stelle der Schenkel nur noch klarer Fleischsaft austritt.

3. Das Fleisch vom Spieß nehmen, mit Alufolie abdecken und 15 bis 20 Minuten ruhen lassen. Den Braten tranchieren, auf einer Servierplatte anrichten und mit Granatapfelkernen garnieren. Den Bratenfond aus der Saftpfanne abschöpfen und über das Fleisch gießen. Sofort servieren.

Dazu passen Kürbisspalten und Wirsing (Rezepte Seite 172)

Variante

Garen in der Saftpfanne
Falls Ihr Backofen keinen Grillmotor hat, können Sie die Pute auch in der Saft- bzw. Fettpfanne bei 180 °C im Ofen braten. Das Fleisch muss dabei regelmäßig gewendet und wie im Rezept links mit dem austretenden Fleischsaft begossen bzw. mit Granatapfelsaft bepinselt werden. Die Garzeit beträgt etwa 2 ½–3 Stunden. Machen Sie wie im Rezept links beschrieben auf jeden Fall die Garprobe an der dicksten Stelle der Schenkel.

GRANATÄPFEL haben von September bis Dezember Saison. Die dickschaligen, robusten Früchte sind im Gemüsefach des Kühlschranks wochenlang haltbar. Nehmen Sie sich beim Auslösen der Kerne vor dem Saft in Acht – er hinterlässt Flecken, die nicht mehr zu entfernen sind.

[Maltagliati al ragù di pollo]

HÄHNCHENRAGOUT
mit Nudelflecken

IN NORDITALIEN IST ES DURCHAUS ÜBLICH, DIE HAUSGEMACHTEN
NUDELFLECKEN GLEICH MIT UNTER DAS RAGOUT ZU MISCHEN.
OB SO ODER SEPARAT ZUM FLEISCH SERVIERT, DIESES GERICHT IST
EIN GENUSS.

Zutaten für 4 Portionen

1 küchenfertige Poularde
(ca. 1,8 kg)

Salz, schwarzer Pfeffer aus
der Mühle

250 g Schalotten

1 kleine Dose (400 g) geschälte
Tomaten

6–8 EL Olivenöl

2 EL Tomatenmark

1 Lorbeerblatt

1 Stück (etwa 1 cm) Zimtstange

125 ml trockener Weißwein

1 Rezept Pastateig
(siehe S. 37)

nach Belieben gehackte
Petersilie

besonderes Werkzeug
▪ 1 Teigrädchen

Zeitbedarf
▪ 70 Minuten + 50 Minuten
Schmoren

So geht's

1. Die Poularde mit Haut in 8 Stücke zerlegen [→a], kalt abbrausen, trockentupfen, salzen und pfeffern. Schalotten schälen und vierteln. Tomaten aus der Dose in kleinere Stücke schneiden.

2. Öl in einem großen Schmortopf erhitzen. Die Poulardenteile darin bei mittlerer Hitze rundum goldbraun anbraten [→b]. Herausheben und beiseitestellen.

3. Schalotten im Bratfett hellgelb andünsten. Tomatenmark, Lorbeer und Zimt zufügen, kurz mitdünsten. Tomaten samt Saft und Wein dazugeben. Poulardenstücke in den Topf legen und zugedeckt bei kleiner Hitze etwa 50 Minuten schmoren lassen. Falls nötig, etwas Wasser zugießen.

4. Inzwischen den Nudelteig zubereiten. Möglichst dünn ausrollen und mit einem Teigrädchen in „Flecken" [→c] schneiden. Die Nudeln kurz vor Garzeitende des Ragouts in kochendem Salzwasser in 3–4 Minuten bissfest garen. Abtropfen lassen.

5. Hähnchenragout mit Salz und Pfeffer abschmecken, nach Belieben mit etwas gehackter Petersilie bestreuen und mit den Nudelflecken anrichten.

EINE POULARDE ist ein schweres Huhn mit einem Idealgewicht zwischen 1500 und 2200 Gramm, ihr Fleisch ist saftig und aromatisch. Eine Mais-Poularde schmeckt besonders kräftig. Mais-Poularden werden überwiegend mit Mais gefüttert, Haut und Fleisch haben daher eine leicht gelbliche Farbe.

DAS IST
wirklich
WICHTIG

[a] **ZUM ZERLEGEN** von der Poularde zuerst die ganzen Keulen durch die Gelenke hindurch vom Körper abschneiden. In Ober- und Unterkeulen teilen. Die Brustfilets nah an den Knochen entlang auslösen, jeweils halbieren.

[b] **BEIM ANBRATEN** der Hähnchenteile ist ein wenig Geduld gefragt, aber die lohnt sich auf jeden Fall. Denn die Röststoffe, die sich beim Anbraten bilden, haben schlussendlich einen großen Anteil am Aroma des Ragouts.

[c] **DEN NUDELTEIG** auf einer bemehlten Arbeitsfläche so dünn wie möglich ausrollen. Mit einem Teigrädchen in „Flecken", also kleine Stücke wie Quadrate, Rauten oder Rechtecke schneiden.

[c]

[Vitello al latte]

KALBSBRATEN
in Milch

DAS MILCHBAD MACHT DAS FLEISCH WUNDERBAR MÜRBE UND
IST GLEICHZEITIG WÜRZIGE BASIS FÜR DIE CREMIGE SAUCE.

DAS IST *wirklich* WICHTIG

[a] DAMIT DER KALBSBRATEN später auf der Zunge zergeht, sollte er während der gesamten Garzeit gleichmäßig sanft schmoren.

[b] VOR DEM ANSCHNEIDEN ist es ideal, das Fleisch in Alufolie gewickelt bei niedriger Temperatur im Backofen noch kurz ruhen zu lassen.

Zutaten für 4 Portionen

1 Kalbsnuss (ca. 800 g; beim Metzger vorbestellen und in Form binden lassen)

Salz, schwarzer Pfeffer aus der Mühle

1 Knoblauchzehe

1 Zweig Rosmarin

3 EL Öl

1 EL Mehl

500 ml Vollmilch

100 g Sahne

2 TL kleine Kapern (Glas)

1 EL gehackte Petersilie

Zeitbedarf
- 30 Minuten + 1 ½ Stunden Schmoren

So geht's

1. Die Kalbsnuss auf allen Seiten leicht salzen und pfeffern. Knoblauch schälen und vierteln. Rosmarin waschen, trockenschütteln, die Nadeln abstreifen. Öl in einem Schmortopf erhitzen und das Fleisch darin rundum anbraten. Herausheben.

2. Knoblauch, Rosmarin und Mehl im Bratfett 1 Minute anschwitzen. Unter Rühren mit der Milch ablöschen. Die Kalbsnuss in den Schmortopf legen und zugedeckt bei kleiner Hitze etwa 1 ½ Stunden sanft schmoren lassen [→a], dabei immer wieder mit der Würz-Milch übergießen.

3. Fleisch aus dem Topf nehmen, in Alufolie wickeln und im 80 °C warmen Backofen ruhen lassen [→b]. Die Sauce durchsieben, in einem kleinen Topf mit der Sahne bei starker Hitze sämig einkochen lassen.

4. Sauce mit dem Pürierstab aufschlagen. Kapern und Petersilie einrühren, mit Salz und Pfeffer abschmecken. Den Kalbsbraten in Scheiben schneiden und mit der Sauce servieren.

Fein mit Tagliatelle und knackigem Gemüse.

[Coniglio alla ligure]

KANINCHENKEULEN
mit Kräutern

EINE KRÄUTERWÜRZIGE SPEZIALITÄT AUS LIGURIEN – MIT KNOB-
LAUCH, THYMIAN, ROSMARIN UND SALBEI GESCHMORT.

Zutaten für 4 Portionen

4 Kaninchenkeulen (je ca. 400 g)
[→a]

Salz, schwarzer Pfeffer aus der Mühle

500 g reife Tomaten

2 Knoblauchzehen

je 1 Zweig Thymian, Rosmarin und Salbei

je 2 EL Olivenöl und Butter

2 Lorbeerblätter

1 TL Fenchelsamen

250 ml trockener Weißwein

2 EL Pinienkerne

Zeitbedarf
▪ 30 Minuten + 1 Stunde Schmoren

So geht's

1. Kaninchenkeulen waschen, trockentupfen, salzen und pfeffern. Tomaten überbrühen, kalt abschrecken, häuten und grob würfeln. Knoblauch schälen, in Scheiben schneiden. Kräuterzweige waschen und trockenschütteln.

2. In einem Schmortopf Öl und Butter erhitzen, die Keulen darin portionsweise rundum anbraten. Knoblauch, Kräuter, Lorbeer und Fenchelsamen zufügen, kurz mitbraten.

3. Den Wein zugießen und die Tomaten dazugeben. Mit Salz und Pfeffer würzen. Das Fleisch zugedeckt bei kleiner Hitze ca. 45 bis 60 Minuten sanft schmoren lassen, bis es weich ist. Falls nötig, noch etwas Wein nachgießen. Kräuterzweige herausfischen und wegwerfen.

4. Pinienkerne in einer kleinen Pfanne ohne Fett goldgelb rösten. Kaninchen anrichten, mit Pinienkernen bestreuen und servieren.

Schmeckt mit frischem Bauernbrot oder Polenta (Rezept Seite 150/151).

DAS IST *wirklich* WICHTIG

[a] WENN SIE KEINE einzelnen Keulen bekommen, können Sie dieses Gericht auch mit einem ganzen Kaninchen zubereiten. Dazu die Vorder- und Hinterläufe im Gelenk abtrennen und den Rücken quer in zwei Teile zerlegen.

WILDE ZEITEN
auf zur Jagd

WER DAS FÜR JÄGERLATEIN HÄLT, IRRT: ITALIEN IST DAS LAND DER PASSIONIERTEN JÄGER! NÄHERT SICH DIE JAGDSAISON, SO SIND DIE *CACCIATORI* NICHT MEHR ZU HALTEN: KEIN WEG IST IHNEN ZU WEIT, KEINE MÜHE ZU GROSS, UM IHRE BEUTE ZU ERLEGEN.

Doch nicht nur staatlich lizenzierte Jäger, wie links die Eugubina Cinghiale in Umbrien, sondern auch selbsternannte greifen gern zur Flinte, um für den heimischen Kochtopf ein Stück Fleisch zu erjagen. Nicht zur Freude der Gesetzeshüter und Umweltschutzorganisationen, die vergeblich gegen die wilden Jäger anzukämpfen scheinen. Eingefleischte Jäger sind schwer zu bekehren. Zu stark ist diese Jagdleidenschaft wohl in der männlichen italienischen Bevölkerung verankert.

Diese Passion beruht auf einer jahrhundertealten Tradition. Schon die Römer waren leidenschaftliche Jäger. Theoretisch verfügte das Römische Reich über ein demokratisches Jagdrecht, in der Praxis sah es aber ganz anders aus. Nur mächtigen und einflussreichen Bürgern war das Jagen erlaubt. Über Jahrhunderte konnte sich diese Verteilung halten: Wild war nur dem hohen Adel und dem Klerus vorbehalten. Bei opulenten Banketten labten sie sich an den „wilden Köstlichkeiten", während die einfachen Bauern und Handwerker mit Getreidebrei und einfachen Gerichten vorlieb nehmen mussten. Wenn es hochkam, bei ganz besonderen Angelegenheiten, landete ein Kleinvieh in ihrem Kochtopf.

Heute hat sich die Demokratie glücklicherweise auch in der Küche durchgesetzt. Wild ist keine Sache der Privilegierten mehr; alle haben Zugang zu saftigen und würzigen Wildgerichten. Doch auch hier gilt: Lieber einmal weniger Fleisch essen, aber dann auf wirklich gute Qualität setzen. Die Zeitspanne, in der frisches Wildbret in den Handel kommt, ist aufgrund der eingeschränkten Jagdsaison sehr beschränkt. Gerade beim Wild lohnt es sich jedoch, auf einheimisches Fleisch zu setzen, da dieses viel frischer und schmackhafter ist. Lassen Sie Ihre Beziehungen spielen, vielleicht gibt es jemand in Ihrem Bekanntenkreis, der einen Jäger kennt und Ihnen so zu wirklich frischem Wild verhelfen kann. Wenn Sie keine direkte Bezugsquelle haben und trotzdem Wert auf einheimisches Wild legen, dann erkundigen Sie sich eingehend nach der Herkunft des Tieres, denn die einheimischen Wildbestände können die Nachfrage bei Weitem nicht decken.

Wild ist von jeher ein wichtiger Bestandteil der traditionellen italienischen Küche. Insbesondere die Küche der Toskana und des Piemont verwendet gerne Wild. Seit Jahrhunderten werden Perlhühner, Rehe, Kaninchen, Fasane und Wildschweine zu wunderbaren schmackhaften Gerichten verarbeitet. Wild lässt sich auf verschiedenste Arten zubereiten, sei es im Ofen gegart, eingebeizt und dann geschmort, gebraten oder gegrillt. Allen gemeinsam ist der unverwechselbare Geschmack. Verständlich, dass sich so viele italienische Jäger ein Stück sichern wollen.

DAS IST
wirklich WICHTIG

[a] **VERWENDEN SIE FLEISCH** aus der Schulter oder Keule. Der Rehrücken zählt beim Haarwild neben den Keulen zum besten Teilstück und ist daher fast zu schade für einen Braten.

ZARTROSA BIS ROSA GEGARTES REHFLEISCH IST FÜR FEINSCHMECKER EIN MUSS.

[Capriolo arrosto]

REHBRATEN
mariniert

DIESER ZARTE UND WOHLSCHMECKENDE BRATEN IST
ZWAR ETWAS AUFWENDIG IN DER VORBEREITUNG, SORGT
ABER BESTIMMT FÜR ZUFRIEDENE GESICHTER AM ESSTISCH.

Zutaten für 4 Portionen

500 g pariertes Rehfleisch
(Schulter oder Keule) [→a]

je 1 EL Butter und Öl

Mehl zum Bestäuben

Salz

etwas Fleischbrühe oder
Rotwein

Für die Marinade

2 Zwiebeln

2 Möhren

2 Stangen Sellerie

2 Knoblauchzehen

je 1 TL Wacholderbeeren,
Gewürznelken und schwarze
Pfefferkörner

1 Zimtstange

1 Lorbeerblatt

einige Salbeiblätter

1 kleiner Rosmarinzweig

¾ l kräftiger Rotwein

1 kleines Glas Grappa

Zeitbedarf
▪ 1 Stunde + 2 Tage Marinieren

So geht's

1. Das Rehfleisch in eine große Glasschüssel legen.

2. Für die Marinade die Zwiebeln schälen, Möhren und Selleriestangen putzen und waschen. Das Gemüse klein würfeln und über dem Fleisch verteilen. Knoblauch schälen und hacken, mit den Gewürzen und Kräutern ebenfalls über das Fleisch streuen, dann alles mit Rotwein und Grappa übergießen. Abdecken und das Fleisch zwei Tage an einem kühlen Ort ziehen lassen. In dieser Zeit das Bratenstück ein- bis zweimal in der Marinade wenden.

3. Rehfleisch aus der Marinade heben, über der Glasschüssel abtropfen lassen und trockentupfen. Mit einem scharfen Messer gegebenenfalls Haut- und Sehnenreste entfernen.

4. In einer großen Pfanne Butter und Öl langsam erhitzen. Die Marinade durch ein Sieb gießen und auffangen. Das gewürfelte Gemüse im Sieb aussortieren, trockentupfen und im heißen Fett andünsten. Das Fleisch dazugeben und auf allen Seiten kräftig bräunen. Mit einem Hauch Mehl bestäuben, salzen und mit der Marinade übergießen. Bei leicht geöffnetem Deckel etwa 40 Minuten sanft schmoren. Wenn die Flüssigkeit zu schnell einkocht, Brühe oder Wein nachgießen.

5. Den fertigen Braten herausnehmen und in Scheiben schneiden. Auf einer vorgewärmten Platte anrichten und mit dem Bratenfond überziehen.

Dazu gibt es Polenta und Wirsing (Rezepte Seite 150/151 und 172).

REHE liefern kurzfaseriges, mageres Fleisch von heller rotbrauner Farbe. Es ist leicht verdaulich, reich an B-Vitaminen und Mineralstoffen, etwa Phosphor und Eisen, und zählt mit zu den gesündesten Fleischsorten. Einheimischem Wildbret, also Wild aus der Region, das nur in der Jagdsaison erhältlich ist, sollten Sie gegenüber Gehegewild oder Importfleisch den Vorzug geben. Frisches Rehfleisch darf nicht schwärzlich-dunkel verfärbt sein oder streng riechen und sollte nicht länger als 2–3 Tage im Kühlschrank gelagert werden.

[Cinghiale in salmì]

WILDSCHWEINRAGOUT

in Tomatensauce

DIESES WÜRZIGE WILDSCHWEINRAGOUT IST ALLES ANDERE ALS
ALLTÄGLICH – DAS RESULTAT MEHR ALS KÖSTLICH.

DAS IST *wirklich* WICHTIG

[a] DAS FLEISCH VON MÄNNLICHEN WILDSCHWEINEN, die in der Paarungszeit (Rauschzeit) erlegt wurden, ist in der Regel nicht zum Verzehr geeignet. Um sicherzugehen, dass Sie kein „rauschiges Wildbret" zubereiten, kochen Sie vorab ein kleines Stück in Wasser oder braten es mit etwas Fett in der Pfanne. Wenn es einen strengen, penetranten Geruch entwickelt, sollten Sie von der Zubereitung des Fleisches absehen.

Zutaten für 4 Portionen

1 kg Wildschweinbraten [→a]

3 EL Olivenöl extra vergine

1 Zwiebel, 1 Möhre, 1 Stange Sellerie, 1 Zweig Rosmarin

1 Glas Rotwein, 1 Dose (400 g) geschälte Tomaten

Salz, schwarzer Pfeffer aus der Mühle

etwas Fleischbrühe

Für die Marinade

je ¼ l Wasser und Rotwein

1 Zwiebel, 1 Rosmarinzweig, 7 Salbeiblätter

Zeitbedarf

▪ 3 Stunden + 12 Stunden Marinieren

So geht's

1. Zum Marinieren den Braten am Vortag in einer Deckelterrine mit Wasser und Wein übergießen, sodass er vollständig bedeckt ist. Zwiebel schälen, in Ringe schneiden. Rosmarin und Salbei zur Marinade geben. Abgedeckt 12 Stunden marinieren.

2. Das Fleisch abtropfen lassen und in grobe Würfel schneiden. In einer Pfanne die Fleischwürfel in 2 EL Öl etwa 10 Minuten bei mittlerer bis starker Hitze unter Rühren Flüssigkeit ziehen lassen. Fleischwürfel herausheben, Flüssigkeit abgießen.

3. Zwiebel schälen, fein würfeln. Möhre und Sellerie putzen, waschen, fein würfeln. Rosmarinnadeln abstreifen, fein hacken.

4. Restliches Öl in der Pfanne erhitzen. Zwiebel und Gemüse mit dem Rosmarin darin andünsten, Fleischwürfel unter Wenden mitbraten. Rotwein angießen und etwas einkochen lassen. Tomaten abtropfen lassen, mit einer Gabel zerdrücken. Zum Fleisch geben und heiß werden lassen.

5. Salzen, pfeffern und bei kleiner Hitze ca. 2 Stunden zugedeckt schmoren lassen. Nach 1 Stunde bei Bedarf etwas Fleischbrühe zugießen. Wildschweinragout mit der Tomatensauce servieren.

Dazu servieren Sie kräftiges Weißbrot und einen grünen Blattsalat.

[Polpettone con porcini]

HACKBRATEN

mit Steinpilzen

DIESER HACKBRATEN EIGNET SICH VORZÜGLICH FÜR EIN GEMÜTLICHES SONNTAGS-ESSEN AN EINEM NEBELVERHANGENEN NOVEMBERTAG IM KREISE DER FAMILIE.

Zutaten für 4 Portionen

25 g getrocknete Steinpilze

1 Scheibe frisches Weißbrot, 3 EL warme Milch

500 g Hackfleisch vom Rind

1 EL fein gewürfelte Zwiebel

Salz, schwarzer Pfeffer

2 EL gewürfelter gekochter Schinken, 6 EL frisch geriebener Parmesan, 1 TL gehackter Knoblauch, 1 Eigelb

Semmelbrösel

15 g Butter, 2 EL Pflanzenöl

100 ml trockener Weißwein

1 Dose (400 g) gehackte Tomaten

Zeitbedarf
▪ 35 Minuten + 1 Stunde Garen

So geht's

1. Steinpilze in lauwarmem Wasser 30 Minuten einweichen. Anschließend durch ein Sieb abgießen. Inzwischen Brot entrinden, mit warmer Milch übergießen, mit einer Gabel zerdrücken und abkühlen lassen.

2. Hackfleisch in einer Schüssel mit einer Gabel zerteilen. Brot, Zwiebel, Salz, Pfeffer, Schinken, Parmesan, Knoblauch und Eigelb hinzufügen und behutsam vermengen. Zu einer Rolle von etwa 7 cm Ø formen [→a] und in Semmelbröseln wenden.

3. Butter und Öl in einem schweren Topf erhitzen. Hackbraten rundherum kräftig anbraten [→b]. Wein zugießen und auf die Hälfte einkochen lassen, den Braten ein- bis zweimal wenden.

4. Die Hitze reduzieren, Pilze und Tomaten mit Saft in den Topf geben. Den Hackbraten zugedeckt 30 Minuten garen, dabei ab und zu wenden und mit der Flüssigkeit aus dem Topf übergießen. Anschließend den Deckel leicht schräg auflegen und das Fleisch weitere 30 Minuten garen, dabei ein- bis zweimal wenden.

5. Hackbraten auf ein Schneidbrett heben und einige Minuten ruhen lassen. In knapp 1 cm dicke Scheiben schneiden und servieren.

Dazu passen Polenta und Spinat (Rezepte Seite 150/151 und 217).

DAS IST *wirklich* WICHTIG

[a] EINE PERFEKTE HACKFLEISCHROLLE FORMEN Schlagen Sie mit der Handfläche an verschiedenen Stellen auf die Fleischrolle, damit eventuelle Luftblasen entweichen.

[b] ACHTUNG ZERBRECHLICH Verwenden Sie zwei Spatel beim Wenden des Hackbratens, damit dieser nicht auseinanderbricht.

[Zucca al forno]

KÜRBISSPALTEN
aus dem Ofen

KÜRBIS – JETZT HAT ER SAISON! SEINE VIELSEITIGKEIT ZEIGT ER HIER ALS AUSSERGEWÖHNLICHE BEILAGE, FÜR DIE SIE GARANTIERT KOMPLIMENTE BEKOMMEN.

Zutaten für 4 Portionen

1 kg Speisekürbis (z. B. Hokkaido oder Butternut)

1 Bio-Orange

1 frischer roter Peperoncino

2 Knoblauchzehen

4 EL Olivenöl

Salz, schwarzer Pfeffer aus der Mühle

frisch geriebene Muskatnuss

1 EL Zucker

besonderes Werkzeug
- 1 Zestenreißer

Zeitbedarf
- 30 Minuten + 30 Minuten Garen

So geht's

1. Den Backofen auf 200 °C vorheizen. Kürbis waschen und halbieren, Kerne und faseriges Fruchtfleisch mit einem Löffel sorgfältig herauskratzen. Kürbishälften in 2–3 cm dicke Spalten schneiden. Die Orange waschen und trockenreiben. Mit dem Zestenreißer etwas Schale in hauchfeinen Streifen abziehen. Die Orange halbieren und den Saft auspressen.

2. Peperoncino waschen, putzen, längs halbieren und in feine Streifen schneiden. Knoblauchzehen schälen und sehr fein würfeln.

3. Kürbisspalten nebeneinander auf ein tiefes Backblech oder in eine große Gratinform legen. Orangensaft und Öl darüberträufeln. Kürbis mit Salz, Pfeffer, ein wenig Muskatnuss und Zucker würzen. Orangenschale, Knoblauch und Peperoncinostreifen auf den Kürbis streuen.

4. Die Kürbisspalten mit Alufolie abdecken. In der Mitte des vorgeheizten Ofens in 25–30 Minuten nicht zu weich garen.

Schmecken fein als Beilage zu Fleisch, Geflügel und Fisch. Können zur Abwechslung aber auch als raffinierte Vorspeise serviert werden.

[Verza al vino bianco]

WIRSINGGEMÜSE
mit Weißwein

WIRSING MUSS NICHT IMMER DEFTIG DAHERKOMMEN, ER KANN'S AUCH LEICHTER. DANN PRÄSENTIERT ER SICH BISSFEST UND MIT VIEL AROMA.

Zutaten für 4 Portionen

1 kleiner Kopf Wirsing (ca. 700 g)

Salz

50 g Pancetta

1 Schalotte

1 EL Butter

1 EL Olivenöl

50 ml Gemüse- oder Fleischbrühe

100 ml trockener Weißwein

3–4 Petersilienstängel

weißer Pfeffer aus der Mühle

Zeitbedarf
- 30 Minuten

So geht's

1. Den Wirsing vierteln, die äußeren Blätter entfernen und den Strunk herausschneiden. Dicke Blattrippen flach schneiden. Die Kohlviertel waschen, kurz abtropfen lassen, anschließend quer in etwa 1 cm breite Streifen schneiden.

2. Wirsingstreifen in sprudelnd kochendem Salzwasser 3 Minuten blanchieren. Eiskalt abschrecken und in einem Sieb gut abtropfen lassen.

3. Pancetta in schmale Streifen schneiden. Die Schalotte schälen und fein würfeln. Butter und Öl in einem breiten Topf erhitzen, Schalotte und Pancetta darin bei mittlerer Hitze unter Rühren 2 Minuten andünsten.

4. Wirsingstreifen untermischen und unter gelegentlichem Rühren 2 Minuten mitdünsten. Gemüse- oder Fleischbrühe und den Wein zugießen. Aufkochen und das Gemüse zugedeckt 4–5 Minuten sanft köcheln lassen, bis es gar, aber noch bissfest ist.

5. Die Petersilie waschen, trockenschütteln und die Blättchen fein hacken. Unter das Wirsinggemüse mischen, mit Salz und Pfeffer abschmecken.

Passt als Beilage zu eher rustikalen Gerichten wie Schweinebraten, Koteletts und Bratwürsten.

[Patate alle erbe aromatiche con aglio]

WÜRZ-KARTOFFELN
mit Knoblauch

MIT SÜDLICHER NOTE GEWÜRZT, SCHMECKEN KARTOFFELN BESONDERS APART. UND DIESE MACHEN JEDER BRAT-KARTOFFEL KONKURRENZ. SO EINFACH – UND SO GUT!

Zutaten für 4 Portionen

750 g möglichst gleich große festkochende Bio-Kartoffeln

1 Bund Petersilie

1 Zweig Rosmarin

1 Knoblauchzehe

2 EL Butter

2 EL Olivenöl

Salz, weißer Pfeffer aus der Mühle

Zeitbedarf

- 20 Minuten + 30 Minuten Garen

So geht's

1. Die Kartoffeln unter fließendem Wasser abbürsten. In einem Topf knapp mit kaltem Wasser bedecken, aufkochen und die Kartoffeln je nach Größe in 20–30 Minuten eben gar kochen. Abgießen und auskühlen lassen.

2. Die Kartoffeln mit Schale vierteln oder in dicke Spalten schneiden. Petersilie und Rosmarin waschen und trockenschütteln. Petersilienblättchen abzupfen und grob hacken. Den Knoblauch schälen, klein würfeln.

3. Butter und Öl in einer großen Pfanne heiß werden lassen. Die Kartoffeln darin bei mittlerer Hitze braten, bis die Schnittstellen hellgelb sind.

4. Knoblauch, Petersilie und den Rosmarinzweig zu den Kartoffeln geben. Zusammen noch so lange braten, bis die Kartoffelstücke rundum goldbraun sind. Den Rosmarinzweig herausnehmen. Die Kartoffeln mit Salz und wenig Pfeffer würzen.

Passen ausgezeichnet zu kurz gebratenem Fleisch, zu Geflügel und Fischfilet.

[Finocchio al forno]

FENCHEL
mit Käse überbacken

EINE GANZ KLASSISCHE VERSION VON FENCHEL, DIE SCHMACKHAFT UND VITAMINREICH IST.

Zutaten für 4 Portionen

4 mittelgroße Fenchel-knollen

Salz

Butter für die Form

4 EL frisch geriebener Parmesan

Zeitbedarf

- 10 Minuten + 45 Minuten Garen und Überbacken

So geht's

1. Die Fenchelknollen putzen, gegebenenfalls braune Stellen entfernen. Die Knollen vierteln und waschen.

2. Den Fenchel in kochendes Salzwasser geben, er muss vollständig mit Wasser bedeckt sein, und in etwa 35 Minuten knapp gar kochen. Abseihen und abtropfen lassen. Den Backofen inzwischen auf 180 °C vorheizen.

3. Fenchel in eine gebutterte feuerfeste Form füllen und mit Parmesan bestreuen. Im vorgeheizten Ofen bei 180 °C überbacken, bis der Käse schmilzt.

Fenchel ist eine ideale Beilage zu Fischgerichten.

DAS IST *wirklich* WICHTIG

[a] DIE RICHTIGE TEMPERATUR ist das A & O fürs Gelingen des cremigen Weinschaums im Wasserbad. Das Wasser muss zwar heiß sein, darf aber nicht kochen, sonst würden die Eier gerinnen, statt zu binden. Den Topf so hoch mit Wasser füllen, dass die Metallschüssel knapp zur Hälfte darin steht oder hängt. So wird die benötigte Wärme weitergeleitet.

[b]

[b] DIE MASSE für den Weinschaum im heißen Wasserbad unermüdlich schlagen, bis sie dickschaumig und warm ist. Das dauert zwischen 6 und 10 Minuten. Den Schaum möglichst sofort servieren, damit er nicht zusammenfällt.

[c] ZUM KARAMELLISIEREN der Creme jeweils die Oberfläche dick mit gesiebtem Puderzucker bestreuen. Die Flamme des Flambierbrenners einige Minuten auf den Zucker halten, bis er goldbraun ist.

[d] KEIN FLAMBIERBRENNER im Haus? Die gestürzte Creme mit Puderzucker bestäuben und unter dem Grill bräunen. Darauf achten, dass die Creme nicht weich wird oder sich verflüssigt.

[c]

[Sformatino di capra con zabaione al Vin Santo]

ZIEGENKÄSE-FLAN
mit Süßweinschaum

KÄSE ODER DESSERT? DIESE CREME IST BEIDES IN SCHÖNSTER HARMONIE. WENN SIE MAL EINEN GANZ BESONDEREN MENÜ-ABSCHLUSS BRAUCHEN: NICHT ZU SÜSS, ABER SÜSS GENUG.

Zutaten für 4 Portionen

Für die Flans

200 g Ziegenfrischkäse

150 ml Vollmilch

3 Eier

50 g Zucker

2 EL kräftiger Honig

Für den Weinschaum

1 Ei + 1 Eigelb

1 gehäufter EL Zucker

1 Prise gemahlener Kardamom

100 ml Vin Santo (italienischer Süßwein)

Außerdem

Butter für die Förmchen

100 g grüne kernlose Weintrauben

4 EL Puderzucker

besonderes Werkzeug
- 4 ofenfeste Förmchen (8 cm Ø)
- 1 Flambierbrenner

Zeitbedarf
- 30 Minuten + 30 Minuten Backen

So geht's

1. Für die Flans in einem kleinen Topf Frischkäse und Milch miteinander verrühren. Langsam erhitzen, aber nicht aufkochen. Im Topf etwas abkühlen lassen. Backofen auf 180 °C vorheizen. Die Förmchen gut einfetten.

2. Eier, Zucker und Honig in die Frischkäsemasse rühren. Durch ein feines Sieb in die Förmchen gießen. Förmchen nebeneinander in einen ofenfesten flachen Topf stellen. Bis unter den Rand der Förmchen mit heißem Wasser aufgießen. Die Masse im Ofen 30 Minuten stocken lassen, bis sie fest ist.

3. Inzwischen die Weintrauben waschen, trockentupfen und nach Belieben halbieren.

4. Kurz vor dem Servieren für den Weinschaum das Ei mit dem Eigelb, dem Zucker und dem Kardamom in einer Metallschüssel mit dem Handrührgerät oder dem Schneebesen schaumig schlagen. Den Süßwein untermischen.

5. Die Schüssel in einen Topf mit heißem, aber nicht kochendem Wasser stellen [→a]. Den Weinschaum mit dem Handrührgerät oder dem Schneebesen so lange weiterschlagen, bis er dickschaumig und warm ist [→b].

6. Die Käse-Flans aus dem Ofen nehmen, jeweils am Rand mit einem Messer lösen und auf einen Teller stürzen. Die Oberfläche mit Puderzucker bestäuben [→c] und mit Hilfe eines Flambierbrenners karamellisieren [→d]. Ziegenkäse-Flans mit Weinschaum und Trauben anrichten.

Die Variante

Blitz-Version
4 fingerdicke Scheiben Ziegenfrischkäse von der Rolle in einer Pfanne in Butter auf beiden Seiten goldgelb braten. Warm stellen. Den Weinschaum, wie im Rezept links beschrieben, zubereiten. Ziegenfrischkäse auf Teller verteilen. Mit ein wenig flüssigem Honig dünne Streifen über den Käse ziehen. Den Weinschaum daneben anrichten. Mit Walnusshälften und Weintrauben garniert servieren.

VIN SANTO ist ein traditioneller Süßwein aus der Toskana. Man lässt sich den bernsteinfarbenen Wein schon mal als Aperitif, meist aber zum Dessert oder zum Käse schmecken. Wer keinen toskanischen Vin Santo bekommt, kann den Weinschaum mit anderen hellen Süßweinen wie Vino Santo oder Moscato aus dem Trentino zubereiten.

[Fichi al vino rosso e mascarpone]

ROTWEINFEIGEN
mit Mascarpone-Creme

EINE KULINARISCHE KOMPOSITION, DIE ALLE SINNE VERWÖHNT.
FRUCHTIGE SÜSSE UND SAMTIGE CREME, PERFEKT AUFEINANDER ABGESTIMMT

[a]

[b]

DAS IST *wirklich* WICHTIG

[a] SCHÖN REIF müssen die Feigen sein, denn nur dann haben sie ihr unvergleichliches Aroma, das dieses Dessert so unwiderstehlich macht. Ist die Feigenschale dünn, kann man sie mitessen, dicke Schalen von den Fruchtvierteln abtrennen.

[b] DEN ROTWEINSUD durchsieben und in einem kleinen Topf bei starker Hitze ohne Deckel und unter gelegentlichem Rühren dickflüssig einkochen lassen. Er hat die richtige Konsistenz, wenn er sirupartig vom Löffel tropft.

Zutaten für 4 Portionen

250 ml trockener kräftiger Rotwein
120 g Zucker
1 Sternanis
1 kleines Stück Zimtstange
2 Gewürznelken
4 reife violette Feigen [→a]
1 Bio-Zitrone
250 g Mascarpone
150 g Naturjoghurt
einige Minzeblättchen

Zeitbedarf
- 30 Minuten

So geht's

1. Den Wein mit der Hälfte des Zuckers, Sternanis, Zimtstange und Gewürznelken in einem breiten Topf aufkochen und 10 Minuten köcheln lassen.

2. In der Zwischenzeit die Feigen waschen und je nach Größe vierteln oder halbieren. Mit der Schnittfläche nach unten in den Rotweinsud legen, einmal kurz aufkochen, anschließend die Feigen im Sud kalt werden lassen.

3. Die Zitrone waschen, trockenreiben und ½ TL Schale fein abreiben. Zitrone halbieren, 1 Hälfte auspressen. Mascarpone mit Joghurt, Zitronenschale und restlichem Zucker cremig rühren. Mit Zitronensaft abschmecken.

4. Die Rotweinfeigen aus dem Sud nehmen. Den Sud durchsieben und bei starker Hitze dicklich einkochen [→b], anschließend abkühlen lassen.

5. Zum Servieren Mascarpone-Creme und Rotweinfeigen auf Desserttellern anrichten. Den Rotweinsud über Feigen und Creme träufeln. Mit Minzeblättchen garnieren.

[Crema fredda di uva nera]

CREME
von blauen Trauben

EIN HERBSTLICHER GENUSS. DIESE CREME BESTEHT NUR
AUS WENIGEN ZUTATEN UND SCHMECKT KÖSTLICH.

[a]

Zutaten für 4 Portionen

450 g blaue Trauben [→a]

2 EL Mehl

2 EL Zucker

100 g Sahne

gemahlener Zimt

Zeitbedarf
▪ 20 Minuten + 4 Stunden Kühlen

So geht's

1. Weintrauben von den Stielen zupfen und gründlich waschen. 8 Trauben zum Garnieren beiseitelegen. Die Trauben halbieren und die Kerne entfernen. Das Fruchtfleisch mit der Schale im Mixer pürieren.

2. In eine kleine Pfanne ¼ des Traubenpürees geben. Das Mehl darübersieben und gleichmäßig untermischen. Den Zucker unter das restliche Traubenpüree mengen, bis er sich vollständig aufgelöst hat. Langsam in die Pfanne gießen und ununterbrochen rühren.

3. Die Pfanne auf den Herd setzen und das Traubenpüree 5 Minuten bei niedriger Temperatur ständig rühren, bis es recht dick geworden ist. Die Mischung darf jedoch nicht zum Kochen kommen.

4. Die Traubencreme in eine Schüssel umfüllen und bei Zimmertemperatur vollständig abkühlen lassen. In vier Glasschalen oder Gläser verteilen, mit Frischhaltefolie abdecken und für 4 Stunden in den Kühlschrank stellen.

5. Die Sahne kurz vor dem Servieren steif schlagen und auf die Creme geben. Mit den beiseitelegten Trauben garnieren, mit etwas Zimt bestäuben und sofort servieren.

DAS IST *wirklich* WICHTIG

[a] ACHTEN SIE UNBEDINGT DARAUF, dass Sie kleine, aromatische blaue Weintrauben verwenden. Die großen, wässrigen Tafeltrauben eignen sich wegen ihrer Konsistenz und ihres Geschmacks nicht für diese Creme.

[Torta di cioccolato]

SCHOKOLADENKUCHEN
fantastisch schokoladig

DIESEM SCHOKOLADENKUCHEN KANN NIEMAND WIDERSTEHEN.
SELBST DIE ÄRGSTEN KALORIENZÄHLER WERDEN SCHWACH.

Zutaten für 16 Stücke

200 g Bitterschokolade (mind. 70 % Kakaoanteil)

200 g Butter

4 Eier

200 g Zucker

1 Päckchen Vanillezucker

10 g Mehl

Butter und Mehl für die Form

nach Belieben Puderzucker zum Bestäuben

besonderes Werkzeuge
- 1 Springform von 26 cm Ø

Zeitbedarf
- 40 Minuten + 30 Minuten Backen

So geht's

1. Die Schokolade in kleine Stücke brechen und mit der Butter in einer Metallschüssel im Wasserbad schmelzen, dabei hin und wieder umrühren. Auskühlen lassen.

2. Die Eier trennen. Mit einem Spatel Eigelbe, Zucker, Vanillezucker und Mehl sorgfältig mit der flüssigen Schokolade vermengen.

3. Den Backofen auf 180 °C vorheizen. Die Eiweiße steif schlagen [→a] und mit einem Schneebesen locker unter die Schokoladenmasse heben [→b].

4. Die Backform mit Butter einfetten und bemehlen. Den Schokoteig in die Form füllen, behutsam glatt streichen und im vorgeheizten Ofen 30 Minuten backen.

5. Den Schokoladenkuchen in der Form abkühlen lassen und lauwarm servieren – nur so entfaltet er sein ganzes Aroma. Vor dem Servieren nach Belieben mit Puderzucker bestäuben.

Servieren Sie den Kuchen zur Abwechslung mit steif geschlagener Sahne und im Sommer mit Himbeer-Halbgefrorenem (Rezept Seite 120).

VON DIESEM SCHOKOLADENKUCHEN werden zum Dessert in der Regel nur kleine Stücke angeboten, da er sehr üppig und gehaltvoll ist. Er hält sich problemlos 3–4 Tagen im Kühlschrank, sollte dann aber vor dem Servieren Zimmertemperatur annehmen.

[b]

DAS IST *wirklich* WICHTIG

[a] EIWEISS STEIF SCHLAGEN Fester Eischnee gelingt nur, wenn Sie die Eiweiße in einer absolut fettfreien Schüssel mit einem ebenfalls fett- freien Schneebesen bzw. den Quirlen eines Handrührgeräts schlagen. Achten Sie bereits beim Trennen der Eier darauf, dass das Eigelb nicht verletzt wird. Selbst Spuren davon im Eiweiß verhindern, dass Sie es zu Eischnee schlagen können.

[b] DEN EISCHNEE behutsam unter die Schokomasse heben und auf kei- nen Fall rühren, sonst fällt er in sich zusammen.

DAS IST
wirklich WICHTIG

....

[a] ACHTEN SIE DARAUF, die Maronen wie im Rezept beschrieben zu rösten. Vorgekochte Maronen eignen sich für dieses Rezept nicht.

[b] DIE MARONEN UNBEDINGT passieren und nicht pürieren, da sonst die Gefahr besteht, dass die Masse zu stark klebt und nicht luftig wird.

[a]

[Monte bianco]

MARONENCREME
mit Schlagsahne

IN MILCH GEKOCHTE MARONEN HABEN IN ITALIEN TRADITION.
PASSIERT UND MIT SAHNE VERFEINERT, ERGEBEN SIE EIN
RAFFINIERTES DESSERT.

Zutaten für 4 Portionen

350 g Esskastanien (Maronen)

200 ml Milch

1 Päckchen Vanillezucker

150 g Sahne

1 Prise gemahlener Zimt

2 EL Rum

Kekse zum Garnieren

besonderes Werkzeuge
- 1 Passiergerät

Zeitbedarf
- 45 Minuten

So geht's

1. Maronen waschen und trockenreiben, an den Kanten zur Spitze hin einschneiden. In einer Pfanne mit etwas Wasser zugedeckt rösten [→a], bis die Schale aufspringt. Noch warm schälen und die braunen Häutchen entfernen.

2. In einem mittelgroßen Topf die Milch mit dem Vanillezucker zum Kochen bringen. Die vorbereiteten Maronen hineingeben und bei mittlerer Hitze in 20–30 Minuten weich kochen. Abgießen, durch ein Passiergerät treiben [→b] und auskühlen lassen.

3. Die Sahne steif schlagen, unter das Maronenpüree ziehen und zu einer gleichmäßigen Creme verrühren. Mit Zimt und Rum abschmecken. Die Maronencreme in Dessertgläser füllen und mit Keksen garnieren.

WAS DIE ITALIENISCHE KÜCHE neben Frische und Einfachheit ebenso auszeichnet, sind die häufig so bildhaften, fantasievollen Namen ihrer Gerichte. Monte bianco, der weiße Berg, ist eine typische italienische Süßspeise im Herbst und Winter, die zu diesen Jahreszeiten auch in vielen Konditoreien, den *pasticcerie*, erhältlich ist.

WINTER
unbeschwert

AUCH IN DER KALTEN JAHRESZEIT BRINGT
ITALIEN GENUSS UND GUTE LAUNE AUF
DEN TISCH – MIT GERICHTEN, DIE SELBST
DIE DUNKELSTEN TAGE AUFHELLEN.

[a]

DAS IST
wirklich
WICHTIG

[a] STOCKFISCH WÄSSERN Den Fisch in eine flache und ausreichend große Schüssel legen. Mit kaltem Wasser bedecken und 2–3 Tage – oder länger – wässern. Dabei das Wasser so oft wie möglich wechseln. Je länger der Fisch gewässert wird, desto zarter wird seine Konsistenz und umso milder sein Geschmack.

[b] STOCKFISCH PUTZEN Dazu die Haut abziehen und alle Gräten entfernen. Falls nötig auch noch Seiten-, Bauch- und Rückenflossen mit einer Schere abschneiden. Das Fischfilet in Stücke schneiden.

[c] KARTOFFELN SAMT Knoblauch und Stockfisch mit dem Kartoffelstampfer möglichst fein zerdrücken, damit das Püree schön glatt wird. Nacheinander das Öl und so viel Sahne mit einem Kochlöffel unterrühren, dass das Stockfischpüree eine cremige, streichfähige Konsistenz hat. Vor dem Servieren zugedeckt noch 1–2 Stunden kühl stellen.

[b]

[Baccalà mantecato]

STOCKFISCHPÜREE

außergewöhnlich

OBWOHL ES HEUTE ÜBERALL FRISCHEN FISCH GIBT, IST GETROCKNETER STOCKFISCH IN ITALIEN WEGEN SEINES SPEZIELLEN GESCHMACKS EINE BEGEHRTE SPEZIALITÄT.

Zutaten für 4 Portionen

600 g Stockfisch

125 ml Milch

1 Zweig Thymian

2 Lorbeerblätter

400 g mehlig kochende Kartoffeln

1–2 Knoblauchzehen

2 EL Olivenöl

200 g Sahne

1 EL gehackte Petersilienblätter

Meersalz, weißer Pfeffer aus der Mühle

besonderes Werkzeug
- Kartoffelstampfer

Zeitbedarf
- 45 Minuten + 3 Tage Wässern

So geht's

1. Den Stockfisch in eine flache Schüssel legen, mit Wasser bedecken und mindestens 2, besser aber 3 Tage wässern. Dabei das Wasser täglich ein- bis zweimal wechseln [→a].

2. Am Tag der Zubereitung den Stockfisch in reichlich frischem Wasser einmal aufkochen. Herausheben, abtropfen und etwas abkühlen lassen. Den Fisch putzen, also Haut, Gräten und eventuell noch vorhandene Flossen entfernen [→b]. Das Fischfleisch in kleine Stücke teilen.

3. Stockfischstücke in einen Topf geben. Die Milch und so viel Wasser zugießen, dass der Fisch ganz davon bedeckt ist. Thymian und Lorbeer zugeben. Aufkochen und bei kleiner Hitze 20 Minuten mehr ziehen als kochen lassen.

4. Inzwischen die Kartoffeln schälen und in Scheiben schneiden. Den Knoblauch schälen und halbieren. Beides in einem kleinen Topf knapp mit Wasser bedecken und in 15–20 Minuten weich garen. Abgießen.

5. Stockfischstücke aus dem Sud heben, zu den Kartoffeln und dem Knoblauch geben und alles mit einem Kartoffelstampfer fein zerdrücken. Öl und so viel Sahne mit einem Kochlöffel unterrühren, bis ein cremiges Püree entsteht [→c]. Die Petersilie unterrühren, mit Salz und Pfeffer abschmecken. Bis zum Servieren zugedeckt kalt stellen.

Dazu geröstetes italienisches Weißbrot servieren.

STOCKFISCH bekommen Sie am ehesten in mediterranen Lebensmittelläden oder in gut sortierten Fischgeschäften. Gute Qualität erkennen Sie an der knochentrockenen und harten Konsistenz des getrockneten Fischs, vor allem aber an seiner weißlichen Farbe. Hat der Fisch rötliche Flecken, lassen Sie ihn besser liegen.

[Cardi con fonduta e tartufi]

KARDEN
mit Käsesauce & weißen Trüffeln

KARDEN SIND EIN DISTELGEWÄCHS, VON DENEN MAN DIE KNACKIGEN
BLATTSTIELE ISST. DIE KOMBINATION DIESES GEMÜSES MIT FONTINA
UND WEISSEN TRÜFFELN IST SEHR SCHMACKHAFT.

Zutaten für 4 Portionen

500 g Karden

Saft von ½ Zitrone

Salz

Für die Käsesauce

100 g gereifter Fontinakäse

35 ml Milch

2 Eigelb

Salz und weißer Pfeffer aus
der Mühle

Außerdem

weiße Trüffeln nach Geschmack

besonderes Werkzeug
■ 1 Trüffelhobel

Zeitbedarf
■ 30 Minuten

So geht's

1. Wasser in einem großen Topf zum Kochen bringen. Inzwischen die Karden waschen und putzen, dabei die Enden der Blattstiele abschneiden und die Blätter von den Stielen entfernen. Die weißen, zähen Fäden abziehen und die Stiele in 5 cm lange Stücke schneiden.

2. Das kochende Wasser salzen, den Zitronensaft hinzufügen und die Kardenstücke [→a] im kochenden Wasser in 15–20 Minuten bissfest garen. In einem Sieb mit kaltem Wasser abschrecken [→b] und abtropfen lassen.

3. Für die Käsesauce den Fontinakäse in Scheiben schneiden und mit der Milch in eine hitzebeständige Schüssel geben. Im Wasserbad unter ständigem Rühren langsam schmelzen. Die Eigelbe einzeln unterrühren. Weiterrühren, bis sich eine zähflüssige Creme gebildet hat. Mit Salz und Pfeffer abschmecken.

4. In einer beschichteten Pfanne die Butter aufschäumen lassen und die abgetropften Kardenstücke darin wenden. Bei Bedarf mit Salz abschmecken. Die Karden auf vorgewärmten Tellern anrichten, mit der Fonduta übergießen und nach Belieben Trüffelscheiben darüberhobeln.

KARDE, AUCH CARDY, KARDONE oder spanische Artischocke genannt, sieht man bei uns noch nicht so häufig. Fragen Sie Ihren Gemüsehändler. Im Piemont gehören sie zu den beliebtesten Herbst- und Wintergemüsen.

DAS IST *wirklich* WICHTIG

[a] GEBEN SIE die Karden sofort ins kochende Wasser, da sie sich, einmal geputzt, schnell braun verfärben.

[b] WENN SIE GEMÜSE mit kaltem Wasser abschrecken, wird der Garprozess augenblicklich gestoppt. Gerade bei empfindlichen Gemüsen empfiehlt sich das sehr.

[Insalata di fagioli con finocchiona]

BOHNENSALAT
mit Fenchelsalami

KLASSISCH KENNT IHN JEDER. DIESE SALATKREATION AUS WEISSEN BOHNEN MIT LAUCH, FENCHELSALAMI UND PARMESAN SOLLTEN SIE UNBEDINGT PROBIEREN!

DAS IST *wirklich* WICHTIG

[a] **UM SEIN AROMA** zu entwickeln, sollte der Bohnensalat unbedingt noch zugedeckt gut 15 Minuten oder auch länger durchziehen. Kurz vor dem Servieren den Salat kräftig abschmecken.

Zutaten für 4 Portionen

250 g getrocknete weiße Bohnenkerne

1 Knoblauchzehe

1 Lorbeerblatt

1 kleine Stange Lauch

Salz, schwarzer Pfeffer aus der Mühle

50 g Fenchelsalami in dünnen Scheiben

3 EL Weißweinessig

5 EL Olivenöl

1 EL Petersilienblättchen

50 g Parmesan

Zeitbedarf
- 45 Minuten + 1 ½ Stunden Garen + 12 Stunden Einweichen

So geht's

1. Die getrockneten Bohnen in einem Topf mit reichlich kaltem Wasser bedecken, 12 Stunden oder über Nacht einweichen.

2. Bohnen im Einweichwasser aufkochen. Den Knoblauch schälen und zusammen mit dem Lorbeer zu den Bohnen geben. Zugedeckt bei kleiner Hitze je nach Größe und Alter der Bohnen 1–1 ½ Stunden garen. Die Bohnen sollen weich sein, aber noch etwas Biss haben. Bohnen in einem feinen Küchensieb abtropfen lassen. Lorbeer und Knoblauch entfernen.

3. Die Lauchstange putzen und schräg in feine Scheiben schneiden. In sprudelnd kochendem Salzwasser 2 Minuten blanchieren. Abgießen, kalt abschrecken und abtropfen lassen. Die Salamischeiben vierteln oder in breite Streifen schneiden.

4. Aus Essig, Salz, Pfeffer und Öl ein Dressing rühren. Lauch, Bohnen und Salami in eine Schüssel geben und mit dem Dressing anmachen. Den Bohnensalat zugedeckt 15–20 Minuten ziehen lassen [→a].

5. Die Petersilie unter den Salat mischen, abschmecken. Den Parmesan in dünnen Spänen darüberhobeln und locker unterheben.

[Insalata di indivia e arance]

ENDIVIENSALAT
mit Orangen

EIN KLASSISCHER ITALIENISCHER WINTERSALAT, VITAMINREICH UND KNACKIG, DER FRÖHLICH STIMMT.

[b]

Zutaten für 4 Portionen

1 Kopf Endiviensalat

3 Orangen

5 Stängel Petersilie

4 EL Olivenöl

2 EL weißer Aceto balsamico

Salz, schwarzer Pfeffer aus der Mühle

1 EL gehackte Pistazienkerne

1 EL gehackte Walnusskerne

Zeitbedarf

▪ 30 Minuten

So geht's

1. Den Endiviensalat putzen. Die Blätter vom Strunk abtrennen [→a], waschen, trocknen und in Streifen schneiden.

2. Mit einem scharfen Messer an der Ober- und Unterseite der Orangen bis zum Fruchtfleischansatz jeweils einen Deckel abschneiden. Die Orangen auf ein Brett stellen und die Schale rundherum von oben nach unten so wegschneiden, dass auch die weiße Haut entfernt wird [→b]. Die einzelnen Fruchtfilets zwischen den Trennwänden herausschneiden, den Saft auffangen.

3. Die Petersilie waschen, trockenschütteln und die Blätter abzupfen. Die Salatstreifen und die Petersilienblätter in einer großen Schüssel vermischen.

4. Aus dem aufgefangenen Orangensaft, dem Olivenöl, dem weißen Balsamico-Essig, Salz und Pfeffer ein Dressing rühren.

5. Den Salat auf vier Teller geben, die Orangenfilets darauf verteilen und das Dressing darüberträufeln. Mit den gehackten Pistazien- und Walnusskernen bestreuen und sofort servieren.

Dazu passt Ciabatta vorzüglich.

DAS IST *wirklich* WICHTIG

[a] BITTERSTOFFE Wer es nicht gerne bitter mag, legt die Salatblätter kurz in lauwarmes Wasser.

[b] BEIM FILETIEREN der Orangen darauf achten, dass nichts von der weißen Haut an den Orangenfilets zurückbleibt.

MARONEN
kaufen, lagern & zubereiten

BOTANISCHES

Die Esskastanie, auch unter dem Namen Edelkastanie *(Castanea sativa Mill.)* bekannt, gehört zur Familie der Buchengewächse *(Fagaceae)*. Esskastanien sind Nussfrüchte und dürfen nicht mit den ungenießbaren Samen in den Kapseln der Rosskastanie *(Aesculus hippocastanum L.)* verwechselt werden.

MARONEN & ESSKASTANIEN

Tatsächlich besteht ein Unterschied zwischen Esskastanien und Maronen. Letztere sind eine weitergezüchtete, d.h. veredelte Sorte der Esskastanie, ihre herzförmigen Früchte schmecken süßer und aromatischer als die kleineren, rundlichen der Esskastanie.

In Italien wachsen Maronen in den Wäldern des Apennins bis hinunter nach Kalabrien, Kastanienwälder finden sich am Südhang der Alpen, wo sie sich von Südtirol bis ins schweizerische Tessin und ins Bergell-Tal erstrecken. Kastanien sind weniger anspruchsvoll als Maronen in Bezug auf Standort und Klima, erbringen eine größere Ernte und kommen etwa einen Monat früher, d.h. ab Mitte September in den Handel. Die Größe der Früchte bestimmt auch ihren Preis, maßgeblich ist dabei das sogenannte Kaliber: Kaliber 80, das sind 80 Stück pro Kilogramm, ist billiger als Kaliber 60.

Fragen Sie beim Einkauf nach Herkunft und Sorte, nicht selten werden nämlich Esskastanien als Maronen verkauft.

BROT DER ARMEN

Gekochte oder geröstete Kastanien waren nach dem Zusammenbruch des römischen Reichs ein Grundnahrungsmittel in Italien. Lange Zeit galt die Kastanie in Italien als „Kartoffel" oder auch als „Brot der Armen". Im schweizerischen Tessin ernährte sich die Landbevölkerung bis ans Ende des 18. Jahrhunderts vorwiegend von Kastanien, die zu Mehl gemahlen und zu Brot verarbeitet wurden. Die hochwertigen Früchte enthalten Eisen, Phosphor, Kalium, Vitamin C und Betacarotin und bestehen neben etwas Eiweiß und Fett vor allem aus Stärke – eine gute Kombination, um nachhaltig zu sättigen.

EINKAUF

Ganze frische Kastanien sollten schön prall und straff sein, ihre Schale muss glänzen. Entdecken Sie allerdings kleine Löcher, dann sitzt der Wurm drin. Lassen Sie in diesem Fall die Finger davon. Neben frischen Kastanien gibt es in gut sortierten Feinkostläden oder in großen Warenhäusern auch getrocknete oder tiefgekühlte Kastanien.

LAGERUNG

Wenn Sie in der glücklichen Lage sind, selbst Esskastanien sammeln zu können, dann sollten Sie sie in einer Lage in flache, mit Zeitungspapier ausgelegte Behälter legen und an die Sonne zum Trocknen stellen.

Frische Kastanien können bei Zimmertemperatur etwa 1 Woche aufbewahrt werden, in einem perforierten Plastikbeutel halten sie sich im Kühlschrank etwa 1 Monat.

Tiefgekühlte Kastanien können Sie ca. 6 Monate im Gefrierfach lagern. Geschälte oder gekochte Kastanien halten nur wenige Tage im Kühlschrank, tiefgekühlt lassen sie sich aber ebenfalls 6 Monate aufbewahren.

KASTANIEN RÖSTEN

Für 4 Portionen
700 g Kastanien

So geht's
Verwenden Sie zum Einschneiden der Kastanien am besten ein Kastanienmesser, Sie erhalten es in einem gut sortierten Messerfachgeschäft.

Kastanien auf der gewölbten Seite kreuzweise einschneiden, auf ein mit Wasser befeuchtetes Blech legen und das Blech in die Mitte des auf 220 °C vorgeheizten Backofens schieben. Ab und zu das Blech rütteln und mit etwas Wasser bestäuben. Nach 15 Minuten die Hitze auf 180 °C reduzieren und die Kastanien etwa 15 Minuten weitergaren, bis sie weich sind. Aus dem Ofen nehmen, mit einem feuchten Tuch bedecken und die Kastanien etwa 2 Minuten ruhen lassen. Schälen und die Kastanien zum Beispiel zu einem Glas Rotwein genießen.

KASTANIEN KOCHEN

Für 4 Portionen
700 g Kastanien

So geht's
Kastanien waschen, an den Kanten zur Spitze hin einschneiden. In einer Pfanne mit etwas Wasser zugedeckt braten, bis die Schale aufspringt. Noch warm schälen und die braunen Häutchen entfernen. Die geschälten Kastanien ergeben etwa 500 Gramm.

EIN KLASSIKER AUS KASTANIENMEHL

Dieser Fladen aus Kastanienmehl, Fenchelsamen und Pinienkernen ist eine ligurische Spezialität, zahlreiche Varianten finden sich aber auch in der Toskana, der Emilia und im Piemont.

Je nach Region wird der Fladen *castagnaccio*, *baldino* oder *pattona* genannt. Er passt ausgezeichnet zu einem Glas Wein, da er nur eine leichte Süße aufweist, schmeckt aber auch vorzüglich zu Espresso oder Kaffee.

Zutaten für 1 Fladen
500 g Kastanienmehl
Salz
3 EL Zucker
Olivenöl
Milch
2 EL Pinienkerne
2 EL eingeweichte Sultaninen
Fenchelsamen

So geht's
Kastanienmehl in eine Teigschüssel sieben, 1 Prise Salz und den Zucker hinzufügen. Unter kräftigem Rühren mit so viel Olivenöl vermischen, bis ein glatter, fester Teig entsteht. So viel Milch zugießen, bis der Teig dünnflüssig ist. Pinienkerne und abgetropfte Sultaninen untermischen.

Ein Kuchenblech mit reichlich Olivenöl auspinseln, den Teig darauf verstreichen, mit Fenchelsamen bestreuen und mit Olivenöl beträufeln. 45 Minuten im 150 °C heißen Ofen backen.

[Cozze gratinate]

GRATINIERTE MIESMUSCHELN
mit Minze

AM BESTEN ISST MAN SIE SO: JEWEILS EINE SCHALENHÄLFTE MIT DEN FINGERN HALTEN
UND MIT EINER KLEINEN GABEL MUSCHELFLEISCH SAMT KRUSTE AUS DER SCHALE HEBEN.

Zutaten für 4 Portionen

16–20 große Miesmuscheln

Salz, schwarzer Pfeffer aus
der Mühle

1 Schalotte

1 Knoblauchzehe

4 EL Olivenöl

½ TL abgeriebene Schale von
1 Bio-Orange

etwas zerkrümelter getrockneter Peperoncino

1 EL frisch geriebener
Parmesan

1 EL fein gehackte Minze
(ersatzweise Petersilie)

3 EL trockener Weißwein oder
Gemüsebrühe

2–3 EL Weißbrotbrösel

1 Bio-Zitrone

Zeitbedarf
- 30 Minuten + 10 Minuten
  Gratinieren

So geht's

1. Die Muscheln unter fließendem Wasser abbürsten, die Bärte entfernen und offene, also verdorbene Exemplare aussortieren und wegwerfen. In einem großen Topf die geschlossenen Muscheln mit etwa 200 ml Wasser, etwas Salz und Pfeffer aufkochen.

2. Zugedeckt bei starker Hitze etwa 8–10 Minuten garen, bis sich alle Schalen geöffnet haben. Muscheln in ein Sieb gießen und abtropfen lassen. Jetzt noch geschlossene Muscheln wegwerfen.

3. Den Backofen auf 220 °C vorheizen. Schalotte und Knoblauch schälen und sehr fein würfeln. In einer kleinen Pfanne 2 EL Olivenöl erhitzen und die Schalotten- und Knoblauchwürfel im heißen Öl andünsten. Orangenschale, Peperoncino, Parmesan und Minze zufügen. Wein oder Brühe und das übrige Öl unterrühren. So viele Brotbrösel untermischen, bis eine geschmeidige Masse entsteht. Mit Salz und Pfeffer würzen.

4. Die jeweils leere Schale der Muscheln abbrechen. Alle Schalenhälften mit Muschelfleisch in eine große Gratinform oder auf ein tiefes Blech setzen. Die Brösel-Parmesan-Masse auf dem Muschelfleisch verteilen. In der Mitte des Ofens in 8–10 Minuten goldbraun gratinieren.

5. Die Zitrone waschen, trockenreiben und in Viertel schneiden. Die Muscheln warm mit den Zitronenvierteln servieren.

[Pasta e fagioli]

BOHNENSUPPE
mit Nudeln

HIER EIN KLASSISCHES GRUNDREZEPT, DAS SIE NACH LUST UND LAUNE MIT ANDEREN NUDELN UND HÜLSENFRÜCHTEN VARIIEREN KÖNNEN.

Zutaten für 4 Portionen

200 g getrocknete Borlotti-Bohnen

1 Zwiebel

1 Möhre

1 kleine Stange Lauch

1 Stange Sellerie

50 g gesalzener Speck

2 EL Olivenöl

1 l Fleischbrühe

Salz, schwarzer Pfeffer aus der Mühle

1 Prise gemahlener Zimt

200 g Nudeln oder Suppenteigwaren

gehackte glatte Petersilie

50 g frisch geriebener Pecorino

Zeitbedarf
▪ 15 Minuten + 2 Stunden Garen + Einweichen über Nacht

So geht's

1. Die Bohnen über Nacht in Wasser einweichen. Vor der Zubereitung in einem Sieb kalt abbrausen und abtropfen lassen. Die Zwiebel schälen und würfeln. Möhre, Lauch und Sellerie waschen, putzen, trocknen und ebenfalls in Würfel schneiden. Den Speck klein würfeln. Das Gemüse in einem großen Topf in dem Olivenöl andünsten. Die Bohnen und den Speck hinzufügen und die Brühe angießen.

2. Mit Salz, Pfeffer und Zimt abschmecken. Aufkochen und ca. 2 Stunden zugedeckt garen, bis die Bohnen fast zerfallen.

3. Die Nudeln bei Bedarf in kleinere Stücke brechen und mitkochen, bis sie al dente sind. Die Suppe mit Petersilie und geriebenem Pecorino bestreuen. Sofort servieren.

[Zuppa di lenticchie]

LINSENSUPPE
mit Thymian

DIESE LINSENSUPPE IST GENAU DAS RICHTIGE AN EINEM KALTEN WINTERABEND: SÄTTIGEND UND WÄRMEND ZUGLEICH.

Zutaten für 4 Portionen

200 g grüne Linsen

4 kleine Zwiebeln

4 Knoblauchzehen

20 Stängel frischer Thymian (pro Stängel ca. 15 Blättchen)

100 g rote Linsen

200 g Sahne

1 Prise frisch geriebene Muskatnuss

Salz, schwarzer Pfeffer aus der Mühle

Zeitbedarf
▪ 50 Minuten + Einweichen über Nacht

So geht's

1. Die grünen Linsen über Nacht in Wasser einweichen. Vor der Verwendung kurz in einem Sieb abbrausen und abtropfen lassen.

2. Zwiebeln und Knoblauch schälen, die Zwiebeln halbieren, den Knoblauch zerdrücken. Mit den grünen Linsen und dem Thymian in einen Topf mit 1 ½ Liter Wasser geben und zum Kochen bringen. Linsen zugedeckt bei mittlerer Temperatur etwa 40 Minuten garen, nach 30 Minuten die roten Linsen zufügen und mitgaren.

3. Den Thymian und den Knoblauch entfernen, 3 EL Linsen beiseitestellen. Die Suppe nur kurz pürieren, sie soll anschließend noch eine grobe Konsistenz haben.

4. In eine Suppenschüssel füllen und die Sahne unterziehen. Mit Muskatnuss, Salz und Pfeffer kräftig abschmecken, die ganzen Linsen unterrühren und servieren.

GETROCKNETE BOHNEN müssen über Nacht eingeweicht und danach unter fließendem kaltem Wasser abgebraust werden. Wenn Sie frische Borlotti-Bohnen verwenden, müssen Sie die doppelte Menge berechnen.

[Ciabatta vitello tonnato]

CIABATTA
Kalb & Thunfischsauce

IN EINER LEICHTEN UND SCHNELL ZUBEREITETEN VARIANTE PRÄSENTIERT SICH HIER DAS VITELLO TONNATO. GERADE RICHTIG FÜR EIN FLINKES EDELBROT.

Zutaten für 4 Portionen

- 1 Dose (80 g Abtropfgewicht) Thunfischfilets natur
- nach Belieben 1 in Öl eingelegtes Sardellenfilet
- 100 g Frischkäse
- 2 TL Zitronensaft
- nach Bedarf 1–2 EL Naturjoghurt
- ½ TL kleine Kapern (Glas)
- Salz, weißer Pfeffer aus der Mühle
- 4–8 makellose Salatblätter
- 4 getrocknete, in Öl eingelegte Tomaten
- 4 Ciabatta-Brötchen
- 200 g gegarter Kalbsbraten in dünnen Scheiben

Zeitbedarf
- 20 Minuten

So geht's

1. Für die Thunfischsauce den Thunfisch abgießen und die Filets in grobe Stücke teilen. In eine Schüssel füllen. Nach Belieben das Sardellenfilet mit einer Gabel zerdrücken, mit dem Frischkäse und dem Zitronensaft zum Thunfisch geben.

2. Alles fein pürieren. Falls die Masse zu fest sein sollte, so viel Joghurt untermischen, bis sie dickflüssig bis cremig ist. Anschließend die Kapern unterheben. Die Thunfischsauce mit Salz und Pfeffer abschmecken.

3. Salatblätter abbrausen und trockenschütteln. Getrocknete Tomaten abtropfen lassen, in dünne Streifen schneiden. Brötchen halbieren. Die unteren Brötchenhälften mit Salatblättern und Tomatenstreifen belegen. Darauf Thunfischsauce, Bratenscheiben und wieder Thunfischsauce verteilen. Die oberen Brötchenhälften aufsetzen und gleich genießen.

[Crostini peperone e mozzarella]

HEISSE CROSTINI
Paprika & Mozzarella

EIN WARMER KÖSTLICHER IMBISS, DER GUT TUT – NICHT NUR NACH EINEM LANGEN ARBEITSTAG ODER EINEM WINTERSPAZIERGANG.

Zutaten für 4 Portionen

- 2 EL Pinienkerne
- 1 kleine rote Paprikaschote
- 250 g Mozzarella
- 12 dünne Scheiben Stangenweißbrot
- 1–2 EL schwarze Olivenpaste (aus dem Glas)
- schwarzer Pfeffer aus der Mühle

Zeitbedarf
- 20 Minuten

So geht's

1. Pinienkerne in einer kleinen Pfanne ohne Fett bei mittlerer Hitze goldgelb rösten. Den Backofen auf 250 °C vorheizen.

2. Paprikaschote halbieren, putzen, waschen und in möglichst kleine Würfel schneiden. Mozzarella abtropfen lassen, in 12 dünne Scheiben schneiden.

3. Brote mit der Olivenpaste bestreichen. Zuerst die Paprikawürfel, dann die Mozarellascheiben darauf verteilen.

4. Auf ein Backblech legen und im vorgeheizten Ofen ca. 5 Minuten überbacken, bis der Käse schmilzt. Crostini aus dem Ofen nehmen, sofort mit etwas Pfeffer übermahlen und mit den Pinienkernen bestreuen. Heiß servieren.

[Tramezzini gorgonzola e mela]

TRAMEZZINI
Gorgonzola & Äpfel

BROT MIT FEINEM GAUMENSPIEL SIND EINE SPEZIALITÄT
DER ITALIENISCHEN KÜCHE. ZUM ANBEISSEN KÖSTLICH
UND DABEI VÖLLIG UNKOMPLIZIERT. WAS WILL MAN MEHR!

Zutaten für 4 Portionen

2 EL Walnusskerne

½ Bund Petersilie

200 g Gorgonzola

5–7 EL Sahne

weißer Pfeffer aus der Mühle, Salz

8 Blätter Radicchio

2 kleine säuerliche Äpfel

2 EL Zitronensaft

1 EL Butter

½ TL Thymianblättchen

8 Scheiben Tramezzini- oder Sandwichbrot

Zeitbedarf
▪ 30 Minuten

So geht's

1. Die Walnusskerne grob hacken. Die Petersilie waschen, trockenschütteln, die Blättchen abzupfen und fein schneiden.

2. In einer Schüssel den Gorgonzola mit einer Gabel zerdrücken, dabei 4 EL Sahne zugeben. Walnüsse und Petersilie unter den Käse rühren. Noch so viel Sahne untermischen, bis eine cremige Käsemasse entsteht. Mit Pfeffer und eventuell etwas Salz abschmecken.

3. Die Radicchioblätter waschen, trockenschütteln und quer in fingerbreite Streifen schneiden oder in kleine Stücke reißen. Die Äpfel waschen, vierteln und das Kerngehäuse herausschneiden. Apfelviertel in etwa 1 cm dicke Spalten schneiden. Mit dem Zitronensaft vermischen.

4. Die Butter in einer großen beschichteten Pfanne erhitzen. Die Apfelspalten hineinlegen, mit Thymian bestreuen und bei mittlerer Hitze auf jeder Seite 1 Minute braten.

5. Die Brotscheiben nach Bedarf entrinden. Die Hälfte der Scheiben mit der Gorgonzola-Nuss-Creme bestreichen und den Radicchio darauf verteilen. Die noch lauwarmen Apfelspalten obenauf legen, mit den restlichen Brotscheiben bedecken und leicht andrücken.

6. Die Brote behutsam diagonal in zwei Dreiecke schneiden und möglichst sofort servieren. Nach Belieben können Sie die Brotscheiben auch einzeln belegen und servieren.

GORGONZOLA, den norditalienischen Blauschimmelkäse, gibt es in zwei Aroma-Varianten: sahnig-mild und pikant-kräftig. Für welche Geschmacksintensität Sie sich hier entscheiden, ist ganz Ihrem Gusto überlassen.

SCHINKEN, WURST & CO.

scheibenweise Hochgenuss

VOR ALLEM ALS ANTIPASTI SERVIERT, ÜBERZEUGEN DIESE SPEZIALITÄTEN MIT IHREM UN-
VERKENNBAREN GESCHMACK. ALLE SCHINKEN UND VIELE DER WÜRSTE TRAGEN EIN SIEGEL,
DAS IHRE TRADITIONELLE HERSTELLUNG UND IHRE REGIONALE HERKUNFT GARANTIERT.

ROHSCHINKEN

PARMASCHINKEN

Hergestellt wird *prosciutto di Parma*
aus den frischen Keulen schwergewich-
tiger Schweine. Die Keulen werden
mehrmals in Handarbeit mit etwas
Meersalz eingerieben, nach einer Ruhe-
phase vom Salz befreit und zum Reifen
in Kammern gehängt, in denen ein spe-
zifisches Mikroklima herrscht. Nach
mindestens 12 Monaten und strenger
Prüfung kann der Schinken aus der Provinz Parma das Brandzeichen mit der
fünfzackigen Herzogkrone bekommen,
sein Markenzeichen. Das mürbe und
zarte Fleisch des Schinkens hat einen
Farbton zwischen rosa und rot, einen
würzigen Duft und einen unverwechsel-
baren mild-zarten Geschmack.

SAN-DANIELE-SCHINKEN

Ein weiteres Beispiel hoher Schinken-
kunst. *Prosciutto di San Daniele* wird
aus frischen, großen Keulen hergestellt.
Die Schweine müssen aus festgelegten
nord- und mittelitalienischen Regionen
stammen, dort geboren und aufgewach-
sen sein. Tradition, Präzision und ein
spezielles Mikroklima sind die Grund-
lagen für Herstellung und Reifung. Ein-
zig erlaubte Zutat dabei: Meersalz.
Mindestens 13 Monate muss der Schinken reifen. Nur wenn er alle strengen
Kontrollen besteht, bekommt er das
spezifische Brandzeichen. Der Schinken
hat ein rosarotes, von zarten Fettadern
durchzogenes Fleisch und einen einzigartigen mild-aromatischen Geschmack.

SÜDTIROLER SPECK

Er heißt zwar Speck, ist aber ein Schinken. Die entbeinten Schweinekeulen
werden gewürzt, trocken gepökelt, danach getrocknet und schließlich mit
Kräutern und Gebirgshölzern kurz geräuchert. Während seiner anschließen-
den Reifung von mindestens 22 Wochen, einer Lufttrocknung im speziellen
Mikroklima, bildet sich ein weißer
Edelschimmer. Der verleiht ihm seinen
nussigen, unverkennbaren Geschmack.
Nur streng geprüfte Exemplare dürfen
sich Südtiroler Speck g.g.A. nennen und
bekommen ihr typisches Brandzeichen.
Man isst den Speck pur in dünnen
Scheiben als würzende Zutat.

WÜRSTE & CO.

SALAMI

Klein oder groß, dick oder dünn: Die
unzähligen italienischen Salami-Sorten
kommen in vielerlei Formen daher. Alle
Mitglieder dieser großen Wurstfamilie
sind Rohwürste und werden im Prinzip
ähnlich hergestellt: nämlich aus Muskelfleisch (z.B. von Schwein, Wild-
schwein, Rind), Speck und Gewürzen.
In Naturdärme gefüllt, reifen sie während der Lufttrocknung. Je nach Region
gibt es unterschiedliche Zusammenset-
zungen der Zutaten, woraus sich eine
eindrucksvolle Vielfalt ergibt.

MORTADELLA

Die edle Brühwurst wird nach immer
raffinierteren Rezepturen hergestellt.
Ausgewähltes Schweinefleisch, Speck,
Salz und andere Gewürze sind die Zutaten, manchmal kommen auch Pistazien hinein. Je nach Sorte und Region
variiert die Wurst im Geschmack und in
der Größe. Die bekannteste unter ihnen, die *mortadella Bologna*, verströmt
einen so feinen Duft, dass man den delikaten Geschmack bereits ahnen kann.

BRESAOLA

Im Gegensatz zu den anderen Spezialitäten wird diese Wurst aus Rindfleisch
hergestellt. *Bresaola* ist typisch für die
norditalienische Alpenregion. Bestes
Fleisch aus der Rinderhüfte, eine ge-
konnte Gewürzmischung, die Massage
des Fleisches während des Einsalzens
und schließlich optimale Bedingungen
bei der vierwöchigen Reifung machen
den einzigartigen und würzigen Geschmack aus. Für Antipasti wird sie
dünn aufgeschnitten, dann zum Beispiel
mit bestem Olivenöl und einigen Tropfen Zitronensaft beträufelt und mit
dünn gehobelten Spänen von Grana-
Padano-Käse bestreut.

COPPA

So heißen die vom Knochen befreiten
Schweine-Nackenstücke. Sie werden
trocken gepökelt und gewürzt, beispielsweise auch mit Wein oder Peperoni. Nach der Reifung von etwa 6 Monaten ist die von feinen Fettadern
durchzogene *coppa* fertig. Sie wird in
vielen Regionen hergestellt, die feinste
kommt aus den Gegenden um Parma
und um Piacenza. Das zarte Fleisch mit
dem delikaten Aroma schmeckt am besten ganz dünn aufgeschnitten. Es ist
auch bei uns immer häufiger im Le-
bensmittelhandel zu finden.

PANCETTA

Sieht aus wie Räucherspeck, ist aber
luftgetrockneter Schweinebauch, der
auch in gerollter Form angeboten wird.
Pancetta wird gesalzen, mit Gewürzen
eingerieben und muss eine mindestens
dreimonatige Reifung durchlaufen. Fein
im Salat, auf Brot oder zum Würzen
von Suppen und Saucen, Pasta sowie
Fleischgerichten.

[Ravioli verdi ripieni di agnello]

GRÜNE RAVIOLI
mit Lammfüllung

WER HAUSGEMACHTE RAVIOLI SERVIERT BEKOMMT, SOLLTE DIESEN BESONDEREN LIEBES-
DIENST ZU SCHÄTZEN WISSEN – UND DIE PASTA DANN GEBÜHREND GENIESSEN.

Zutaten für 4–6 Portionen

Für die Ravioli

1 Bund glatte Petersilie

1 EL Öl, Salz

1 Rezept Pastateig
(siehe S. 37)

etwas Mehl zum Arbeiten

Für die Füllung

1 Schalotte

1 Knoblauchzehe

1 EL Öl

300 g Hackfleisch vom Lamm

Salz, schwarzer Pfeffer aus
der Mühle

50 ml trockener Weißwein

½ Bund glatte Petersilie

½ TL abgeriebene Schale von
1 Bio-Zitrone

2 EL frisch geriebener
Parmesan

2 Eier

Zum Servieren

100 g Butter

80 g frisch geriebener
Parmesan

besonderes Werkzeug
▪ Nudelmaschine oder
Teigroller

Zeitbedarf
▪ 1 Stunde + Zubereiten des
Pastateigs

So geht's

1. Für den Ravioli-Teig die Petersilie waschen und trockenschütteln. Die Blättchen abzupfen, mit dem Öl und 1 guten Prise Salz sehr fein pürieren. Den Pastateig nach Rezept mit dem Petersilienpüree zubereiten.

2. Für die Füllung Schalotte und Knoblauch schälen, fein würfeln. Öl in einer großen Pfanne erhitzen, Lammhack darin anbraten, Schalotte und Knoblauch kurz mitbraten. Das Fleisch salzen, pfeffern und den Wein zugießen. Ohne Deckel 5 Minuten köcheln, dann abkühlen lassen.

3. Petersilie waschen, trockenschütteln und bis auf ein paar Blättchen zum Garnieren fein hacken. Mit Zitronenschale, Parmesan und Eiern unter das Hackfleisch mischen. Kräftig abschmecken.

4. Den Pastateig vierteln. Die Teigviertel entweder mit der Nudelmaschine oder mit dem Teigroller auf einer leicht bemehlten Arbeitsfläche zu hauchdünnen und 8–10 cm breiten Bahnen ausrollen.

5. Auf zwei Bahnen im Abstand von 5 cm je 1 TL der Füllung setzen. Die Zwischenräume mit Wasser bepinseln. Übrige Teigbahnen jeweils über die Füllungen legen. Teig um die Füllung herum leicht andrücken. Ein Teigrädchen oder Messer bemehlen und einzelne Ravioli damit ausschneiden. Hände oder eine Gabel bemehlen, die Teigränder der Ravioli damit zusammendrücken. Die Pasta 10 Minuten antrocknen lassen.

6. Ravioli portionsweise in reichlich kochendes Salzwasser geben, offen bei schwacher Hitze in 3–4 Minuten sanft garen. Mit einem Schaumlöffel herausheben, abtropfen lassen. In der Zwischenzeit die Butter zerlassen. Die Ravioli mit der flüssigen Butter, den beiseitegelegten Petersilienblättchen und Parmesan in vorgewärmten tiefen Tellern anrichten und servieren.

[Ravioli al brasato di manzo]

RAVIOLI
mit Schmorbratenfüllung

PLANEN SIE FÜR DEN SAMSTAGABEND EINEN ÜPPIGEN BRASATO DI MANZO UND AM SONNTAG
BEREITEN SIE AUS DEN RESTEN DIESE RAVIOLI MIT SCHMORBRATENFÜLLUNG ZU.

Zutaten für 4 Portionen

125 g gegarter Rinder-schmorbraten

30 g frisch geriebener Parmesan

1 EL Salbeiblätter

1 Ei

Salz, schwarzer Pfeffer aus der Mühle

100 g Pastateig (siehe Grundrezept S. 37)

100 ml Sauce vom Rinder-schmorbraten

30 g Butter

frisch geriebener Parmesan zum Servieren

besonderes Werkzeug
- Nudelmaschine oder Teigroller

Zeitbedarf
- 2 Stunden inkl. Herstellen des Pastateigs + Zubereiten des Bratens

So geht's

1. Schmorbraten mit geriebenem Parmesan, Salbeiblättern und Ei zu einer homogenen Masse pürieren, mit Salz und Pfeffer abschmecken.

2. Den Pastateig hauchdünn in ca. 8 cm breite Bahnen ausrollen und im Abstand von 6 cm je 1 TL von der Schmorbratenmasse darauf verteilen.

3. Die Teigbahnen mit der Füllung in Quadrate schneiden und über die Diagonale zu dreieckigen Ravioli formen. Mit den Händen den Teig neben der Füllung gut andrücken, anschließend die Teigränder mit den bemehlten Zinken einer Gabel zusammendrücken. Die gefüllten Ravioli in sprudelnd kochendem Salzwasser höchstens 5 Minuten garen.

4. Die Ravioli behutsam mit einem Schaumlöffel herausheben und in eine Pfanne geben. Bratensauce und Butter hinzufügen und die Pfanne vorsichtig schwenken, bis sich die Butter aufgelöst hat. Ravioli auf Tellern anrichten, nach Geschmack mit Parmesan bestreuen und sofort servieren.

Grundrezept
Rinderschmorbraten
Brasato di manzo

1 Zwiebel

2 Stangen Sellerie

2 Möhren

1 kg Rindfleisch (Hals, Hochrippe oder Schulter)

Mehl zum Wenden

3 EL Olivenöl

1 l Rotwein

50 g getrocknete Steinpilze

1 Lorbeerblatt

Salz, schwarzer Pfeffer aus der Mühle

Zeitbedarf
- 15 Minuten + 2 Stunden Garen

So geht's

1. Die Zwiebel schälen und vierteln. Sellerie und Möhren putzen, waschen und klein schneiden.

2. Das Rindfleisch in Mehl wenden und in einem Bräter auf beiden Seiten im heißen Öl goldbraun anbraten.

3. Rotwein, Steinpilze, Zwiebel und Gemüse dazugeben, das Lorbeerblatt einlegen und den Braten zugedeckt 2 Stunden bei kleiner Hitze garen. Bei Bedarf heißes Wasser nachgießen.

DER SCHMORBRATEN schmeckt noch intensiver und besser, wenn er einen Tag später in seiner Sauce bei kleiner Hitze aufgewärmt wird. Falls die Sauce zu stark einkocht, Fleischbrühe nachgießen.

[Risotto al radicchio]

RISOTTO
mit Radicchio

RADICCHIO VERLEIHT DIESEM RISOTTO EINEN ZART-BITTEREN GESCHMACK. EIN BELIEBTES WINTERGERICHT FÜR KENNER UND VERWÖHNTE GAUMEN.

Zutaten für 4 Portionen

300 g roter länglicher Radicchio (z. B. Radicchio di Treviso)

5 EL kalte Butter

Salz, weißer Pfeffer aus der Mühle

2 Schalotten

1¼ l leichte Fleisch- oder Gemüsebrühe (am besten selbst gemacht, s. S. 141)

300 g Risotto-Reis (Arborio, Vialone oder Carnaroli)

100 ml trockener Weißwein

3 EL frisch geriebener Parmesan

1 EL Zucker

1 EL Weinessig

1 EL Schnittlauchröllchen

Zeitbedarf
▪ 45 Minuten

So geht's

1. Radicchio waschen und putzen. Von den Stauden jeweils das obere Blattdrittel abschneiden, beiseitestellen. Radicchio längs halbieren oder vierteln, quer in feine Streifen schneiden. In einer Pfanne 1 EL Butter aufschäumen und die Radicchiostreifen darin kurz andünsten. Leicht salzen und pfeffern.

2. Schalotten schälen, fein würfeln. Die Brühe erhitzen. In einem breiten Topf die Schalotten in 2 EL Butter andünsten. Ungewaschenen Reis zugeben und unter Rühren 3 Minuten mitdünsten. Wein angießen und vollständig einkochen lassen.

3. Von der heiße Brühe 1 Schöpflöffel zugießen, Reis im offenen Topf bei mittlerer Hitze unter Rühren garen, bis die Flüssigkeit fast aufgesogen ist. Schöpflöffelweise so fortfahren, bis der Reis nach etwa 20 Minuten gar ist, dabei etwa 5 Minuten vor Garzeitende die Radicchiostreifen unterrühren.

4. Den Parmesan und 1 EL Butter unter den Risotto mischen. Mit Salz und Pfeffer abschmecken, zugedeckt 3–4 Minuten ziehen lassen. Inzwischen den restlichen Esslöffel Butter in der Pfanne erhitzen. Zucker zufügen und schmelzen lassen. Die Radicchio-Blattspitzen darin wenden, kurz karamellisieren. Mit dem Essig ablöschen. Risotto in tiefen Tellern anrichten, mit Blattspitzen und Schnittlauchröllchen garnieren und sofort servieren.

IN DER REGION VENETO wird Radicchio-Risotto traditionell mit Rot- statt mit Weißwein zubereitet.

[Risotto con fegato di vitello]

RISOTTO
mit Kalbsleber

ES GIBT LEBER-VEREHRER UND LEBER-VERÄCHTER. DURCH DIESEN RISOTTO KÖNNTE VIELLEICHT DER EINE ODER ANDERE VEREHRER HINZUGEWONNEN WERDEN.

Zutaten für 4 Portionen

1 ½ l Gemüsebrühe (am besten selbst gemacht, s. S. 141)

1 Zwiebel

2 Knoblauchzehen

Olivenöl

350 g Risotto-Reis

175 ml Weißwein

400 g Kalbsleber (evtl. beim Metzger vorbestellen)

Mehl zum Bestäuben

1 Bund glatte Petersilie

2 EL Butter

Salz, schwarzer Pfeffer aus der Mühle

Zeitbedarf
▪ 45 Minuten

So geht's

1. Die Gemüsebrühe in einem Topf zum Kochen bringen.

2. Die Zwiebel schälen und fein würfeln, den Knoblauch schälen und durchpressen. Beides in einem großen Topf im heißen Olivenöl andünsten. Den Reis zugeben und unter Rühren glasig dünsten. Mit dem Weißwein ablöschen, den Wein verdampfen lassen. Nach und nach so viel heiße Brühe zugeben, dass der Reis stets gut davon bedeckt ist, dabei gründlich umrühren. Den Reis so knapp 18–20 Minuten köcheln lassen.

3. In der Zwischenzeit die Leber in kleine Würfel schneiden und leicht mit Mehl bestäuben. Die Petersilie waschen, trockenschütteln und hacken. Die Butter in einer Pfanne zerlassen, die leicht bemehlten Leberwürfel darin ringsum braun anbraten. Mit Salz und Pfeffer abschmecken und die gehackte Petersilie dazugeben. Die Leber unter den fertigen Risotto mischen und sofort servieren.

REISSORTEN Die Wahl der Reissorte ist entscheidend für das Gelingen eines Risottos. Es eignen sich Sorten wie Arborio, Vialone Nano oder Carnaroli, die viel Stärke enthalten und dem Risotto die gewünschte cremige Konsistenz verleihen.

[Spaghetti alla carbonara]
SPAGHETTI
mit Eiern & Speck

BEI DER ZUBEREITUNG VON SPAGHETTI ALLA CARBONARA LIEGT DAS PERFEKTE GELINGEN IN DER ABFOLGE DES MISCHENS VON PASTA, SPECK UND EIERSAHNE.

Zutaten für 4 Portionen

150 g Pancetta in dünnen Scheiben (ersatzweise milder Räucherspeck)

1 Zwiebel oder 1 Knoblauchzehe

500 g Spaghetti

Salz

2 EL Olivenöl

3 Eier

6 EL Sahne

50 g frisch geriebener Parmesan oder Pecorino

schwarzer Pfeffer aus der Mühle

Zeitbedarf
▪ 20 Minuten

So geht's

1. Pancetta in ½ cm breite Streifen schneiden. Zwiebel oder Knoblauchzehe schälen und möglichst fein würfeln.

2. Spaghetti in reichlich kochendem Salzwasser nach Packungsangabe bissfest garen. Währenddessen eine große Servierschüssel gut vorwärmen.

3. Inzwischen das Öl in einer kleinen Pfanne erhitzen, die Pancettastreifen darin bei niedriger Temperatur in 2 Minuten leicht knusprig braten. Zwiebel- oder Knoblauchwürfel unterrühren und etwa 1 Minute mitbraten.

4. Eier mit Sahne und Käse verrühren. Leicht pfeffern. Spaghetti abgießen und sofort in die vorgewärmte Schüssel geben. Zügig zuerst die Speckmischung mitsamt dem Bratfett untermengen, dann die Eiersahne. Die Ei-Speck-Sauce soll stocken, aber noch sämig sein und glänzen. Spaghetti pfeffern und sofort servieren.

[Polenta con biroldo fritto]
POLENTA
mit gebratener Blutwurst

SAHNIG-CREMIGE POLENTA MIT HERRLICH DEFTIGER BLUTWURST UND KNUSPRIGEM SPECK. DAS SIND IDEALE MAGENWÄRMER AN KLIRREND KALTEN TAGEN.

Zutaten für 4 Portionen

750 ml Fleischbrühe

150 g Polenta (Maisgrieß)

100 g Sahne

1 EL Olivenöl

100 g durchwachsener Speck in Scheiben

250 g geräucherte Blutwurst

50 g Butter

Salz, weißer Pfeffer aus der Mühle

3 EL Weißwein

nach Belieben Kräuter der Saison zum Garnieren

Zeitbedarf
▪ 1 Stunde

So geht's

1. Die Fleischbrühe in einem Topf aufkochen. Dazu einen möglichst hohen Topf nehmen, da die Polenta leicht spritzt.

2. Den Maisgrieß mit einem Schneebesen langsam einrühren. Wenn er aufkocht und sich an der Oberfläche Blasen bilden, sofort die Hitze reduzieren und den Topf kurz vom Herd nehmen. Anschließend bei kleiner Hitze unter häufigem Rühren mit einem Holzlöffel (etwa alle 4–5 Minuten) 30 Minuten köcheln lassen.

3. Die Sahne unter die Polenta mischen und in 10 bis 15 Minuten fertig garen. Sie ist perfekt, wenn sie in cremigen Klecksen vom Löffel tropft.

4. Das Öl in einer großen Pfanne erhitzen. Den Speck darin rundum knusprig braten. Herausnehmen und auf Küchenpapier entfetten. Die Blutwurst in 1 cm dicke Scheiben schneiden, im Bratfett auf beiden Seiten 1–2 Minuten braten.

5. Die Butter in Stücken unter die Polenta rühren. Salzen und pfeffern. Mit Speck und Blutwurst auf Tellern anrichten. Den Bratsatz in der Pfanne mit Wein ablöschen, durchsieben und über Speck und Wurst träufeln. Nach Belieben mit Kräutern garnieren und servieren.

[b]

DAS IST
wirklich WICHTIG

[a] PAPRIKASCHOTEN RÖSTEN Die Schoten sollen im Ofen oder unter dem Grill so lange rösten, bis ihre Haut große Blasen wirft und an einigen Stellen schon schwarz wird.

[b] PAPRIKA HÄUTEN Geröstete Schoten zugedeckt in einer Schüssel stehen lassen. So lässt sich ihre Haut später besser abziehen. Und sie kühlen ab, dass man sie anfassen kann.

[c] DIE SAUCE fein pürieren. Wer mag, gießt sie danach noch durch ein Sieb. Die Konsistenz soll schön cremig sein. Ist sie zu dick, noch etwas Gemüsebrühe oder auch Sahne unterrühren.

[d] KNUSPRIGE FISCHSTÜCKE gelingen so: Fisch in Mehl wenden und das überschüssige Mehl abschütteln. Danach durch die Ei-Käse-Mischung ziehen. Kurz abtropfen lassen und in einer großen Pfanne bei mittlerer Hitze auf beiden Seiten goldbraun braten. Möglichst nicht länger braten, da das saftige Filet sonst trocken wird.

[d]

[Piccata di pesce con salsa peperoni]

FISCH-PICCATA
auf Paprikasauce

EIN SPIEL DER FARBEN, KONSISTENZEN UND AROMEN:
DIE SAFTIG-KNUSPRIGEN FISCHSTÜCKE HARMONIEREN AUFS
KÖSTLICHSTE MIT DER CREMIGEN PAPRIKASAUCE.

Zutaten für 4 Portionen

500 g rote Paprikaschoten

1 Schalotte

5 EL Olivenöl

1 EL Paprika- oder Tomatenmark

100 ml Gemüsebrühe (am besten selbst gemacht, s. S. 141)

150 ml Fischfond (Glas)

50 g Sahne

Salz, weißer Pfeffer aus der Mühle

600 g festfleischiges Fischfilet (z. B. Waller, Bio-Pangasius)

2 große Eier

40 g frisch geriebener Grana Padano

Mehl zum Wenden

Petersilienblättchen zum Garnieren

Zeitbedarf
▪ 60 Minuten

So geht's

1. Für die Paprikasauce den Backofen auf 250 °C oder den Backofengrill vorheizen. Paprikaschoten waschen, vierteln, Trennwände, Samen und Stielansatz entfernen. Die Schoten mit der Haut nach oben auf ein Backblech legen. Im Ofen oder unter dem Grill so lange rösten, bis die Haut der Paprikaschoten Blasen wirft und bräunt [→a]. Das dauert etwa 15–20 Minuten.

2. Paprikaschoten in eine Schüssel füllen, mit einem Teller bedecken und 10 Minuten stehen lassen. Anschließend häuten [→b]. 1 Paprikaviertel beiseitelegen, den Rest grob hacken. Die Schalotte schälen, fein würfeln.

3. In einem breiten Topf 2 EL Öl erhitzen, Schalotte und gehackte Paprika darin bei mittlerer Hitze 4 Minuten braten. Paprika- oder Tomatenmark einrühren und kurz mitbraten. Brühe, Fond und Sahne zugießen, aufkochen und zugedeckt 15 Minuten sanft köcheln lassen.

4. Die Sauce fein pürieren. Nach Belieben anschließend noch durch ein Sieb gießen [→c]. Falls die Sauce zu dick ist, noch etwas Brühe zufügen. Restliches Paprikaviertel in schmale kurze Streifen schneiden, unterrühren. Die Paprikasauce mit Salz und Pfeffer abschmecken.

5. Für die Fisch-Piccata das Fischfilet kurz waschen, trockentupfen und in etwa 1 ½ cm breite Streifen schneiden. Eier in einem tiefen Teller verquirlen, den Käse untermischen. Salzen und pfeffern.

6. Das restliche Öl in einer großen beschichteten Pfanne erhitzen. Fischstreifen zuerst in Mehl wenden, dann durch die Ei-Käse-Masse ziehen. Auf jeder Seite in etwa 2 Minuten goldbraun braten [→d]. Die Paprikasauce erhitzen, auf Teller verteilen und den Fisch darauf anrichten. Sofort mit Petersilienblättchen garniert servieren.

Als Beilage passt Reis oder italienisches Weißbrot.

EIN UNVERWECHSELBARES AROMA bekommen die Paprikaschoten durch das Rösten im Ofen bzw. unter dem Grill. Wer die Schoten auf die Schnelle nur schält, verzichtet auf diese aparte Würze. Die kleine Mühe wird auf jeden Fall mit viel Geschmack belohnt. Übrigens: Geschälte Paprikaschoten sind milder im Geschmack und für viele Menschen auch bekömmlicher.

[Saltimbocca di pescatrice]

SEETEUFELMEDAILLONS
mit Schinken & Rosmarin

EINE ETWAS ANDERE INTERPRETATION DER KLASSISCHEN SALTIMBOCCA-VERSION.
MIT BESONDERS FEINEM FISCH- STATT KALBFLEISCH UND ROSMARIN STATT SALBEI.

DAS IST *wirklich* WICHTIG

[a] BITTEN SIE IHREN FISCHHÄNDLER, den Seeteufel in acht gleich große Medaillons zu schneiden.

Zutaten für 4 Portionen

800 g Seeteufelfilet [→a]

Salz, schwarzer Pfeffer aus der Mühle

8 Scheiben roher Schinken

8 Zweige Rosmarin

50 g Butter

150 ml Weißwei

Zeitbedarf
- 25 Minuten

So geht's

1. Die Seeteufelmedaillons unter kaltem Wasser abspülen und mit Küchenpapier trockentupfen. Mit Salz und Pfeffer würzen.

2. Die Medaillons jeweils auf einer Seite mit Schinken belegen, den Schinken mit 1 Rosmarinzweig am Fisch feststecken.

3. In einer Pfanne die Hälfte der Butter leicht erhitzen und die Seeteufelmedaillons mit der Schinkenseite nach unten einlegen. Sofort die Hitze reduzieren und den Fisch in der halb zugedeckten Pfanne auf beiden Seiten 4–5 Minuten braten.

4. Die Medaillons herausnehmen und warm stellen. Den Weißwein in die Pfanne gießen und auf höchster Stufe mit der restlichen Butter einkochen lassen. Die Medaillons auf Tellern anrichten und mit der Sauce begießen.

Auf einem Teller mit frischem Spinat (Rezept Seite 217) machen sich die Medaillons ausgezeichnet.

[Torta di tonno]

BROTKUCHEN
mit Thunfisch

ES MUSS NICHT IMMER PIZZA SEIN: HIER GEHEN THUNFISCH UND
ALTBACKENES BROT EINE ÄUSSERST RAFFINIERTE KOMBINATION EIN.

Zutaten für 4 Portionen

400 g altbackenes Weißbrot

100 g rote Paprikaschote

2 EL Olivenöl

400 g Thunfischfilet in Öl (Dose)

40 g Kapern

je 50 g grüne + schwarze Oliven

100 g Parmesan

4 Eier

Salz, schwarzer Pfeffer aus
der Mühle

Olivenöl und Mehl für die Form

besonderes Werkzeug
▪ Fleischwolf

Zeitbedarf
▪ 25 Minuten + 50 Minuten
Backen

So geht's

1. Das altbackene Brot in lauwarmem Wasser einweichen, abtropfen lassen und ausdrücken. Die Brotmasse durch den Fleischwolf (mittlere Scheibe) in eine Schüssel drehen.

2. Inzwischen die Paprikaschote waschen, putzen und in 1 cm große Würfel schneiden. In dem Olivenöl in einer zugedeckten Pfanne etwa 15 Minuten auf kleiner Stufe braten.

3. Thunfisch abtropfen lassen, zerpflücken und zum Brot in die Schüssel geben. Kapern und Oliven gegebenenfalls abtropfen lassen. Oliven entsteinen und klein hacken. Mit Paprika, Parmesan und Eiern zum Brot geben und alles zu einer homogenen Masse verarbeiten. Mit Salz und Pfeffer abschmecken.

4. Den Backofen auf 180 °C vorheizen. Eine Backform (28 cm Ø) mit Olivenöl auspinseln und mit Mehl bestäuben. Die Brot-Thunfisch-Masse einfüllen, glatt streichen und in dem vorgeheizten Ofen ca. 50 Minuten backen, bis die Oberfläche knusprig goldbraun ist.

DIESER KUCHEN schmeckt vor allem im Winter auch warm sehr gut.
Im Sommer passt er ausgezeichnet zu einem gemischten Salat.

KRÄUTER & GEWÜRZE
kaufen, lagern & zubereiten

DIE ITALIENISCHE KÜCHE IST BEKANNT UND BELIEBT AUCH WEGEN IHRER KUNST DES WOHL-
DOSIERTEN UND DAHER RAFFINIERTEN WÜRZENS. ES GIBT KAUM EIN GERICHT OHNE FRISCHE
KRÄUTER, OHNE TYPISCHE GEWÜRZE.

KRÄUTER

Kräuter sind die wahren Stars der italienischen Küche. Denn sie verleihen den
Gerichten ein unnachahmliches Aroma.

BASILIKUM
Steht ganz oben auf der Beliebtheitsska-
la. Kein Wunder, schmecken seine süß-
lich-pfeffrigen Blätter doch umwerfend
zu Tomaten und Mozzarella, in Pesto,
in Salaten, Suppen, Pasta, aber auch
zum Verfeinern von Desserts. Nicht
mitkochen, sonst verliert es sein Aroma.

MINZE
Ihr erfrischendes Aroma passt besonders gut zu Erbsen, Auberginen, Zucchini, Lamm, Hackfleisch und Joghurt.
Wie Basilikum nicht mitkochen!

ROSMARIN
Mit seinem würzigen Duft und seinem
kräftigen Aroma verzaubert Rosmarin
nicht nur Fleischgerichte – auch Kartoffeln, Gemüse, Pilze, Pasta und mehr.
Hitze tut ihm gut, vor allem beim
Schmoren, Braten und Grillen. Rosmarin eher zurückhaltend dosieren, denn
er hat eine enorme Würzkraft.

THYMIAN
Schmeckt sehr aromatisch und leicht
herb. Das Kraut würzt Gerichte mit Gemüse, Kartoffeln, Hülsenfrüchten, Fisch
und Fleisch. Thymian verträgt sich gut
mit Rosmarin und Salbei.

SALBEI
Mit seinen saftigen graugrünen bis sil-
brigen Blättern braucht Salbei die Hitze
beim Braten oder Grillen, damit er sein
unverwechselbares Aroma entfalten
kann. Dann besonders gut in Fleisch-,

Fisch-, Gemüse- und Pastagerichten.
Sparsam verwenden, da Salbei sehr in-
tensiv ist.

OREGANO
Er ist der wilde Verwandte des Majo-
rans im Süden und getrocknet das
Pizza-Gewürz schlechthin. Aber auch
frisch hat er eine starke Würzkraft.
Passt besonders gut in Suppen und Sau-
cen mit Tomaten, zu Schmorgemüse,
Kartoffeln, Hähnchen und Kaninchen.

GEWÜRZE

Ob frisch, getrocknet, eingelegt oder in
flüssiger Form, Gewürze sorgen für un-
vergessliche Geschmackserlebnisse –
sanft oder scharf, süß oder fruchtig.

PINIENKERNE
Vor allem bekannt als Zutat von
Basilikum-Pesto. Der zarte, nussige Geschmack begeistert ebenso, wenn sie
geröstet über Vorspeisen, Salate und
Gemüse gestreut werden oder in Desserts und Gebäck Verwendung finden.

SAFRAN
Das edelste und teuerste Gewürz der
Welt. Safran hat einen würzigen Duft
und einen bitter-süßen Geschmack. Feine Gerichte vergoldet er optisch wie
aromatisch, etwa Risotto, Suppen, Saucen und Süßes. Am besten die feinen
Fäden verwenden.

KAPERN
Sie sorgen für eine sehr spezielle, pikante Würze. Für die Qualität gilt: Die
kleinsten Kapern sind die feinsten. Am
besten schmecken sie, wenn sie in tro-
ckenem Meersalz oder Öl konserviert
werden, nicht in Salzlake oder Essig.

ACETO BALSAMICO
Den berühmten dunklen Essig gibt es in
verschiedenen Qualitäten und Aromen,
von mild, leicht säuerlich bis leicht süß-
lich und vollmundig fruchtig. Dieses
Spektrum eignet sich hervorragend zum
Verfeinern von Salaten, Suppen, Saucen,
Schmorgerichten und sogar Desserts.
Der edelste Balsamessig hat die Bezeich-
nung *Aceto Balsamico Tradizionale di
Modena* und muss mindestens 12 Jahre
in Holzfässern gereift sein. Die edle
Würze hat daher ihren Preis und wird
häufig nur tropfenweise verwendet.

PEPERONCINI
Sind die kleinen, meist länglich-spitzen
Gewürzpaprikas mit je nach Sorte un-
terschiedlicher Schärfe. Ihre Farbe sagt
aber nichts über ihre Schärfe aus, verrät
nur den Reifezustand: grüne sind unreif
geerntet, rote vollreif. Bei frischen Schoten wird die Schärfe gemildert, wenn
man die Kerne entfernt. Getrocknete
würzen deutlich intensiver. Besonders
beliebt für Pasta, Saucen und Eintöpfe.

HONIG
Er ist die reine Süße aus der Natur.
Aber er würzt auch, vor allem, wenn es
sich um so aromareiche Spezialitäten
handelt wie Thymian-, Rosmarin-, La-
vendel-, Pinien- und Orangenblüten-
honig. Fein für Salatsaucen, Marinaden,
Desserts und Gebäck.

ORANGEN & ZITRONEN
Sie sind nicht nur für Süßes oder für
die Dekoration gut. Ihre Schale und ihr
Saft geben gerade süditalienischen Gerichten das gewisse Etwas. Frische Zi-
trusfrüchte veredeln Salate und Saucen,
verfeinern Reis und Pasta und verleihen
Fisch und Fleisch mediterrane Frische.

[Involtini di vitello con pancetta e parmigiano]

KALBSROULADEN
mit Pancetta & Parmesan

HIER WERDEN AUS DÜNNEN KALBSSCHNITZELN KÖSTLICHE
KLEINE ROULADEN MIT INTERESSANTER FÜLLUNG.

Zutaten für 4 Portionen

8 dünne Kalbsschnitzel
(je etwa 60 g)

100 g Pancetta in hauchdünnen
Scheiben

5 EL frisch geriebener
Parmesan

2 EL gehackte frische Salbeiblätter

25 g Butter

2 EL Pflanzenöl

Salz, schwarzer Pfeffer aus
der Mühle

besonderes Werkzeug
- kleine Holzspieße oder
  Zahnstocher

Zeitbedarf
- 30 Minuten + 15 Garen

So geht's

1. Die Kalbsschnitzel bei Bedarf zwischen zwei Lagen Frischhaltefolie legen und mit einem Plattiereisen oder Pfannenboden schön flach klopfen. Sind die Schnitzel bereits sehr dünn, genügt das Flachdrücken mit dem Handballen.

2. Die Schnitzel jeweils auf einer Seite gleichmäßig mit Pancettascheiben bedecken. Mit geriebenem Parmesan und gehacktem Salbei bestreuen und fest aufrollen. Die Rouladen in Längsrichtung mit Holzspießchen oder Zahnstochern feststecken.

3. Einen Teller, auf dem alle Rouladen Platz haben, vorwärmen. Butter und Öl in eine ausreichend große Pfanne geben und auf mittlerer Stufe erhitzen. Sobald die Butter nicht mehr schäumt, die Kalbsrouladen hineinlegen und rundum kräftig anbraten.

4. Mit einem Spatel herausnehmen, auf den vorgewärmten Teller legen, Holzspieße oder Zahnstocher entfernen und die Rouladen mit Salz und Pfeffer würzen. Für ein paar Minuten zurück in die Pfanne geben und behutsam ein- bis zweimal darin wenden. Die Involtini auf Tellern anrichten und sofort servieren.

Dazu gibt es einen klassischen Safran-Risotto (Rezept-Variante Seite 30) und Spinat (Rezept Seite 217).

KALBFLEISCH Hochwertiges Kalbfleisch stammt von Tieren, die artgerecht mit Muttermilch und Raufutter aufgezogen wurden. Seine rosa bis hellrote Farbe ist ein Hinweis darauf. Weißes Kalbfleisch dagegen stammt von Tieren, die extrem eisenarm ernährt wurden. Solches Fleisch sollten Sie meiden.

[Polpette con verza]

FLEISCHBÄLLCHEN
mit Wirsing

DIESE POLPETTE SCHMECKEN, ALS HÄTTE SIE DIE NONNA HÖCHSTPERSÖNLICH ZUBEREITET. EIN NAHRHAFTES UND SEELENWÄRMENDES GERICHT.

Zutaten für 4 Portionen

1 Scheibe entrindetes Weißbrot

6 EL warme Milch

1 kg Wirsing

2 TL gehackter Knoblauch

2 EL Olivenöl extra vergine

Salz, schwarzer Pfeffer aus der Mühle

450 g Hackfleisch vom Rind

50 g Pancetta

1 Ei

1 EL gehackte Petersilie

2 EL sehr fein gewürfelte Zwiebel

3 EL frisch geriebener Parmesan

Semmelbrösel

Pflanzenöl

1 Dose (400 g) geschälte Tomaten

3 EL geröstete Pinienkerne

Zeitbedarf
- 1 ½ Stunden

So geht's

1. Brot mit warmer Milch begießen, zerdrücken und beiseitestellen. Wirsing waschen, putzen, den Strunk entfernen. Blätter in 5 mm breite Streifen schneiden.

2. In einem großen Topf den Knoblauch bei mitt- lerer Hitze im Olivenöl an- dünsten. Wirsing zufügen, gut durchmischen und bei kleiner Hitze zugedeckt in etwa 20 Minuten weich dünsten. Ab und zu durch- heben und bei Bedarf ein wenig Wasser zufügen. Kräftig mit Salz und Pfef- fer würzen.

3. Inzwischen das Hack- fleisch in eine Schüssel geben. Pancetta sehr klein schneiden. Mit Ei, Petersi- lie, Zwiebel, Parmesan und dem eingeweichten Brot zum Fleisch geben. Salzen und pfeffern und alles sehr behutsam mit den Händen vermengen. Fleischbällchen von etwa 4 cm Ø formen und in Semmelbröseln wenden.

4. Die Bällchen in einer Pfan- ne in wenig Öl rundum bräunen. Auf Küchenpa- pier abtropfen lassen.

5. Die Tomaten abtropfen lassen, in kleine Stücke schneiden. Den Wirsing auf mittlere Hitze hoch- schalten und den Deckel abnehmen. Die Tomaten hinzufügen, gründlich durchrühren und etwa 10 Minuten garen. Die Fleischbällchen dazuge- ben und in der Mischung wenden. Bei niedriger Temperatur zugedeckt weitere 10 Minuten garen.

6. Fleischbällchen und Wir- sing anrichten, mit Pinien- kernen bestreuen und ser- vieren.

[Arista alla Toscana]

SCHWEINEBRATEN
aus der Toskana

VOLLER SAFT UND KRAFT UND HERRLICH WÜRZIG. DER BRATEN GEHÖRT ZU DEN FAVORITEN FÜR EINE GRÖSSERE TISCHRUNDE – NICHT NUR IN DER TOSKANA.

Zutaten für 6 Portionen

1 Bio-Zitrone

1 kleiner getrockneter Peperoncino

2 TL Fenchelsamen

1 TL Meersalz

4 EL Olivenöl

1,2 kg Schweinerollbraten

2 Stangen Sellerie

1 Möhre

1 Zweig Rosmarin

3 Knoblauchzehen

2 Lorbeerblätter

500 ml trockener Weißwein

besonderes Werkzeug
- 1 Zitronenschalenreibe
- 1 Mörser

Zeitbedarf
- 30 Minuten + 2 Stunden Braten

So geht's

1. Den Backofen auf 250 °C vorheizen. Die Zitrone heiß waschen, abtrock- nen und die Schale fein abreiben. Peperoncino zerkrümeln, nach Belie- ben die sehr scharfen Kerne entfernen. Fen- chelsamen und Salz in einem Mörser fein zer- stoßen. Mit Zitronenscha- le, Peperoncino und 2 EL Öl vermengen.

2. Restliches Öl in einem großen Bräter erhitzen. Den Rollbraten mit der Gewürzmischung einrei- ben und im Bräter rund- herum anbraten. Auf der unteren Schiene in den Ofen schieben, die Tempe- ratur auf 180 °C reduzie- ren und den Rollbraten zu- nächst 45 Minuten braten.

3. Inzwischen Sellerie und Möhren waschen, putzen, in Scheiben schneiden. Den Rosmarin waschen und trockenschütteln. Gemüse, Rosmarin, die ungeschälten Knoblauch- zehen, die Lorbeerblätter und den Wein zum Braten geben. Das Fleisch weitere 1 ¼ Stunden garen, dabei hin und wieder mit der Flüssigkeit begießen und gelegentlich wenden.

4. Schweinebraten vor dem Anschneiden 10–15 Minu- ten ruhen lassen. Den Bratensatz durch ein Sieb in einen kleinen Topf gie- ßen, nach Belieben entfet- ten, heiß halten. Das Fleisch mit der Sauce servieren.

Dazu schmecken Würz- Kartoffeln (Rezept Seite 173)

BRATENSAUCE, wenn man sie in Italien überhaupt bekommt, ist immer leicht und unverfälscht. Ganz typisch ist es auch, dass nur der reine Bratensatz über das Fleisch geträufelt wird.

[Bollito misto]

GEKOCHTES GEMISCHTES FLEISCH
mit grüner Sauce

BOLLITO MISTO SOLLTE MAN IMMER FÜR EINE GROSSE TISCHRUNDE ZUBEREI-
TEN. EINERSEITS IST ES EIN GESELLIGES ESSEN UND ANDERERSEITS MACHT
ES MEHR SPASS, DIESES GERICHT FÜR EINE GROSSE GRUPPE ZU KOCHEN.

Zutaten für 6 Portionen

1 Zwiebel

1 Stange Sellerie

2 Möhren

800 g Rindfleisch aus der Oberschale

500 g ausgelöste Kalbsbrust

1 Cotechino (italienische gepökelte Schweinewurst im Alubeutel)

500 g ausgelöster Kalbskopf (evtl. beim Metzger vorbestellen)

Salsa verde (siehe Rezept rechts) und Mostarda di frutta (Rezept S. 67) zum Servieren

Zeitbedarf
- 1 Stunde + 2 Stunden Garen

So geht's

1. Zwiebel schälen, Sellerie und Möhren putzen und waschen. Das Gemüse in Stücke schneiden und in einem zur Hälfte mit Wasser gefüllten großen Topf aufkochen. Rindfleisch und Kalbsbrust hinzufügen und 2 Stunden zugedeckt köcheln lassen.

2. Gleichzeitig die Wurst im Alubeutel 2 Stunden in einem zweiten Topf in Wasser köcheln lassen.

3. Den Kalbskopf 1 ½ Stunden in einem dritten Topf in Wasser köcheln lassen.

4. Das gesamte Fleisch und die Wurst abgießen, dabei die Brühe aus dem ersten Topf auffangen. Cotechino aus dem Alubeutel nehmen. Fleisch und Wurst in Scheiben schneiden, auf einer Servierplatte anrichten. Die aufgefangene Brühe durch ein Sieb passieren und mit der grünen Sauce und den Senffrüchten zum Fleisch servieren.

Grundrezept grüne Sauce
Salsa verde

Zutaten für 6 Portionen

100 g glatte Petersilie, gewaschen und trockengeschüttelt

200 g Mixed Pickles (Silberzwiebeln und Essiggurken)

2–3 Scheiben weiches Weißbrot, in Essig eingeweicht und ausgedrückt

50 g in Öl eingelegte Sardellenfilets bester Qualität

1 geschälte Knoblauchzehe

8–10 Kapern (Glas)

Eigelb von 1 hart gekochten Ei

etwa 150 ml Olivenöl extra vergine

Chilipulver nach Geschmack

Zeitbedarf
- 10 Minuten

So geht's

1. Mit einem scharfen Messer alle festen Zutaten sehr fein hacken. Dabei keinen Mixer oder Pürierstab verwenden.

2. In eine Schüssel geben, das Olivenöl dazugießen und die Zutaten zu einer glatten, nicht zu dicken Sauce verrühren. Falls erforderlich, noch etwas mehr Öl hinzufügen. Mit Chili nach Geschmack würzen.

RESTEVERWERTUNG Bleibt von der Brühe etwas übrig, kann man sie problemlos einfrieren und zur Zubereitung von Risotti und Suppen verwenden. Restliches Rind- und Kalbfleisch lässt sich zu schmackhaften Salaten verarbeiten.

DAS IST *wirklich* WICHTIG

[a] POULARDE ZERLEGEN Vom Geflügel zuerst die ganzen Keulen durch die Gelenke hindurch vom Körper abschneiden. Anschließend in Ober- und Unterkeulen teilen. Dann die Brustfilets nah an den Knochen entlang auslösen und jeweils schräg halbieren. So erhält man acht etwa gleich große Stücke.

[b] NACHEINANDER ANBRATEN Erst wenn die Geflügelteile rundherum goldgelb sind und wieder Platz im Topf ist, das Wurzelgemüse mit dem Peperoncino anbraten. So hat man die optimale Bräunung der Zutaten viel besser im Griff. Das ist wichtig, denn die dabei entstehenden Röststoffe haben letztendlich einen großen Anteil am Aroma der geschmorten Poularde.

[c] KAPERN WÄSSERN Die in Salz eingelegten Kapern entweder in einer kleinen Schüssel mit Wasser bedecken und 10 Minuten stehen lassen. Oder, wenn Sie den Kaperngeschmack etwas kräftiger mögen, die Kapern in einem Sieb gründlich abbrausen. Vor dem Braten abtropfen lassen.

[Stufato di pollo con capperi croccanti]

GESCHMORTE POULARDE
mit Knusper-Kapern

DIE PIKANTE ÜBERRASCHUNG SIND HIER DIE KNUSPRIG GEBRATENEN KAPERN. ABER AUCH PEPERONCINO, WEIN UND ZITRONENSAFT SORGEN FÜR EINE WÜRZIGE NOTE.

Zutaten für 4 Portionen

1 küchenfertige Poularde von ca. 1,8 kg

Salz, schwarzer Pfeffer aus der Mühle

3 Schalotten

1 Knoblauchzehe

1 Möhre

1 kleine Stange Lauch

½ grüner Peperoncino

6 EL Olivenöl

250 ml trockener Weißwein

4 EL in Salz eingelegte kleine Kapern

1–2 TL Zitronensaft

frische Kräuterblättchen zum Garnieren

Zeitbedarf
- 45 Minuten + 45 Minuten Schmoren

So geht's

1. Die Poularde mit Haut in 8 Stücke zerlegen, dabei die Keulen in Ober- und Unterkeulen teilen, die Brustfilets auslösen und halbieren [→a]. Poulardenstücke kalt abbrausen, trockentupfen, rundherum salzen und pfeffern.

2. Die Schalotten schälen und der Länge nach vierteln. Knoblauch schälen, in möglichst dünne Scheiben schneiden. Möhre und Lauch waschen und putzen. Möhre klein würfeln, den Lauch schräg in 1 cm große Stücke schneiden. Den Peperoncino putzen, längs halbieren, entkernen und in hauchfeine Streifen schneiden.

3. In einem großen Schmortopf 4 EL Öl erhitzen. Die Poulardenteile darin bei mittlerer Hitze rundum goldbraun anbraten [→b]. Herausheben und beiseitestellen.

4. Schalotten und Knoblauch im Bratfett hellgelb braten. Möhre, Lauch und Peperoncino unterrühren, 1 Minute mitbraten. Nach und nach mit dem Wein ablöschen. Poulardenstücke zurück in den Topf legen und zugedeckt bei kleiner Hitze 45 Minuten schmoren lassen. Falls nötig, etwas Wasser zugießen.

5. Die Kapern in einem Sieb abbrausen und abtropfen lassen [→c]. In einer kleinen Pfanne das restliche Öl erhitzen und die Kapern darin unter Rühren knusprig braten. Die Sauce mit Salz, Pfeffer und Zitronensaft abschmecken. Poulardenstücke samt Sauce auf vorgewärmten Tellern anrichten, mit den Kapern und nach Belieben mit Kräuterblättchen bestreuen und servieren.

KAPERN werden in der italienischen Küche fast so selbstverständlich verwendet wie Salz und Pfeffer. Allerdings nur die in Salz eingelegten, nicht die in Essig. Ein Kompromiss sind in Öl eingelegte Kapern. Grundsätzlich gilt: Je kleiner die Kapern, desto feiner ihr Geschmack, je größer, desto kräftiger.

[Scorzonera fritta]

SCHWARZWURZELN
knusprig gebacken

DIE AUSGEBACKENEN SCHWARZWURZELN SIND EINE SPEZIALITÄT
AUS LIGURIEN UND WERDEN GERNE ZU FLEISCH SERVIERT.

Zutaten für 4 Portionen

Saft von ½ Zitrone

800 g frische Schwarzwurzeln

Salz

2 Eier

50 g Mehl

50 g Speisestärke

50 ml kalter trockener Weißwein

weißer Pfeffer aus der Mühle

Pflanzenöl zum Frittieren

nach Belieben Zitronenspalten
zum Servieren

besonderes Werkzeug
- Plastikhandschuhe
- Fritteuse oder tiefe Pfanne

Zeitbedarf
- 45 Minuten

So geht's

1. Den Zitronensaft in einem breiten Topf mit 1 ½ Liter Wasser mischen. Schwarzwurzeln gründlich waschen. Zum Schälen Plastikhandschuhe anziehen, denn ihr Saft ist klebrig und hinterlässt Flecken auf der Haut. Schwarzwurzeln unter fließendem Wasser abschaben oder dünn abschälen [→a]. In 8–10 cm lange Stücke schneiden und sofort ins Zitronenwasser legen, damit sie sich nicht dunkel verfärben.

2. Wenn alle Schwarzwurzeln geschält und geschnitten sind, im Zitronenwasser mit etwas Salz aufkochen und je nach Dicke in 10–15 Minuten knapp gar kochen. Anschließend in ein Sieb abgießen, abtropfen lassen und zusätzlich trockentupfen.

3. Inzwischen für den Weinteig die Eier trennen. Mehl und Stärke in eine Schüssel sieben. Mit einem Schneebesen das Eigelb und den Wein unterrühren, sodass ein nicht zu flüssiger und glatter Teig entsteht. Mit etwas Salz und Pfeffer würzen. Eiweiß zu steifem Schnee schlagen und locker unter den Weinteig heben [→b].

4. Zum Ausbacken entweder die Fritteuse auf 180 °C vorheizen oder in einer tiefen Pfanne reichlich Öl erhitzen [→c].

5. Die Schwarzwurzelstücke mit Hilfe einer Gabel portionsweise durch den Teig ziehen, kurz abtropfen lassen und ins heiße Fett geben. Darin schwimmend goldgelb ausbacken [→d]. Mit einem Schaumlöffel herausheben, auf mehreren Lagen Küchenpapier kurz abtropfen lassen. Auf eine große Platte legen und im Backofen bei 80 °C warm halten, bis das ganze Gemüse fertig ist. Sofort heiß servieren und nach Belieben Zitronenspalten dazu reichen.

FRISCHE SCHWARZWURZELN sind ein typisches Wintergemüse. Saison haben sie von November bis Ende März. Beim Einkauf erkennen Sie eine gute Qualität an gerade gewachsenen Stangen und an einer rundherum unbeschädigten Schale. Kühl und trocken, wie zum Beispiel im Gemüsefach des Kühlschranks, lassen sie sich gut 3–4 Tage aufbewahren.

DAS IST *wirklich* WICHTIG

[a] STANGEN SCHÄLEN Die dünne schwarze Haut der Stangen unter fließendem Wasser mit einem Sparschäler dünn abschälen oder mit einem Messer abschaben.

[b] SCHNELL MISCHEN Die Zutaten für den Weinteig ohne langes Rühren vermischen. Vor allem den Eischnee zügig unterheben, damit die Konsistenz luftig bleibt.

[c] DIE BESTE TEMPERATUR zum Ausbacken ist 180 °C. Der Test: Den Stiel eines Holzkochlöffels ins Fett halten. Steigen kleine Bläschen auf, stimmt die Temperatur.

[c]

[d]

[d] BEIM AUSBACKEN sollen die Schwarzwurzeln genug Platz haben, dass sie schwimmen können. Dann bräunen sie rundum gleichmäßig. Damit das gelingt, am besten nicht zu viele Gemüsestücke auf einmal ins Fett geben, lieber portionsweise frittieren. Ist ihre Oberfläche gerade vom Fett bedeckt, ist das ideal. Hat das Gemüse dann eine goldgelbe Farbe, mit einem Schaumlöffel herausheben.

[Cipolle ripiene]

GEFÜLLTE ZWIEBELN
mit Hackfleisch

ZWIEBELN – EIN GEMÜSE, DAS ZU UNRECHT EIN SCHAT-TENDASEIN FRISTET. HIER DÜRFEN SIE IM ZENTRUM DES GESCHEHENS STEHEN.

Zutaten für 4 Portionen

4 große Zwiebeln
(je 8–10 cm Ø)

Salz

50 g Salametti oder Cabanossi

1 Ei

250 g Hackfleisch vom Rind

2 EL frisch geriebener Parmesan

2 EL Olivenöl

1 Prise frisch geriebene Muskatnuss

schwarzer Pfeffer aus der Mühle

100 ml Fleischbrühe

Zeitbedarf
- 30 Minuten + 45 Minuten Garen

So geht's

1. Zwiebeln schälen, oben jeweils einen kleinen Deckel abschneiden und die Zwiebeln 15 Minuten in einem großen Topf mit Salzwasser kochen. Abgießen und abkühlen lassen.

2. Das Innere der Zwiebeln bis auf eine etwa 1 cm dicke äußere Schicht mit einem kleinen, spitzen Messer aushöhlen. Die Wurst enthäuten und fein würfeln. Das Ei leicht verquirlen.

3. Das Zwiebelinnere von 1 Zwiebel fein würfeln, anschließend mit dem Hackfleisch, Würstchenstücken, Parmesan, Öl und Ei vermengen. Die Masse mit Muskatnuss, Salz und Pfeffer abschmecken und gleichmäßig in die ausgehöhlten Zwiebeln füllen.

4. Die Zwiebeln nebeneinander in einen großen Topf setzen und die Brühe zugießen. Im verschlossenen Topf 30 Minuten garen, bis der Kochsud eindickt. Die Zwiebeln auf einer vorgewärmten Platte anrichten und servieren.

[Rape bianche]

WEISSE RÜBEN
mit Speck

DIE WEISSE RÜBE, AUCH BEKANNT ALS HERBSTRÜBE, IST EINE ALTE KULTURPFLANZE. DIESES EIN WENIG IN VERGESSENHEIT GERATENE GEMÜSE IST REICH AN VITAMINEN, KALZIUM UND KALIUM.

Zutaten für 4 Portionen

500 g Weiße Rüben

Salz

1 EL Butter

50 g Speckwürfelchen

1 TL gehackte Thymianblättchen

Zeitbedarf
- 20 Minuten

So geht's

1. Rüben waschen, putzen, schälen und in 1 cm dicke Stifte schneiden. In einem großen Topf gut mit Salzwasser bedecken und in 15 Minuten weich garen.

2. Die Butter bei sehr niedriger Temperatur in einem zweiten Topf zerlassen und den Speck darin goldbraun braten.

3. Die gegarten Weißen Rüben zum Speck und unter gelegentlichem Rühren 5 Minuten mitbraten. Mit dem Thymian bestreuen und sofort servieren.

ACHTEN SIE DARAUF, wirklich große Zwiebeln einzukaufen, andernfalls wird das Aushöhlen zu einer recht schwierigen Angelegenheit.

[Cime di rapa]

STÄNGELKOHL
pikant

CIME DI RAPA IST EIN TYPISCH SÜDLÄNDISCHES GEMÜSE. DIE VERWANDTSCHAFT ZU DEN KOHLGEMÜSEN LÄSST SICH AM LEICHT BITTEREN GESCHMACK DEUTLICH ERKENNEN.

Zutaten für 4 Portionen

1 kg Stängelkohl (Cime di rapa; evtl. beim Gemüsehändler vorbestellen)

Salz

10 eingelegte Sardellenfilets

1 Knoblauchzehe

2 EL Olivenöl

40 g Kapern

Zeitbedarf
▪ 20 Minuten

So geht's

1. Cime di Rapa putzen, waschen, anschließend nur die Blätter und Röschen 2 Minuten in kochendem Salzwasser blanchieren. Abgießen und gut abtropfen lassen.

2. Inzwischen die Sardellenfilets hacken, Knoblauch schälen und vierteln. Das Öl in einem Topf erhitzen, den Knoblauch darin leicht anbräunen. Die Sardellen zufügen und bei niedriger Temperatur warm werden lassen, dabei mit einem Holzlöffel zerdrücken, bis sie wie püriert sind.

3. Den Stängelkohl dazugeben, gut mit den Sardellen vermischen und bei mittlerer Temperatur etwa 3 Minuten garen. In der Zwischenzeit die Kapern abtropfen lassen, hacken und unter den Kohl rühren. Nach Bedarf noch mit Salz abschmecken und servieren.

[Spinaci all'aglio e olio]

SPINAT
mit Knoblauch & Olivenöl

IN DER ITALIENISCHEN KÜCHE IST SPINAT SEHR VERBREITET, SEI ES ALS GEMÜSEBEILAGE ODER ALS FÜLLUNG. HIER EIN GANZ KLASSISCHES GEMÜSEREZEPT MIT KLEINEM AUFWAND UND GROSSER WIRKUNG.

Zutaten für 4 Portionen

600 g frischer knackiger Blattspinat

Salz

2 Knoblauchzehen

3 EL Olivenöl extra vergine

Zeitbedarf
▪ 25 Minuten

So geht's

1. Die Spinatblätter gründlich waschen, das Wasser dabei mehrmals wechseln. Bei Bedarf die harten Stiele entfernen.

2. Den feuchten Spinat mit 1 EL Salz in einem großen Topf zugedeckt etwa 5 Minuten dämpfen. In einem Sieb abtropfen lassen und beiseitestellen.

3. Den Knoblauch schälen. Mit dem Öl in den Topf geben und bei mittlerer Hitze unter Rühren braten, bis er braun ist. Herausnehmen. Den Spinat einfüllen und 2 Minuten im heißen Öl garen, dabei mehrmals wenden. Abschmecken. Auf einer Platte anrichten und sofort servieren.

WENN SIE IN SALZ eingelegte Sardellen verwenden, sollten Sie sie vor der Verwendung 10 Minuten in kaltes Wasser einlegen. Aber auch in Öl eingelegte Sardellen eignen sich für dieses Rezept. Die Sardellenfilets vor der Zubereitung abtropfen lassen.

SPINAT MÜSSEN Sie sehr gründlich waschen, da sich zwischen den Blättern viel Sand und Erdreste abgelagert haben. Ansonsten ist er ungenießbar.

[Purè di patate e zucca con burro e salvia]

KÜRBIS-KARTOFFEL-PÜREE
mit Salbeibutter

WENN DER DICKE TAUSENDSASSA KÜRBIS MIT DER TOLLEN
KNOLLE KARTOFFEL SO EINE GESCHMEIDIGE LIAISON EINGEHT,
WIRD SELBST EINE BEILAGE ZUM BEGEHRTEN MITTELPUNKT.

Zutaten für 4 Portionen

600 g orangefarbener Speisekürbis (z. B. Hokkaido oder
Hubbard)

500 g mehlig kochende
Kartoffeln

1–2 Knoblauchzehen

400 ml Gemüsebrühe oder
Wasser

200 ml Milch

100 g Sahne

1 TL Tomatenmark

Salz, weißer Pfeffer aus
der Mühle

1 Prise frisch geriebene
Muskatnuss

2 EL Butter

1 EL kleine Salbeiblättchen

besonderes Werkzeug
- 1 Kartoffelpresse oder
  Kartoffelstampfer

Zeitbedarf
- 40 Minuten

So geht's

1. Den Kürbis eventuell halbieren, von Kernen und faserigem Fruchtfleisch befreien [→a], in kleine Stücke schneiden. Die Kartoffeln schälen und waschen, ebenfalls in kleine Stücke schneiden. Knoblauch schälen, in möglichst dünne Scheiben schneiden.

2. Kürbis- und Kartoffelstücke mit den Knoblauchscheiben in einen Topf geben. Mit Brühe oder Wasser bedecken, aufkochen lassen und zugedeckt bei mittlerer Hitze in 20–25 Minuten gut weich kochen.

3. Die Milch mit der Sahne erwärmen, das Tomatenmark einrühren. Das Gemüse-Kochwasser abgießen. Gemüse ohne Deckel auf der ausgeschalteten Kochstelle noch 1 Minute ausdampfen lassen. Danach mit der Kartoffelpresse oder dem Kartoffelstampfer fein zerdrücken [→b].

4. Etwa die Hälfte der Milch-Sahne-Mischung unterrühren, dann nach und nach noch so viel, dass ein cremig-luftiges Püree entsteht [→c]. Mit Salz, Pfeffer und 1 Prise Muskatnuss abschmecken. Warm halten.

5. Die Butter in einer kleinen Pfanne aufschäumen lassen. Die Salbeiblättchen abbrausen, trockentupfen und kurz in der Butter braten. Das Kürbis-Kartoffel-Püree in eine vorgewärmte Schüssel füllen und mit der Salbeibutter übergießen.

Passt besonders gut zu kurz gebratenem Fleisch wie Steak, Schnitzel oder Lammkoteletts, aber auch zu gebratener Kalbsleber.

DAS GELINGEN des Pürees hängt auch vom richtigen Kochtyp der Kartoffeln ab. Optimal dafür sind mehlig kochende Kartoffeln. Sie werden durch ihren hohen Stärkegehalt beim Kochen weich, brechen auf, sind eher trocken und locker. Die Knollen sind an ihrer meist runden Form erkennbar.

[b]

[c]

DAS IST *wirklich* WICHTIG

[a] KÜRBIS VORBEREITEN Große Kürbisse gibt es stückweise zu kaufen, kleinere wie den Hokkaido im Ganzen. Große Kürbisse werden immer geschält, beim kleinen Hokkaido kann man die Schale mitessen (also vor dem Zerteilen waschen). Für jede Sorte gilt: Kerne und faseriges Fruchtfleisch mit einem Esslöffel gründlich entfernen.

[b] GEMÜSE STAMPFEN Wer ein sehr feines, durch und durch homogenes Püree mag, nimmt am besten die Kartoffelpresse. Oder muss mit dem Kartoffelstampfer möglichst gute Arbeit leisten. Wer aber noch kleine Stückchen im Püree liebt, hat das mit dem Kartoffelstampfer ganz gut im Griff. Nie den Pürierstab verwenden, er macht das Püree zäh.

[c] LUFTIGES PÜREE Damit das Püree locker und luftig gelingt, alle Zutaten so heiß wie möglich verrühren. Zuerst die Milch-Sahne-Mischung mit einem Rührlöffel unter das fein gestampfte Gemüse mischen, danach das Püree mit einem Schneebesen kurz aufschlagen. Alles in allem zügig arbeiten und nicht zu viel rühren.

DAS IST *wirklich* WICHTIG

[a] MARONEN SCHÄLEN Die aufgeplatzte Haut der gegarten Maronen mit einem kleinen spitzen Messer abziehen. Dabei auch die innere braune Haut vollständig entfernen, da ihre Fasern trocken sind und bitter schmecken.

[b] EIERCREME SCHLAGEN Die Eier mit dem Zucker in einer Schüssel mit einem Schneebesen so lange schlagen, bis sich der Zucker vollständig aufgelöst hat und die Eiercreme hellgelb und dickschaumig ist.

[c] SEMIFREDDO ANRICHTEN Das angetaute Semifreddo aus der Kastenform lösen. Dazu ein Arbeitsbrett auf die Form legen und das Halbgefrorene behutsam auf das Brett stürzen. Die Folie entfernen. Das Semifreddo mit einem angefeuchteten Messer in fingerdicke Scheiben schneiden. Mit der Sauce auf Tellern anrichten und garnieren.

[c]

[b]

[Semifreddo ai marroni]

MARONEN-HALBGEFRORENES
mit Preiselbeersauce

SOWEIT ANGETAUT, DASS DER CREMIGE SCHMELZ SPÜRBAR IST –
DAS MACHT DIE FASZINATION VON EINEM SEMIFREDDO AUS.
SO ERWÄRMT MAN DIE HERZEN SEINER LIEBEN!

Zutaten für 6 Portionen

Für das Semifreddo

350 g frische Esskastanien (Maronen; ersatzweise 250 g gegarte, vakuumverpackt oder aus der Dose)

1 Vanilleschote

200 ml Milch

2 frische Eier

80 g feiner Zucker

3 EL Rum

200 g Sahne

Für die Sauce

150 g Wildpreiselbeeren (gezuckert; aus dem Glas)

50 ml Rotwein oder roter Fruchtsaft

2 EL Maraschino (italienischer Kirschlikör; ersatzweise Orangenlikör)

2–3 EL Puderzucker

Außerdem

Öl für die Form

Puderzucker zum Garnieren

besonderes Werkzeug
▪ Kastenform (ca. 1,2 l Inhalt)

Zeitbedarf
▪ 45 Minuten + mind. 4 Stunden Gefrieren

So geht's

1. Für das Semifreddo frische Maronen waschen, jeweils an der Spitze kreuzweise einschneiden. In einem breiten Topf mit etwas Wasser zugedeckt 10 Minuten köcheln lassen. Abschrecken, kurz abtropfen lassen und schälen, dabei auch alle braunen Häutchen entfernen [→a]. Ersatzweise Maronen aus der Vakuumverpackung oder aus der Dose in ein Sieb geben, unter fließendem Wasser kurz abbrausen und trockentupfen.

3. Vorbereitete Maronen in einen Topf füllen. Die Vanilleschote längs halbieren und das Mark herauskratzen. Vanilleschote, Vanillemark und Milch zu den Maronen geben. Aufkochen und bei kleiner Hitze zugedeckt 10 Minuten köcheln lassen.

4. Die Kastenform mit etwas Öl ausstreichen und mit Frischhaltefolie auslegen. Die Vanilleschote aus dem Topf mit den Maronen entfernen. Maronen mitsamt der Flüssigkeit fein pürieren.

5. Die Eier mit dem Zucker zu einer dickschaumigen Masse aufschlagen [→b]. Nacheinander Maronenpüree und Rum unter die Eiercreme rühren. Sahne steif schlagen und unterheben. Die Masse in die vorbereitete Kastenform füllen, glatt streichen und mindestens 4 Stunden oder über Nacht gefrieren lassen.

6. Für die Sauce die Preiselbeeren mit dem Rotwein oder Fruchtsaft in einem Topf einmal kurz aufkochen lassen. Abgekühlt mit Likör und Puderzucker abschmecken.

7. Etwa 20–30 Minuten vor dem Servieren das Semifreddo im Kühlschrank antauen lassen. Aus der Form nehmen und die Folie entfernen. Halbgefrorenes in Scheiben schneiden und mit der Sauce auf Tellern anrichten [→c]. Mit einem Hauch gesiebtem Puderzucker garniert servieren.

FALLS SIE FRISCHE MINZE zur Hand haben, können Sie das Semifreddo zusätzlich mit Minzeblättchen garnieren. Das sieht nicht nur hübsch aus, das frische Aroma der Minze passt auch gut zum Geschmack der Maronen und Preiselbeersauce.

[Semifreddo al torrone]

HALBGEFRORENES
mit Nüssen & Honig

FÜR DIESES SEMIFREDDO WERDEN DIE KLASSISCHEN ZUTATEN VON
TORRONE, EINER TYPISCHEN ITALIENISCHEN SÜSSIGKEIT, VERWENDET.

Zutaten für 6 Portionen

je 50 g gehäutete Mandeln
und Haselnusskerne

100 g Honig

2 frische Eier

2 EL Zucker

200 g Sahne

100 g Zartbitterschokolade

2 EL Milch

1 Prise gemahlener Zimt

besonderes Werkzeug
- 6 Förmchen oder Gläser
  (je 200 ml Inhalt)

Zeitbedarf
- 30 Minuten + Gefrieren
  über Nacht

So geht's

1. Die Mandeln und Haselnüsse fein hacken. Honig in eine Metall-schüssel geben und über dem heißen Wasserbad 10–15 Minuten rühren, bis er etwas dunkler wird. Nüsse und Mandeln unterhe-ben und die Masse abkühlen lassen, dabei immer wieder mal durchrühren.

2. Die Eier trennen. Die Eigelbe mit dem Zucker schaumig rühren, die abgekühlte Honigmischung untermengen. Eiweiß und Sahne getrennt steif schlagen und unterheben.

3. Die Förmchen oder Gläser mit der Masse füllen und über Nacht ins Gefrierfach stellen.

4. Etwa 2 Stunden vor dem Servieren die Förmchen oder Gläser aus dem Gefrierfach nehmen und das Semifreddo im Kühlschrank antauen lassen.

5. Schokolade in Stücke brechen, mit der Milch in eine saubere Me-tallschüssel geben und über dem heißen Wasserbad schmelzen. Mit Zimt würzen.

6. Vor dem Servieren Semifreddo aus den Förmchen oder Gläsern auf Dessertteller stürzen und etwas Schokoladensauce darüber-gießen. Rasch servieren und die restliche Schokoladensauce da-zu reichen.

[Mandarini gelati]

MANDARINENSORBET
in gefrorenen Schalen

EIN WUNDERSCHÖNES, DEKORATIVES DESSERT. EIN WENIG ZEIT-AUFWENDIG, ABER JEDE MÜHE WERT.

Zutaten für 4 Portionen

4 große Mandarinen [→a]

135 g Zucker

abgeriebene Schale von je ½ Bio-Orange und Bio-Zitrone

2 sehr frische Eiweiße

Puderzucker zum Bestäuben

Zeitbedarf

- 30 Minuten + 3 Stunden Gefrieren

So geht's

1. Mandarinen warm abwaschen. Von den Früchten oben einen Deckel sauber abschneiden und beiseitelegen. Das Fruchtfleisch vorsichtig herauslösen, den Saft in einer Schüssel auffangen.

2. Fruchtfleisch in ein Küchentuch geben und den Saft über der Schüssel auspressen. Die Schalen mit den Deckeln ins Gefrierfach stellen.

3. In einer Pfanne 350 ml Wasser mit 100 g Zucker aufkochen. Bei starker Hitze 5 Minuten sprudelnd kochen lassen, Mandarinensaft dazugeben, etwa 1 Minuten mitkochen. Abgeriebene Zitrusschalen zufügen und gut vermischen.

4. Mischung vollständig abkühlen lassen und durch ein Sieb gießen. In eine flache Metallschüssel [→b] füllen und für etwa 1 Stunde ins Gefrierfach stellen.

5. Die Eiweiße mit dem übrigen Zucker sehr steif schlagen, unter das Sorbet rühren und nochmals 2 Stunden gefrieren lassen. Alle 30 Minuten mit einer Gabel kräftig durchrühren.

6. Zum Servieren das Sorbet aus der Schüssel schaben und mit einem Pürierstab geschmeidig mixen. In die gefrorenen Mandarinenschalen füllen, die Deckel aufsetzen. Mit Puderzucker bestäuben, mit Mandarinenblättern dekorieren und servieren.

DAS IST *wirklich* WICHTIG

[a] KAUFEN SIE nach Möglichkeit Bio-Mandarinen. Und lassen Sie sich nicht dazu verleiten, die Mandarinen durch Clementinen zu ersetzen. Mit Clementinen wird das Sorbet bitter.

[b] VERWENDEN SIE eine Metallschüssel, andernfalls ist das Sorbet nach 3 Stunden nicht fest.

KEKSE & GEBÄCK
kaufen, lagern & zubereiten

Die italienische Küche hat eine Vielzahl von Keksen und Gebäck anzubieten. Je nach Region unterscheiden sie sich in der Zubereitung. Wir stellen Ihnen hier einige der klassischen süßen Versuchungen vor.

CANTUCCI

Cantucci sind ein traditonelles Mandelgebäck und werden zum Abschluss eines Essens gerne mit Vin Santo (Dessertwein) oder Kaffee serviert. Cantucci, die je nach Gegend Cantuccini oder Biscotti di Prato heißen, stammen ursprünglich aus der Toskana, genauer gesagt aus der Provinz Prato nahe Florenz. Cantucci sind in guten Lebensmittelabteilungen von Warenhäusern oder in italienischen Lebensmittelläden erhältlich. Sie können aber auch ohne großen Aufwand selbst zubereitet werden. In einer Blechdose bleiben Cantucci mehrere Monate frisch.

Zutaten für ca. 60 Stück

250 g Mandelkerne
500 g Weizenmehl
500 g Zucker
4 Eier
1 Prise Salz
1 Prise Backpulver
Butter und Mehl für das Blech

So geht's

Mandeln in kochendem Wasser blanchieren, abseihen, häuten und bei niedriger Temperatur 10 Minuten im Backofen trocknen. In grobe Stücke hacken. Mehl, Zucker, Eier, Salz und Backpulver zu einem Teig verrühren und nach und nach die Mandeln dazugeben. Den Teig kräftig kneten, anschließend zu kleinen Rollen formen, auf ein eingebuttertes und bemehltes Backblech legen und bei 150 °C im vorgeheizten Backofen 7 bis 8 Minuten backen. Herausnehmen und die Rollen schräg in 1 cm dicke Scheiben schneiden. Im Ofen in weiteren 10 Minuten fertig backen.

AMARETTI

Amaretti bestehen aus Eiweiß, Zucker und Mandeln. Sie werden zu Kaffee serviert und finden auch in diversen Nachspeisen Verwendung. Ein wesentlicher geschmacklicher Unterschied besteht zwischen den weichen, feuchten *(morbidi)* und den harten, eher trockenen Amaretti.
Mitte des 17. Jahrhunderts sollen die Kekse an Savoyens Hof erstmals hergestellt worden sein. Richtig durchsetzen konnte sich das Gebäck jedoch erst Ende des 18. Jahrhunderts durch den Begründer der Amaretto-di-Saronno-Dynastie, Carlo Lazzaroni. Dank ihm kommen wir auch heute noch in den Genuss dieser leckeren Kekse.
Amaretti sind in guten Lebensmittelabteilungen von Warenhäusern oder in

italienischen Lebensmittelläden erhältlich. Oder Sie backen selbst welche – mit nachstehendem Rezept geht das einfach und schnell.

Zutaten für ca. 50 Stück
2 Eiweiß
200 g gemahlene Mandeln
200 g Zucker
3 Tropfen Bittermandelöl

So geht's
Eiweiß zu Schnee schlagen. Mandeln, Zucker und Bittermandelöl unterrühren. Auf ein mit Backpapier belegtes Backblech 50 kleine Häufchen setzen und im vorgeheizten Backofen bei 170 °C etwa 20 Minuten backen.

BRUTTI, MA BUONI

„Hässlich, aber gut", so werden die aus Eiweiß, Zucker und Haselnüssen hergestellten Plätzchen genannt. Sie sind im Piemont beheimatet und werden gerne zu Kaffee serviert.
Brutti, ma buoni gibt nur in ausgesuchten italienischen Fachgeschäften, sie können jedoch im Handumdrehen selbst gebacken werden und bleiben in einer luftdichten Blechdose lange frisch.

Zutaten für ca. 50 Stück
4 große Eiweiß
250 g extrafeiner Zucker
250 g geröstete, gemahlene Haselnusskerne

So geht's
Backofen auf 160 °C vorheizen. Eiweiß steif schlagen, den Zucker nach und nach dazugeben und die gemahlenen Haselnüsse unterrühren. Im heißen Wasserbad unter ständigem Rühren in

etwa 15 Minuten zu einem Teig verarbeiten. Mit einem Teelöffel aus der Teigmasse 50 Häufchen formen und auf ein mit Backpapier belegtes Backblech setzen. Das Blech für 30–50 Minuten in den Ofen schieben, bis die Plätzchen goldbraun und trocken sind.

PANFORTE

Panforte ist eine Spezialität der toskanischen Stadt Siena und ihrer Umgebung und wurde ursprünglich zu Weihnachten gebacken. Traditioneller Panforte wird aus Mandeln, Mehl, getrockneten und kandierten Früchten, Eiweiß, Honig, Zucker und Gewürzen wie Koriander, Muskatnuss, Nelken und Zimt zubereitet und klassischerweise in zwei runden Oblaten gebacken. Panforte ist mehrere Monate lang haltbar.
Der Name Panforte ist darauf zurückzuführen, dass das Gebäck durch den Gärungsprozess oft sauer wurde – *forte* steht in diesem Fall nicht für stark, sondern für säuerlich. Um den Geschmack zu verbessern, wurde Honig beigefügt, was auch die Haltbarkeit verlängerte. Panforte ist in guten Lebensmittelabteilungen von Warenhäusern oder in italienischen Lebensmittelläden erhältlich, oder Sie backen ihn selbst nach unserem Rezept auf Seite 226/227.

COLOMBA

Colomba ist ein traditionelles Hefegebäck, das zu Ostern gebacken wird. Laut einer Legende geht die Entstehung der Colomba auf die Langobardenzeit zurück. Nachdem König Alboin die Stadt Pavia in die Knie gezwungen hatte, erteilte er den Befehl, Pavia vollständig zu zerstören. Das schönste Mädchen der Stadt soll die Bewohner gerettet haben. Mit einem Kuchen in

Form einer Taube bändigte es das außer Kontrolle geratene Pferd des Königs. Darauf zog dieser seinen tödlichen Befehl zurück.
Vor Ostern ist das Hefegebäck in guten Lebensmittelabteilungen von Warenhäusern oder in italienischen Lebensmittelläden erhältlich, aber Sie können die Colomba auch selbst backen nach unserem Rezept auf Seite 56/57. Sie sollte vorzugsweise in einer luftdichten Dose aufbewahrt werden.

PANETTONE

Panettone ist ein traditionelles Hefegebäck, das zu Weihnachten gebacken wird. Er wird an den Festtagen gerne mit einem Glas Prosecco oder Spumante genossen. Die Herstellung von Panettone nach traditionellem Rezept ist sehr zeitaufwendig, deshalb wird er heute auch in Italien nur noch selten zu Hause gebacken. Lassen Sie sich davon aber nicht abschrecken, sondern backen Sie ihn nach unserem etwas vereinfachten Rezept auf Seite 232/233 unbedingt einmal selbst.
Wie der Name Panettone entstanden ist, lässt sich nicht abschließend feststellen. Einerseits geht die Geschichte um, dass ein Mailänder Bäckerlehrling namens Antonio seiner Angebeteten einen *pane di Toni* gebacken hatte, den kurze Zeit später ganz Milano haben wollte. Möglicherweise ist die Bezeichnung aber auch nichts anderes als die Vergrößerungsform von *pane*, also Brot. Panettone ist in guten Lebensmittelabteilungen von Warenhäusern oder in italienischen Lebensmittelläden erhältlich. Wie die Colomba sollte der Panettone wenn möglich in einer luftdichten Dose oder in einer sorgfältig verschlossenen Plastiktüte aufbewahrt werden.

[Panforte di Siena]

NUSS-GEWÜRZ-KUCHEN
aus der Toskana

ALS KLEINES DESSERT ODER ALS KNABBEREI ZUM ESPRESSO
IST DER PANFORTE DI SIENA EINE WONNE – WENN MAN IHM EIN
PAAR TAGE ZEIT ZUM DURCHZIEHEN GELASSEN HAT.

Zutaten für 16 schmale Stücke

150 g Haselnusskerne

150 g Walnusskerne

150 g geschälte Mandeln

50 g ungesalzene Pistazienkerne

150 g getrocknete Feigen

150 g gemischte kandierte Früchte

3 EL Mehl

3 EL Milch

½ TL gemahlener Zimt

je 1 Prise gemahlene Nelken, Koriander, Ingwer und Muskatnuss

150 g Puderzucker

150 g Honig

zum Bestäuben 1 TL Puderzucker und 1 Messerspitze gemahlener Zimt

besonderes Werkzeug
■ 1 Springform (24–26 cm Ø)

Zeitbedarf
■ 45 Minuten + 30 Minuten Backen

So geht's

1. Den Backofen auf 200 °C vorheizen. Boden und Rand der Springform mit Backpapier auslegen. Die Haselnusskerne auf einem Backblech im Ofen 8–10 Minuten rösten, bis die braune Haut leicht abblättert. Anschließend die Häutchen von den Nüssen abreiben **[→a]**. Backofen auf 150 °C herunterschalten.

2. In einer großen Pfanne Haselnüsse, Walnüsse, Mandeln und Pistazien unter Rühren kurz anrösten. Abkühlen lassen und nur grob hacken. In eine Schüssel füllen. Feigen und kandierte Früchte fein hacken. Zu den Nüssen geben. Mehl, Milch, ½ TL Zimt und je 1 Prise gemahlene Nelken, Koriander, Ingwer und Muskatnuss untermischen.

3. Zucker und Honig in einem Topf langsam zum Kochen bringen, bei kleiner Hitze unter ständigem Rühren 2–3 Minuten köcheln lassen **[→b]**. Zügig unter die Nuss-Gewürz-Mischung rühren und sofort in die Form füllen **[→c]**. Mit angefeuchteten Händen festdrücken.

4. Die Form in die Mitte des Ofens stellen und den Kuchen etwa 30 Minuten backen. Auskühlen lassen, aus der Form nehmen und das Backpapier entfernen.

5. Den Panforte di Siena mit einem Mix aus 1 TL gesiebtem Puderzucker und 1 Messerspitze Zimt bestäuben. In Alufolie wickeln und mindestens 3 Tage, besser länger, durchziehen lassen **[→d]**. Zum Servieren das Gebäck entweder in 16 schmale Kuchenstücke oder in kleinere Stücke wie Streifen oder Rauten schneiden.

FRÜHER SCHENKTEN die Sieneser ihren Freunden den Panforte traditionell zu Weihnachten. Ähnlich wie unsere Lebkuchen hat auch er eine symbolische Bedeutung: Seine Gewürze stehen sinnbildlich für die Würze des Lebens, Honig und Zucker für seine Süße, die Nüsse und Früchte für Saft und Kraft, die wiederum ein langes Leben verheißen.

[a]

[b]

[c]

DAS IST *wirklich* WICHTIG

[a] HASELNUSSKERNE HÄUTEN Die Haselnüsse im Ofen rösten, bis ihre Haut leicht abblättert. Etwas abkühlen lassen. Auf ein Küchentuch geben und die Nüsse damit abrubbeln und so die dunkle Samenhaut ganz entfernen. Die Haselnüsse haben gehäutet einen feineren Geschmack.

[b] SANFT KÖCHELN LASSEN Zucker und Honig unter Rühren so lange sanft kochen lassen, bis beides flüssig ist und feine Fäden zieht.

[c] DIE ZUTATEN MISCHEN Jetzt muss alles schnell gehen, weil die Masse rasch fest wird: Den Honig-Zucker-Mix unter die Nuss-Gewürz-Mischung rühren, sofort in die Form geben und mit in Wasser angefeuchteten Händen glatt- und festdrücken.

[d] DURCHZIEHENLASSEN Je länger, desto besser wird der Geschmack. Panforte nach dem Auskühlen entweder fest in Alufolie wickeln oder in eine gut schließende Dose legen. Auch schon in Stücke geschnitten, hält sich das Gebäck so verpackt lange frisch.

[d]

227

[Crostata al limone]

ZITRONEN-TÖRTCHEN

mit Limoncello

SO SCHMECKT SÜSSES DOPPELT GUT – MIT KNUSPRIGEM TEIG
UND FRISCH-FRUCHTIGER CREME. ALS DESSERT ODER ZUM
KAFFEE GLEICHERMASSEN EIN HIT. BITTE ZUGREIFEN!

Zutaten für 8 Törtchen

Für den Mürbeteig

200 g Mehl

1 Prise Salz

2 EL Zucker

125 g kalte Butter

1 EL Weißwein oder Sahne

Für die Creme

1 Bio-Zitrone

1 Ei

2 Eigelb

70 g Zucker

1 Päckchen Bourbon-Vanille-zucker

4 EL Limoncello (italienischer Zitronenlikör)

50 g Sahne

1 EL ungesalzene Pistazien-kerne

2 EL Puderzucker

besonderes Werkzeug
- 8 hohe Tartelett-Förmchen (10–12 cm Ø und mind. 2 ½ cm hoch)
- Flambierbrenner

Zeitbedarf
- 30 Minuten + 40 Minuten Backen

So geht's

1. Für den Mürbeteig das Mehl mit Salz und Zucker mischen. Die Butter in kleinen Stücken und den Wein oder die Sahne dazugeben. Alles schnell mit kalten Händen zu einem glatten Teig verkneten. Falls der Mürbeteig zu trocken ist, noch etwas Wein oder Sahne unterkneten.

2. Den Teig in 8 gleich große Portionen teilen. Die Tartelett-Förmchen damit auskleiden. Für 15–20 Minuten ins Gefrierfach stellen.

3. Inzwischen für die Creme die Zitrone heiß waschen und abtrocknen. Die Schale fein abreiben, die Zitrone halbieren und den Saft auspressen.

4. Den Backofen auf 180 °C vorheizen. Tarteletts aus dem Gefrierfach nehmen und in der Mitte des Ofens etwa 10 Minuten vorbacken.

5. Das Ei mit Eigelben, Zucker, Vanillezucker und Limoncello dickschaumig schlagen. Zitronenschale und Zitronensaft untermischen. Die Sahne steif schlagen und unterheben. Die vorgebackenen Tarteletts mit der Creme füllen. Die Ofentemperatur auf 150 °C zurückschalten. Die Tarteletts noch etwa 30 Minuten backen, bis die Creme fest ist. Törtchen aus dem Ofen nehmen und abkühlen lassen.

6. Vor dem Servieren die Pistazienkerne fein hacken. Mit dem Puderzucker auf die Oberfläche der Zitronentörtchen streuen. Mit Hilfe eines Flambierbrenners [→a] oder unter dem Backofengrill karamellisieren, bis der Zucker schmilzt und goldgelb wird. Törtchen behutsam aus den Förmchen lösen und servieren.

LIMONCELLO, der Zitronenlikör, gehört zu den beliebtesten Likören in Italien, weil erfrischend zitronig, nicht zu süß, mit einer fein-herben Note. Die Heimat des Limoncello ist Kampanien, wo auf dem Vulkangestein zwischen Meer und Bergen besonders große Zitronen wachsen.

DAS IST *wirklich* WICHTIG

[a] DEN LETZTEN KICK bekommen die Zitronentörtchen durch das Karamellisieren der Oberfläche. Im Gegensatz zum Karamellisieren unter einem Ofengrill bräunt der Zucker in der Flamme des Brenners schneller und präziser. Zudem bleibt die Limoncello-Creme im unteren Bereich fest und kühl. Einfach optimal – und sehr, sehr fein!

[Insalata di arance]

ORANGENSALAT
mit Cointreau-Sirup

EIN ERFRISCHENDER NACHTISCH, DER NICHT NUR AN DUNKLEN WINTER-
TAGEN DIE SONNE ITALIENS AUF IHREN TISCH BRINGT.

Zutaten für 4 Portionen

5 süße, saftige Orangen

7 EL Zucker

2 EL Cointreau

frisch gepresster Saft von
½ Zitrone

abgeriebene Schale von
1 Bio-Zitrone

besonderes Werkzeug
■ 1 flache Servierschüssel

Zeitbedarf
■ 30 Minuten + mind. 4 Stunden
Kühlen

So geht's

1. Mit einem scharfen Messer an der Ober- und Unterseite der
   Orangen bis zum Fruchtfleischansatz jeweils einen Deckel abschneiden. Die Orangen auf ein Brett stellen und die Schale
   rundherum von oben nach unten wegschneiden, sodass auch die
   weiße Haut entfernt wird. Den Saft auffangen und in einen kleinen Topf geben. Mit 2 EL Zucker, dem Cointreau und dem Zitronensaft in 10 Minuten bei mittlerer Hitze zu einem Sirup kochen.

2. Die Orangen quer zu den Spalten in knapp 1 cm dicke Scheiben
   schneiden. Alle Kerne entfernen. Die Scheiben in die Servierschüssel legen, abgeriebene Zitronenschale und restlichen Zucker darüberstreuen. Die Scheiben vorsichtig wenden.

3. Mit Frischhaltefolie abgedeckt mindestens 4 Stunden oder über
   Nacht in den Kühlschrank stellen.

4. Die Orangenscheiben 30 Minuten vor dem Servieren aus dem
   Kühlschrank nehmen, nochmals wenden.

5. Kurz vor dem Servieren den Orangensirup aufwärmen, die Orangenscheiben mit dem Sirup beträufeln und sofort servieren.

[Torta di pane]

BROTKUCHEN
süß & fein

WOHIN MIT ALTBACKENEM BROT? DIESE TORTA DI PANE IST DIE LÖSUNG –
NIE MEHR HARTES BROT, ABER IMMER ETWAS GUTES ZUM KAFFEE.

Zutaten für ca. 16 Stücke

250 g altbackenes Weißbrot

1 Vanilleschote, 1 l Milch

120 g Amaretti

je 50 g Orangeat, Zitronat, Sultaninen und Bitterschokolade

3 Eier, 1 Prise Salz, 180 g Zucker

1 TL abgeriebene Bio-Zitronenschale

100 g gemahlene Mandeln

1 TL gemahlener Zimt, 1 Prise gemahlene Muskatnuss

2 EL Grappa

80 g kalte Butter, 3 EL Semmelbrösel, 2 EL Pinienkerne

Zeitbedarf
- 25 Minuten + 3 Stunden Einweichen + 2 ¼ Stunden Backen

So geht's

1. Brot nicht entrinden, in kleine Stücke schneiden und in eine Schüssel füllen. Vanilleschote längs aufschlitzen und mit der Milch aufkochen. Über das Brot gießen, 3 Stunden zugedeckt ziehen lassen. Anschließend die Vanilleschote entfernen.

2. Amaretti zerbröseln, unter das Brot mischen und 5 Minuten weich werden lassen. Die Masse durch ein Passiergerät treiben oder durch ein Sieb streichen.

3. Orangeat und Zitronat fein hacken. Sultaninen waschen und abtropfen lassen. Schokolade fein reiben. Eier, Salz und Zucker zu einer Creme schlagen. Zitronenschale, Orangeat, Zitronat, Sultaninen, Mandeln, Zimt, Muskatnuss, Schokolade und Grappa untermischen. Die Creme zur Brotmasse geben und alles zu einem homogenen Teig verarbeiten. Den Backofen auf 180 °C vorheizen.

4. Boden und Rand einer Springform (26 cm Ø) dick mit 50 g Butter ausstreichen und mit Semmelbröseln bestreuen. Teig einfüllen und glatt streichen. Die Pinienkerne darüberstreuen. Den Teig mit der restlichen Butter in kleinen Flocken belegen.

5. Im Ofen 2–2 ¼ Stunden backen. Nach 1 Stunde regelmäßig den Bräunungsgrad kontrollieren, bei Bedarf den Kuchen mit Alufolie abdecken. Herausnehmen und sofort aus der Form lösen.

DAS IST *wirklich* WICHTIG

[a] **EINEN PANETTONE-RING** können Sie ganz einfach selbst herstellen: Sie schneiden aus dünnem Karton einen Streifen von etwa 11 x 60 cm aus, umwickeln ihn mit Alufolie und schließen ihn zu einem Ring von ca. 18 cm Ø. Diesen fixieren sie gut mit Büroklammern. Die Innenseite fetten Sie großzügig ein und stellen den Ring auf ein mit Backpapier belegtes Backblech. Oder Sie kaufen im Fachhandel eine Panettone-Form.

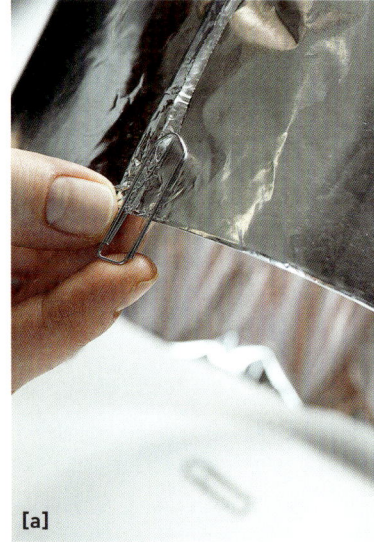

[a]

[Panettone]
WEIHNACHTSKUCHEN
klassisch

WAGEN SIE SICH DOCH MAL AN EINEN PANETTONE, DER NICHT NUR ZU
WEIHNACHTEN SCHMECKT. MIT DIESEM REZEPT GELINGT ER BESTIMMT.

Zutaten für 12 Stücke

Für den Vorteig

20 g Hefe

50 ml Milch

400 g Mehl

Für den Teig

2 Eier

120 g weiche Margarine
oder Butter

80 g Zucker

1 TL Salz

abgeriebene Schale von
1 Bio-Zitrone

100 ml Milch

50 g Orangeat und Zitronat

50 g Sultaninen

Außerdem

Mehl zum Arbeiten

Margarine oder Butter zum
Einfetten

besonderes Werkzeug
- 1 Panettone-Ring [→a]
  oder -Form

Zeitbedarf
- 50 Minuten + 5 Stunden
  Aufgehen des Teigs
  + 50 Minuten Backen

So geht's

1. Für den Vorteig die Hefe zerbröckeln, anschließend mit der Milch und 50 g Mehl in einer Teigschüssel verrühren. Das restliche Mehl darüberstreuen und den Teig 20 Minuten gehen lassen.

2. Die Eier gründlich verquirlen. Margarine oder Butter schaumig rühren, die verquirlten Eier dazugeben und mit dem Schneebesen kräftig schlagen. Zucker, Salz, Zitronenschale und Milch unterrühren.

3. Die Masse zum Vorteig geben und alles mindestens 15 Minuten durchkneten. Bei Bedarf noch etwas Mehl hinzufügen, bis der Teig nicht mehr klebt.

4. Den Teig zu einer Kugel formen und abgedeckt 2 Stunden bei Zimmertemperatur aufgehen lassen.

5. Inzwischen Orangeat und Zitronat klein würfeln, Sultaninen waschen und gründlich abtropfen lassen. Die Zutaten unter den Teig kneten, den Teig erneut zu einer Kugel formen.

6. Panettone-Ring auf ein mit Backpapier belegtes Backblech stellen. Teig in den Ring oder die Form legen und nochmals 3 Stunden bei Zimmertemperatur aufgehen lassen.

7. Den Backofen auf 180 °C vorheizen. Den Panettone 45–50 Minuten auf der untersten Schiene im Ofen backen, dabei nach 20 Minuten den Ring sorgfältig auf das Blech drücken. 10 Minuten in der Form auskühlen lassen, anschließend den Ring aufschneiden oder den Panettone aus der Form lösen.

IN ITALIEN genießt man Panettone an den Festtagen gerne zu einem Glas Prosecco, Asti Spumante oder Marsala. In seiner Heimatstadt Mailand nennt man den Kuchen übrigens *panetùn*.

GLOSSAR

Abbrennen Eine Masse oder einen Teig über kleiner bis mittlerer Hitze so lange mit einem Holzlöffel rühren, bis überschüssige Feuchtigkeit verdampft ist und Masse oder Teig sich von Topfboden oder Schüssel glatt lösen lassen.

Ablöschen Das Zugießen von Brühe, Fond, Wein oder Wasser nach dem Anbraten oder Andünsten von Fleisch, Fisch oder Gemüse. Durch das Ablöschen werden Geschmacksstoffe im Bratsatz am Boden von Topf oder Pfanne gelöst. Der ist die aromatische Basis für eine Sauce oder Suppe.

Abschrecken Blanchiertes Gemüse und Obst oder gekochte Eier mit möglichst kaltem Wasser übergießen oder kurz in eine Schüssel mit Eiswasser (kaltes Wasser mit Eiswürfeln) legen, um den Gar-Vorgang schnell zu stoppen. Das Wasser sofort wieder abtropfen lassen. Gemüse behält so seine kräftige Farbe, Obst lässt sich leichter häuten, Eier garen nicht nach.

Aufschlagen Herzhafte und süße Eiercremes oder feine Saucen in einer Schüssel im heißen Wasserbad mit einem Schneebesen schlagen, bis sie binden und dickschaumig sind. Oder: Saucen, Suppen und Pürees unter Zugabe von kalter Butter und/oder Sahne mit einem Schneebesen oder Pürierstab luftig und/oder schaumig schlagen.

Bridieren Um Geflügel, Fleisch oder Fisch fürs Kochen, Braten oder Grillen in Form zu halten, wird es mit Küchengarn zusammengebunden.

Doppelgriffiges Mehl Es hat eine feinkörnige Struktur und nimmt daher Flüssigkeit langsamer, aber gleichmäßiger auf. Durch diese gute Quellfähigkeit des Mehls werden die daraus hergestellten Teige besonders elastisch, lassen sich gut ausrollen und formen. Ideal also für die Zubereitung von Teigwaren, Strudel und feinem Hefegebäck.

Dressieren siehe Bridieren.

Einen ganzen Fisch zerlegen Bei einem gegarten Rundfisch wie einer Brasse geht das so: Zuerst die Rückenflossen, dann die übrigen Flossen mit Fischmesser und Gabel entfernen. Die Haut zunächst entlang des Rückens, dann an Kopf und Schwanz durchtrennen. Haut durch Aufrollen mit dem Messer ablösen. Das obere Filet hinter dem Kopf lösen. Rücken- und Bauchfilet voneinander trennen und portionsweise vorsichtig von der Mittelgräte abheben. Mit dem Messer das untere Filet vom Schwanz trennen, anschließend das ganze Skelett abheben. Filet hinter dem Kopf abtrennen und in Portionen von der Haut lösen.

Fruchtspiegel Die Mitte eines Desserttellers mit einer Sauce aus rohen oder gegarten, auf jeden Fall fein pürierten Früchten bedecken. Auf den Spiegel werden dann Cremes gestürzt, Nocken, Klößchen oder Eiskugeln gesetzt.

Gar ziehen Auch Pochieren oder Sieden genannt. Ist das schonende Garen in reichlich Flüssigkeit knapp unterhalb des Siedepunktes zwischen 70 und 95 °C. Die richtige Temperatur erkennt man daran, dass sich in der Flüssigkeit während der Garzeit nur kleine Luftblasen bilden.

Köcheln Ein sanftes Garen, bei dem die Temperatur so eingestellt ist, dass die Flüssigkeit nicht sprudelnd, sondern nur leicht kocht.

Paprika häuten Kulinarisch manchmal nötig und für viele Menschen besser verträglich. Paprikaschoten waschen, halbieren und putzen. Mit der Wölbung nach oben auf ein mit Backpapier belegtes Blech legen. Unter dem Backofengrill etwa 15 Minuten grillen, bis die Haut Blasen wirft und dunkel wird. Paprika in einer abgedeckten Schüssel etwas abkühlen lassen, dann die Haut abziehen.

Parieren Bei Fleisch, Wild, Geflügel, Fisch und Meeresfrüchten das sorgfältige Entfernen von unerwünschten oder nicht essbaren Teilen wie Haut, Fett, Sehnen, Knorpel und Schalen.

Putzen Der Oberbegriff für das Schälen und/oder Wegschneiden von unerwünschten oder nicht essbaren Teilen von rohem Gemüse, Obst und Blattsalaten. Das Putzen ist eine vorbereitende Arbeit für die Zubereitung.

Sautieren Eine besondere Form des Kurzbratens. Dünne Scheiben oder kleine Stücke von Gemüse, Pilzen, Fisch, Fleisch, Geflügel oder Wild werden dabei in wenig heißem Fett in Topf oder Pfanne ohne Deckel ständig hin- und hergeschwenkt. Es wird nur so viel in Topf oder Pfanne gegeben, wie nebeneinander liegen kann.

Tomaten häuten Um die Schale zu entfernen, die Stielansätze der Früchte mit einem spitzen Küchenmesser keilförmig herausschneiden. Tomaten für ca. 1 Minute in kochendes Wasser legen, damit sich die Haut lockert. Tomaten mit kaltem Wasser übergießen oder kurz in eine Schüssel mit Eiswasser (kaltes Wasser mit Eiswürfeln) legen. Danach lässt sich die Haut leicht abziehen.

Tranchieren Auch Zerlegen oder Aufschneiden genannt. Ist das fachgerechte Zerteilen in Portionsstücke von großen Fleischteilen, ganzem Geflügel oder ganzem Fisch. Also einen Braten in Scheiben schneiden, Geflügel in einzelne Teile zerlegen oder die Filets bei Fischen auslösen. Küchenwerkzeuge dafür sind bei Fleisch und Geflügel ein großes scharfes Messer samt Fleischgabel, beim Fisch ein Fischbesteck.

Verlesen Gehört wie das Putzen zur Vorbereitung eines Rezepts. Verlesen ist das Kontrollieren und eventuelle Aussortieren zum Beispiel einzelner beschädigter Beeren oder Hülsenfrüchte und welker Kräuterblätter. Ebenso das Entfernen unschöner Stellen oder ganzer Blätter von Blattgemüse und Blattsalaten.

REGISTER

Der Haupteintrag eines Rezepts gibt an, welcher Jahreszeit und Menüfolge das Gericht zuzuordnen ist. Dabei bedeuten: F = Frühjahr, S = Sommer, H = Herbst, W = Winter. Die italienischen Rezepttitel sind kursiv gesetzt.

AKTEURE

Carlo Bernasconi schreibt nicht nur als Journalist und Kochbuchautor zu kulinarischen Themen, besonders zur italienischen Küche, er lebt auch die Leidenschaft für das Kochen und Genießen, für beste Zutaten und den passenden Wein: Seit 2005 verwöhnt der italienischstämmige Schweizer seine Gäste in seinem Züricher Restaurant „Heimelig – Cucina e Libri" mit authentischen italienischen Köstlichkeiten und feinen Weinen.

Marlisa Szwillus Schreiben, Kochen und Genießen sind ihre Leidenschaft. Nach dem Studium der Ernährungswissenschaft leitete sie u.a. mehrere Jahre lang das Kochressort der größten deutschen Zeitschrift für Essen und Trinken. Inzwischen arbeitet sie als freie Journalistin und Buchautorin, ist Mitglied des Food-Editors-Club Deutschland und hat rund 50 Bücher selbst geschrieben oder daran mitgearbeitet. Ihre besondere Vorliebe gilt den mediterranen Länderküchen, vor allem der italienische Esskultur.

Michael Schinharl Der renommierte Stillife-Fotograf machte sich nach längeren Aufenthalten in Frankreich und Italien in München selbstständig und arbeitet dort für Agenturen und Verlage. Seine Leidenschaft für das Kochen und Essen brachte ihn seit dem Jahr 2000 verstärkt dazu, als Food-Fotograf tätig zu sein. Diese Passion und seine Lust am Reisen werden ergänzt durch Foto-Reportagen über Menschen, die das Essen erst möglich machen. Bei der Produktion dieses Buchs wurde er von **Kristina Babics** unterstützt

Hans Gerlach hat die Gerichte in diesem Buch verführerisch in Szene gesetzt. Der gelernte Koch und Architekt hat in vielen Sternerestaurants gekocht und dort seine Gäste verwöhnt. Seit 1991 ist er Foodstylist, Rezeptentwickler, Kolumnist und Autor zahlreicher Kochbücher. Mit am Herd stand bei der Entstehung dieses Buchs **Alexander Kühn**.

Natascha Sanwald ist für Ausstattung und Requisiten verantwortlich. Seit vielen Jahren arbeitet sie als Stylistin für Wohn- und Einrichtungsmagazine.

IMPRESSUM

Mit 227 Farbfotos von Michael Schinharl und 4 Fotos von Florian Möllers (Seite 166).

Umschlaggestaltung von Gramisci Editorialdesign, München, unter Verwendung zweier Fotos von Michael Schinharl

Rezepte, Geling-Tipps, Infos zum KOSMOS-Kochbuch-Programm und vieles mehr unter **www.gut-gekocht.de**

Unser gesamtes lieferbares Programm und viele weitere Informationen zu unseren Büchern, Spielen, Experimentierkästen, DVDs, Autoren und Aktivitäten finden Sie unter **www.kosmos.de**

Gedruckt auf chlorfrei gebleichtem Papier

© 2010, Franckh-Kosmos Verlags-GmbH & Co. KG, Stuttgart
Alle Rechte vorbehalten

ISBN 978-3-440-12243-3

Redaktion und Projektleitung: Marc Strittmatter
Lektorat: Karen Dengler, Werkstatt München · Buchproduktion
Redaktionelle Mitarbeit: Bernadette Bissig, Zürich
Gestaltungskonzept und Layout: Gramisci Editorialdesign, München
Satz: Cordula Schaaf, Grafik-Design, München
Produktion: Eva Schmidt

Printed in Germany / Imprimé en Allemagne